JN427405

성공과 행복생활의 행로

人生指針書(남녀노소필독)

성공과 행복생활의 행로

How will I live my life?

車大運 著

세종출판사

머 리 말

인생이란 자기의 의지와 관계없이 태어나서 살다가 역시 자기의 의지와 관계없이 죽음을 맞게 되는 과정을 의미한다. 그러나 인생에 있어서 "**삶의 과정**"은 자기의 의지가 필요하며, 어떻게 살아야 할 것인지 "**자기관리**"가 필요하게 된다.

인생은 누구나 생계유지를 위한 통상적인 일 외에 직업을 갖지 않으면 아니된다. 인생의 최대 과제는 **직업**과 **성공**, **행복생활**이다. 삶의 과정에서 성공과 행복을 바라지 않는 사람이 누가 있겠는가? 그러나 성공과 행복은 우연히 찾아오지 않는다는 공통점을 가지고 있다.

오늘날 인류사회는 고도로 발달하고 있으나 행복하다는 국가는 그리 많지 않다. 유년시절에 막연하게 이 인류사회가 행복한 사회가 되었으면 하는 생각을 한 적이 있다. 나이가 들면서 한 사람, 각자가 행복하면 한 가정이 행복하고, 나아가 한 사회와 국가가 행복할 수 있지 않을까? 하는 생각에서 대한민국 사회가 모든 갈등에서 벗어나 행복한 국가로 승화시키는데 기여하였으면 하는 바램과 희망을 갖게 되었다.

인생은 성장기에 들면서 우선적으로 자기에게 맞는 직업을 선택하여 **성공**하여야 하고, 그 성공이 **행복**한 삶에 이르도록 기여하여야 할 것이다. 그러나 성공이 반드시 행복을 보장해 주지는 않는다. 성공하였음에도 불행한 사람이 있는가 하면, 실패하였음에도 행복한 사람이 있기 때문이다.

행복생활은 개인의 **성공 외에 다른 요소의 영향을 받기 때문이다.** 세계를 정복한 **나폴레옹**은 "**자기 인생에 있어서 행복했던 날은 고작 6일에 불과하였다.**"고 하였다.

본서는 후학들에게 시행착오(試行錯誤)를 줄이고, 인생의 목적인 **성공**과 **행복**의 의미와 중요성을 인식하게 하고, **성공**과 **행복**된 **삶**에 이르도록 인생행로를 제시하여 줌으로써 소극적이고 부정적인 페이탈리즘(fatalism)에 빠져 살 것이 아니라 능동적으로 자신의 의지를 가지고 자신의 "**인생목표**"를 설정하여 스스로 실천하게 함으로써 "**성공한 삶**", "**행복된 삶**"을 쟁취(爭取)할 수 있게 이정표(里程標)를 제시하는데 집필의 목표를 두고 있다.

인생의 라이프사이클(life cycle)을 소년기와 청년기를 포함한 성숙기에 이르기까지를 "**인생전반기**", 60세 이후 쇠퇴기와 노년기를 포함하여 "**인생후반기**"로 대별해 볼 수 있다. **인생전반기**에는 주로 "**성공**"을 추구하는 반면, **인생후반기**에는 "**행복한 생활**"을 추구하게 된다.

성공과 행복은 우연히 찾아오지 않기 때문에 자기 나름의 지향점(목표)을 향해 고난을 극복하며 피나는 노력을 할 때, 성공과 행복도 쟁취할 수 있다. 인생전반기에 성공을 하였다고 해서 인생 후반기에 행복한 삶을 사는 것도 아니다. 오히려 불행하게 사는 사람이 많다. 또한 한번 행복했다고 해서 영원히 행복한 것도 아니다. 그러므로 "**행복생활**"을 영속하기 위해서는 자기 자신이 항상 관리 · 노력하여야 한다.

필자는 경영학자로서 독자들에게 성공과 행복생활에 이르기까지 시행착오(詩行錯誤)나 시간의 손실(time loss)없이 "**자기관리**"를 할 수 있도록 필자의 경험과 연구를 바탕으로 이정표(里程標)를 제시하여 줌으로써 스스로 효율적으로 목표를 달성할 수 있게 노력하였다. **자기관리**는 시간관리이며, 인생관리이다.

첫째, **인생전반기**에 성공에 이르는 행로는 꿈에서부터 목표를 설정하고, 실행계획을 세워 **취업탐색 및 성공, 승진, 자아실현(성공)**에 이르도록 단계적 이행요건과 로드 맵(Raod map)을 제시하였다.

오늘날 취업환경은 자기의 능력과 성격에 맞는 직종을 선택하고, 희망기업에 취업성공하기란 쉬운 일이 아니다. 특히 우리나라는 OECD 국가 중에서 실업률이 높은 나라이다. 그 이유는 시간당 최저임금의 인상, 산업사회의 고도화(제4차 산업혁명), 고령화 문제, 교육의 질과 수준, 인력 수요와 공급의 불균형, 코로나 19에 의한 어려운 경제상황 등이 대두되고 있기 때문이다.

둘째, **인생후반기**에 행복생활에 이르는 행로로 단지 노화에 따른 늙음이 아니라 우아하게 늙는 성숙된 노인의 과정인 **웰 에이징**(well aging)에서부터 행복의 의미를 찾고, 행복의 성격을 이해하며, 행복하게 살아갈 수 있는 태도기술과 행복생활의 주요 요건에 대한 지혜를 얻음으로써 행복생활을 추구하는 **웰 빙**(well being), 죽음을 두려워할 것이 아니라 피할 수 없는 자연의 섭리로 당당하게 맞이할 수 있는 행복한 죽음인 **웰 다잉**(well dying)에 이르기까지의 과정을 제시하여 해피엔딩(happy ending)을 맞이할 수 있게 로드맵을 제시하였다.

셋째, 특히 성공에 85%, 개인의 행복생활에 99% 영향을 미치는 주요 요인인 "**인간관계**"와 인간관계의 연결고리(매개체)인 "**사랑**"에 대한 이해와 실천을 위한 지혜를 얻을 수 있게 하였다.

한 사회와 국가가 행복하기 위해서는 핵심 단위인 가정이 행복하여야 하며, 가정이 행복하기 위해서는 부부간에 "**성숙된 사랑**"의 실천으로 화목하여야 한다. 그러나 오늘날 "**황혼이혼**"이 증가하고 있다. 따라서 가정의 화목을 깨닫게 하는데도 역점을 두었다.

끝으로 현재 우리나라의 현실은 **자살률**이 높을 뿐만 아니라 성공한 역대 대통령을 비롯한 위정자들의 구속 등 참담한 상황이 멈추지 않고 계속되고 있다. 이들은 성공은 하였으나 행복한 삶을 살고 있다고 할 수 있을까? 이러한 상황이 사라지고 이 세계에서 가장 행복한 사회와 국가로 승화시키는데 도움이 되었으면 하는 바램이다.

아울러 본서 출판을 흔쾌히 공감하시고, 협조해주신 세종출판사 **이길안** 사장님에게 감사드리고, 필자가 수기로 작성한 원고를 워드로 타이핑(typing)함과 동시에 교정(校正)까지 바쁜 생활 가운데 쾌히 도와준 **박유진(朴柚眞)** 박사에게 깊은 감사를 드리는 바이다.

2020. 10. 10

저자 씀

차 례

제1부. 인생의 삶과 직업

CONTENTS

1. 삶의 목적과 의미

인생 삶의 목적과 의미는 무엇일까?

사람은 누구나 부모로부터 태어나 부모의 사랑과 양육을 받아 성장하게 된다. 성장하면서 부모와 별개의 독립 개체로서 인류해(人類海)에 부유(浮遊)하여 자기 나름의 조각배를 타고 노를 저어 망망대해(茫茫大海)를 항해(航海)하여야 한다. 인류해는 질풍노도(疾風怒濤)가 일어날 뿐 아니라 경쟁이 격심하고, 매우 험난하기도 하다. 이를 극복하고 감내(堪耐)할 수 있는 인내와 용기를 가져야 한다. 사람이 태어나 살면서 죽음에 이르는 과정을 **인생**(人生)이라 한다. 그렇다면 인생의 과정은 무엇일까? 누구나 **성공한 인생**을 그리고 **행복한 삶**을 살고 싶어한다. 그러나 성공과 행복은 결코 우연히 찾아오는 행운이 아니다. 삶의 과정은 많은 고난과 역경을 겪으면서 성공하고 행복한 삶을 사는 것이라 할 수 있다. **성공과 행복**은 뜨거운 열정과 부단한 노력의 결과로 얻어지는 결실이다.

성공은 왜 하여야 할까? 노(老) 철학자에게 물었다. 그는 "**인생의 성취 욕구를 충족하기 위해 성공하려고 한다.**"라고 하였다. 그리고 철학자 **아리스토텔레스**(Aristoteles, B.C.384~B.C.322)는 "**인생 삶의 존재 의미이자 궁극적인 목적은 행복 생활에 있다.**"라고 하였다. **인생 전반기**에는 성공만 하면 행복한 삶을 누릴 수 있을 것으로 믿고 성공에 집중하게 된다. 그러나 **인생 후반기**에는 누구나 오직 행복한 삶을 살고, 생을 마감하고 싶어한다. 그러므로 인생 삶의 궁극적인 목적은 **행복생활**에 있다라고 할 수 있을 것이다. 하지만 성공도 이루어야 하며, 행복한 삶도 살아야 한다. 그 이유는 성공이 행복생활을 보장해주지는 않지만 행복의 수단이 되기 때문이다. 그러나 성공하여 행복한 삶을 사는 사람이 있는가 하면, 성공은 하였지만 불행한 삶을 사는 사람도 있다. 따라서 성공이 행복을 보장해줄 때 "**진정한 성공**"이라 할 수 있다.

삶의 길은 대단히 긴 것 같으나 결코 긴 것이 아니다. **인생 전반기**에는 고난 속에서 성공을 향해 몰입하느라 세월이 멀게만 느껴졌으나 **인생 후반기**에는 행복감을 느낄 시간도 없이 세월이 너무 빨리 지나간다. 이것은 마치 높은 산에 오를 때 힘들고 멀게 느껴졌으나 내려올 때는 빨리 쉽게 내려올 수 있어 가깝게 느껴지는 것과도 같다. **삶이란** 만들어진 운명이 아니라 내가 만들어 가는 과정인 것을 깨달아야 할 것이다.

2. 인생 전반기와 후반기의 특성

인생의 전반기와 후반기의 목적과 추구사항은 어떻게 다를까?

뷜러(Bühler)에 의해 제시된 **수명주기**(life cycle)를 생애주기, 생명주기라고도 한다. 다음 그림 [Ⅰ-1]에서 보는 바와 같이 유년기, 소년기, 청년기, 중년기, 장년기에 이르기까지 **인생 전반기**에는 현실 환경 속에서 고난과 역경을 극복하면서 성공이 행복한 삶을 위한 것이라는 기대감을 가지고 전력 집중하게 된다. 쇠퇴기, 노년기, 정리기에 이르는 **인생 후반기**에는 행복한 삶이 인생의 궁극적 목적임을 깨닫고 행복한 삶을 추구하게 된다.

(1) 인생 전반기의 특성

인생 전반기에는 어떤 욕구가 강할까? 누구나 전반기에는 성공하고 싶어 한다. 청년기, 중년기, 장년기까지 성공의 욕망과 행복생활의 욕망은 비례한다. 물론 행복생활을 원하지만 성공을 제일 중요한 과제로 삼고, 행복은 성공하면 수반되는 것으로 착각하고 성공을 위해 전력투구한다. 미래의 행복을 기대하며, 성공을 위해 전력 몰입하게 된다. "**젊어서 고생은 사서라도 해라**"는 말과 같이 성공을 위해 건강을 희생하면서 정말 열심히 산다. 세월의 흐름이 매우 여유롭고 더디게 가는 줄 안다.

(2) 인생 후반기의 특성

인생 후반기에는 어떤 욕구가 강할까? 전반기에 성공을 추구해 왔으나 성공이 곧 행복이 아님을 깨닫게 된다. 후반기에 접어들면서 성공의 욕망은 격감하게 되며, 노년기로 가면 갈수록 행복생활의 욕망은 극대화된다. 따라서 이제 여생은 행복생활을 하면서 지내야 되겠다는 욕구가 강하게 작용하게 된다. 과거의 성공은 지나간 구름과 같아 덧없음으로 후회하며 행복을 추구한다. 성공하느라 손상된 건강을 회복하기 위해 노력하게 된다. 돌이켜 보면, 세월의

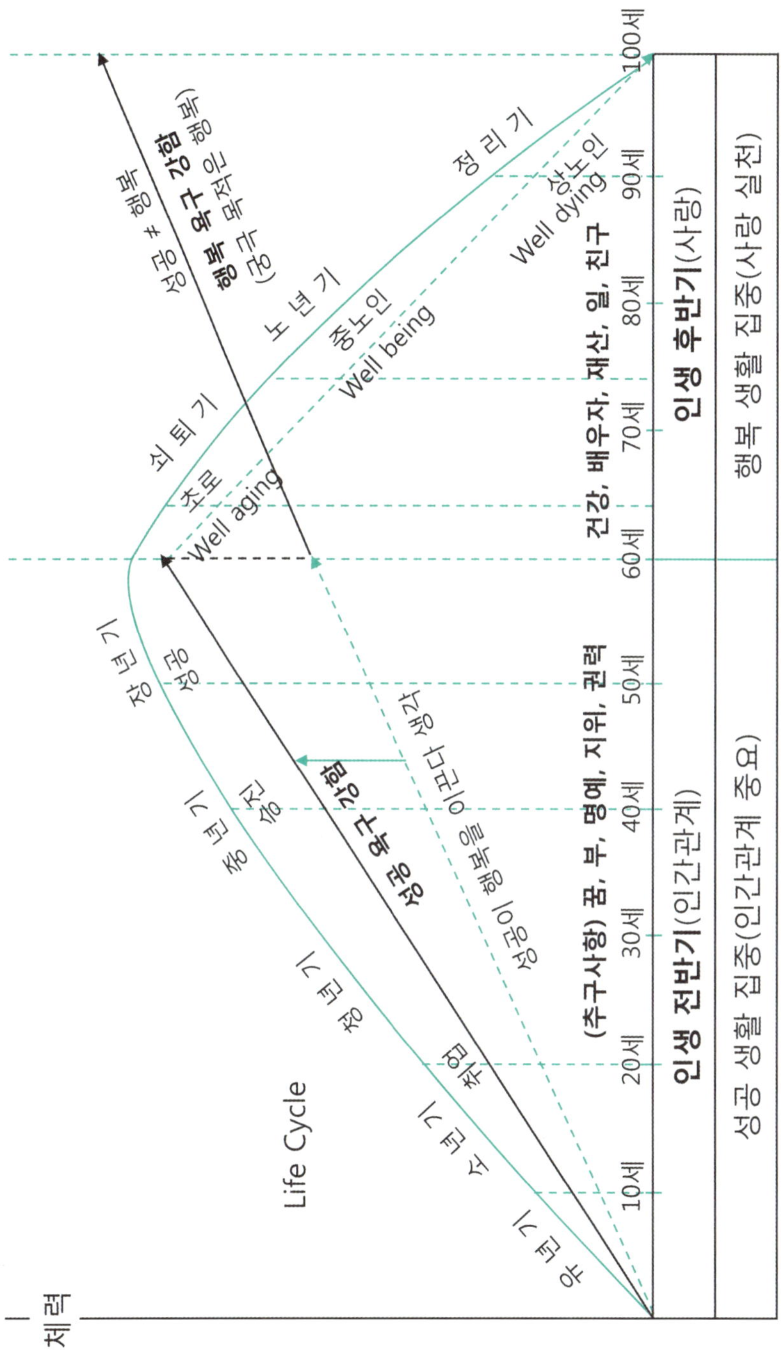

그림 [I -1] 수명 주기와 삶의 목적

흐름이 **백구과극**(白駒過隙)이란 말처럼 찰나이다.

3. 성공과 행복의 특성

성공과 행복의 의미와 상호 관계는 어떨까?

성공은 자아실현의 욕구를 충족하는 것을 의미한다. 그 결과 많은 재산, 높은 지위, 많은 권력, 명예와 인기를 얻는 것을 포괄한다. 이것은 외적인 요인으로 얻게 되는 유형의 형태로 객관적으로 인식된다. 반면에 **행복**은 기쁨, 즐거움, 평화로움, 만족 등으로 나타나는 무형의 마음의 상태를 의미한다. 그러므로 성공은 객관적으로 인식될 수 있으나 행복은 주관적이기 때문에 타인은 인식하기 어렵다.

앞 그림 [I -1]에서 보는 바와 같이 **성공**은 인생 전반기의 실현 목표이지만 **행복**은 인생 후반기의 실현 목표이다. 하지만 성공을 위한 몰입 과정에서도 행복감을 느낄 수 있다. 성공이나 행복은 우연히 찾아오는 행운이 아니라 부단한 자기 노력 없이는 이룰 수 없다는 공통점을 가지고 있다.

우리는 왜 성공하려고 하는가? 성공한 후 행복하게 사는 사람이 있는가 하면 성공한 후에도 불행한 삶을 사는 사람도 있다. 그러므로 성공이 곧 행복을 보장해주지는 못한다. 하지만 성공 없는 삶은 행복한 생활을 기대하기 어렵다. 따라서 성공의 궁극적인 결과는 행복생활의 쟁취이다. 성공과 행복이 일치한다면 **진정한 성공**이라 할 수 있을 것이다. **찰스 케터링**(Charles Kettering, 1876~1958)은 "**원하는 것을 얻는 것이 성공이고, 얻을 수 있는 것을 원하는 것이 행복이다.**"라고 하였다.

성공의 크기가 동일하다고 볼 때, 무한한 욕망의 크기를 줄이면 행복 수준은 높아진다. 그러나 욕망의 크기는 한계가 무한하기 때문에 욕망을 조절하여 줄이든지 아니면 성공의 크기를 키워야 행복 수준을 높일 수 있다. 이 세상에 성공이나 행복도 영원한 것은 존재하지 않는다. 지금 좋은 것이 화근이 되어 재앙을 초래할 수 있고, 지금 나쁜 것이 오히려 **새옹지마**(塞翁之馬)처럼 좋은 결과를 가져올 수도 있다.

4. 일과 직업의 의미와 가치

인생이 살면서 일과 직업이 갖는 의미와 가치는 무엇일까?

일이란 어떠한 목적을 달성하기 위한 육체적 · 정신적 활동을 의미한다. 우리의 삶은 일의 연속이라 해도 과언이 아니다. 동물들이 힘을 쓰지 않고 먹이를 구할 수 없는 것과 같이 인간에게도 예외가 아니다. 일은 모든 인간에게 중요하다. 왜냐하면 인간은 일을 통하여 여러 가지 욕구를 충족할 수 있을 뿐 아니라 삶의 최종 목적인 행복과 기쁨을 얻을 수 있기 때문이다.

자기가 맡은 일에 최선을 다하는 것은 우리들 인생에서 피할 수 없는 의무이다.

톨스토이(Tolstoy, 1828~1910)는 "**인생은 태어날 때 모두 빈손으로 이 세상에 나왔다. 노동은 중요한 행복의 조건이다.**"라고 하였다. **아리스토텔레스**는 "**일하는 궁극적 목적은 행복을 체험하기 위해서다.**"라고 하였다.

이와 같이 노동은 삶의 신성한 의무이자 행복의 필수 요건이기도 하다. 이 세상에서 가장 즐겁고 멋진 것은 일생을 바쳐 할 일이 있다는 것이다. 젊었을 때는 말할 것도 없고, 인생 후반기에서도 하는 일이 없으면 인생 4중고(重苦)의 하나인 **무위고**(無爲苦)의 고통을 받는다. 옛말에도 "무위도식자(無爲徒食子)는 여금수(如禽獸)니라"라는 말이 있다. 즉, 하는 일이 없이 먹고 지내는 사람은 짐승과 같다는 뜻이다. 오늘날 취업이 어려워 놀고 있는 실업자에게 실업수당을 제공하는 것은 영구적인 실업자를 양성하는 것과 같다. 취업이 가능하도록 적극적인 공공사업을 전개하여 일자리를 창출해 주는 정책이 필요하다고 본다.

이 세상에서 가장 쓸쓸한 것은 할 일이 없다는 것이다. **성경**에도 "**일하지 않는 자는 먹지도 말라.**"라는 말씀이 있다. 옛날 어느 나라의 제왕이 백성들이 너무 나태하여 열심히 일하여 성공할 수 있도록 학자들을 불러서 연구하여 책을 써오도록 하였다. 그 결과 12권의 책이 나왔다. 그러나 제왕은 책을 더 줄일 것을 명령하였고, 책은 결국 6권으로 줄여졌다. 하지만 제왕은 백성들이 읽기 어려우니 책을 1줄 정도로 줄여오라고 다시 명령하였다. 마침내 12권의 책은

"천하막무료(天下莫無料)이니 무한불성(無汗不成)이다."라는 1줄로 정리되었다. 이것은 **"이 세상에 공짜가 없으니, 땀 흘리지 않고 이루어지는 것은 아무것도 없다."**는 의미이다. 그러므로 남녀노소 할 것 없이 모두가 일하는 것이 권리이자 의무라고 할 수 있겠다.

(1) 일과 직업의 의미

다음 그림 [I -2]에서와 같이 사람들은 가사 노동, 취미 활동, 학교 공부, 군 복무, 봉사 활동, 직업 활동 등 다양한 분야에서 맡은 일을 열심히 하며 살아가고 있다.

어떤 목적 수행을 위해 정신적・육체적 노동을 제공하는 활동을 포괄적으로 **일**이라고 한다. 반면에 그림 [I -2]와 같이 일 중에서도 생계유지 수단으로 하는 일, 계속적으로 하는 일, 사회 발전에 기여하는 일, 자아실현을 성취하는 일, 윤리와 도덕성이 있는 일 등의 요건을 갖춘 일을 **직업**(occupation)이라 하며, **생업**이라 하기도 한다.

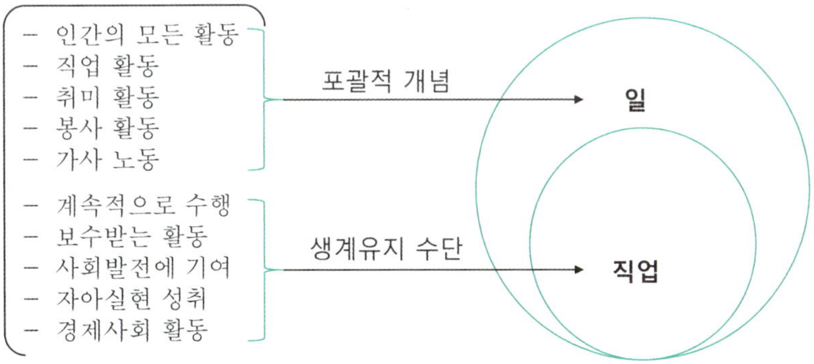

그림 [I –2] 일과 직업

직업은 그림 [I -3]과 같이 **안정성, 계속성, 윤리성, 사회성** 등의 요건을 가지고 있으며, **자아실현**(성공)을 향해 매진하게 된다.

① **안전성** - 생계유지 수단이 됨
② **계속성** - 지속적인 경제활동임
③ **윤리성** - 직업에 따른 윤리를 지켜야 함
④ **사회성** - 사회적 욕구를 충족하여야 함

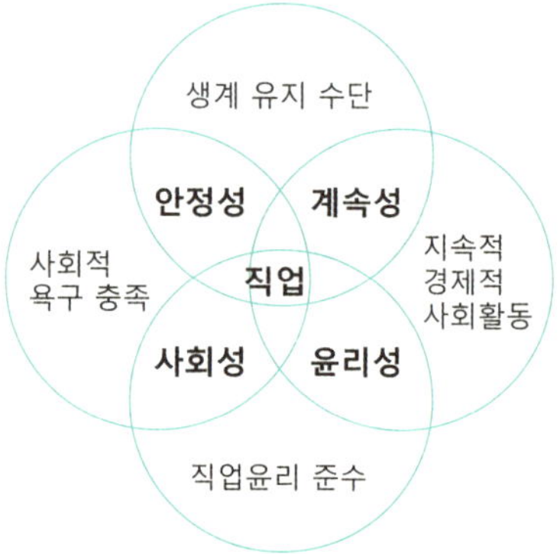

그림 [I –3] 직업 요건

(2) 일이 주는 가치

일과 직업이 우리 삶에서 매우 중요한 이유는 일과 직업을 통해 생계를 유지함과 동시에 일에 의해 삶의 질이 결정되며, 사회적 역할을 수행하고, **매슬로우**(Maslow, 1908~1970)의 **인간욕구단계설**(Maslow's hierarchy of needs)의 최상위 단계인 **자아실현의 욕구**를 충족할 수 있기 때문이다. 따라서 우리는 매순간 가치 있고 자신에게 맞는 일을 통해 행복한 삶을 만들어 나가야 한다.

일과 직업은 개인의 능력과 특성에 따라 선택하는 것이 바람직하다. 일과 직업은 삶의 존재감을 갖게 하며, 즐거움과 재미를 느끼게 하고, 다른 사람으로부터 인정을 받을 수 있고, 가족이나 사회에 기여한다는 자부심을 가지게 해 준다. 일을 통해 자기의 **잠재능력**이나 자신의 가치를 발견하고, 성취감을 얻게 해준다.

또한 다른 사람에게 기쁨을 줄 수 있으며, 도움도 줄 수 있다. 자신의 인격 형성에 도움이 되며, 여러 사람들과 인간관계를 맺고 교류하게 하여 **사회성**을 길러 주기도 한다. 일이 주는 가치를 요약하면 다음과 같다.

① **경제성** - 경제적 보수를 통하여 생활의 유지와 안전성을 제공해 준다.

② **성취감** - 잠재능력과 자신의 가치를 발견하고, 성취감을 느끼게 해 준다.

③ **자율성** - 다른 사람의 명령・지시 없이 자발적으로 내 힘으로 이룰 수 있다.

④ **사회적 인정** - 일의 성과를 사회적으로 인정받음으로써 삶의 가치를 발견할 수 있다.

⑤ **사회적 교류** - 일을 통하여 인격을 형성하게 되며, 사람들과 인간관계를 맺고 교류하게 해 준다.

⑥ **이타성** - 일을 통하여 다른 사람에게 기쁨과 도움을 줄 수 있다.

(3) 직업이 주는 가치

직업이 우리들의 삶에 미치는 가치로 **경제적 보상**, **고용안정**, **성취욕구**, **사회적 교류**, **능력발휘**, **자아실현**, **승진기회**, **인정의 욕구**, **사회적 역할분담** 등을 들 수 있다. 직업이 가지는 주요 가치를 요약하면 다음과 같다.

① **경제적 가치** - 직업은 생계유지를 위한 기본 수단이다. 그리고 삶을 위한 호구지책(糊口之策)이며, 생존하고 행복한 생활을 위한 수단이다.

② **사회적 의무** - 직업은 사회적 의무이자 역할 분담의 수행이다. 사회는 분업과 협동체계를 이루고 있기 때문에 발전을 위해서는 각자가 맡은 직업에 대하여 책임감을 가지고 협조적으로 수행하여야 한다.

③ **자아실현가치** - 직업을 통해 자기의 일을 수행하고, 자기의 능력과 개성을 실현할 수 있다. 특히 잠재능력을 계발하여 발휘하고, 현재 능력을 발휘함으로써 자아를 실현할 수 있다.

④ **종교적 의미** - 직업이란 하나님이 내게 맡긴 사명이자 책임으로 생각하고, 자기 직업에 소명감과 사명의식, 그리고 천직의식을 가지고 헌신적으로 몰입하고 전력투구하면 그것이 행복의 길이라고 생각한다.

이상과 같이 누구나 직업을 통하여 생계를 유지함과 동시에 삶의 질을 높이고, 사회적 역할을 수행함과 동시에 자아실현의 욕구를 충족할 수 있다.

★ 일하는 이유와 직업의 가치

★일하는 이유(도다 도모히로)

① 능력의 활용	② 성취감	③ 미적 추구
④ 이타성	⑤ 자유성	⑥ 창조성
⑦ 경제적 보수	⑧ 라이프 스타일 추구	⑨ 신체적 활동
⑩ 사회적 인정	⑪ 스릴 체험	⑫ 사회적 교류
⑬ 다양한 활동	⑭ 업무 환경 등	

★직업가치의 중요성(한국고용정보원)

① 직업안정	② 심신의 여유	③ 성취욕구	④ 금전적 보상
⑤ 인정	⑥ 지식 추구	⑦ 자율성	⑧ 영향력
⑨ 변화 지향	⑩ 실내 활동	⑪ 봉사	⑫ 개별 활동
⑬ 애국			

5. 라이프 사이클에 따른 인생관

수명주기에 따라 인생관은 어떻게 다를까?

탈 벤 샤하르(Tal Ben Shahar, 1970~) 교수는 아래와 같이 인생관을 **성취주의자, 행복주의자, 쾌락주의자, 허무주의자**라는 4분면으로 분류하였다.

청년기에 적합한 인생관은 성취주의자이며, **노년기**에 적합한 인생관은 행복주의자이다. 청년기에는 성공을 중시하고, 미래를 위해 현재를 희생하게 된다.

반면, 노년기에는 미래가 아니라 현재, 바로 지금의 행복생활을 위해 현재가 더욱 중요시되어야 한다.

(1) 성취주의자(Rat Racer)

현재의 즐거움을 희생하면서 미래를 위한 목표와 행복을 추구하는 사람으로 고통 없이 성공을 얻을 수 없다는 것을 체득한 사람이다. 즉, 미래를 위해 오늘의 행복을 희생으로 저당하는 삶으로 미래의 노예로 생활하는 주의이다. **성취주의자**는 목표에 도달하면 영원히 행복해질 것이라는 환상을 가지고 사는 사람으로 수명 주기의 **청년기**에 해당한다.

(2) 행복주의자(Happiness)

미래의 행복을 위해 현재의 고통도 감수하고, 현재의 행복을 추구함과 동시에 현재의 즐거움도 같이 추구한다. 행복을 향해 가는 여정을 즐기지 않으면 행복해질 수 없다고 보는 주의이다. 진정한 **행복의 목표**를 정하고, 목표를 향해가는 과정이 어렵고 힘이 들더라도 즐거운 여행길처럼 즐겁게 수행하는 것으로 수명주기의 **노년기**에 해당된다.

★ **행복주의** = 현재 몰입하는 즐거움 + 미래 목표 달성의 기대

(3) 쾌락주의자(Hedonist)

현재 즐거움을 추구하고 고통을 피하며 현재 욕구를 충족시키는 데 급급한 사람이다. 모든 정열을 현재에 집중하여 미래를 볼 수 없는 사람이다. 행복한 삶은 즐거운 삶의 연속이라 믿으며 현재의 만족에 역점을 두며, 순간의 노예로 쾌락과 행복을 동일시하게 된다. **쾌락주의자**는 미래가 없다. 성취하기 위한 도전이 없는 쾌락은 행복을 위한 처방이 아니다.

(4) 허무주의자(Nihilism)

과거의 실패 경험 때문에 스스로 현재와 미래의 행복을 모두 자포자기(自暴自棄)하는 사람으로 과거의 노예로 산다. 과거 실패의 트라우마(trauma)로 인해 다시 일어나지 못하는 사람이다. 아무런 희망도 가지지 못하고, 그저 망연자실(茫然自失)한 상태로 허무한 인생을 사는 사람으로 현재도 미래도 아무 의지가 없는 사람이다. 영원히 행복을 얻을 수 없다고 믿기 때문에 죽는 길이 최선의 길이라고 믿는다. 그 대표자가 쇼펜하우어(Schopenhauer, 1788~1860)로 그는 "**인생은 결코 수지맞는 사업이 아니다.**"라고 하였다. 이런 허무주의자가 되어서는 안될 것이다.

제2부. 성공에 이르는 행로

CONTENTS

1. 성공의 의미와 과정

성공의 의미는 무엇이며, 우리는 왜 성공하려고 하는가?

성공(success)의 사전적 의미는 목적한 바를 이루었을 때를 의미한다. 사람마다 가치관이나 목적이 달라 성공에 대한 의미도 사람마다 다르기 때문에 성공은 상대적 의미를 가진다고 할 수 있다. 따라서 주관적인 성공과 객관적인 성공으로 대별해 볼 수 있다.

주관적인 성공은 사람마다 각각 지향하는 목표가 다르므로 각자가 지향하는 목표에 도달하였을 경우를 의미한다. 반면, **객관적인 성공**은 사람들이 일반적으로 성공하였다고 보는 개념으로 많은 재산을 축적하거나 높은 직위, 권력, 명예, 인기 등을 얻었을 때를 성공하였다고 표현하고 있다. 따라서 넓은 의미의 성공이란 자신이 설정한 목표나 소망한 바를 성취하는 것이라 할 수 있다.

워랜 버핏(Warren Buffett, 1930~)은 "**당신을 사랑해줬으면 하는 사람이 당신을 사랑해 주면, 그게 바로 성공이다.**"라고 하였다.

이상을 종합해 볼 때, 자기가 맡은 분야에서 최고가 되어 사회적 성장과 기술 발전에 공헌하고, 이를 통하여 사회적으로 존경받는 것이 성공의 최종적인 모습이라 할 수 있다.

존 우든(John Wooden, 1910~2010)은 "**성공이란 마음의 평화이며, 자기만족의 직접적인 결과이다.**"라고 하였다. 미국의 격언에 "**행복의 열쇠는 꿈을 가지는 것이며, 성공의 열쇠는 꿈을 실현시키는 것이다.**"라는 말이 있다.

성공은 우연히 찾아오는 행운이 아니라 끊임없는 노력으로 자신의 잠재능력을 최대한 발휘함으로써 좀 더 강한 자신을 만들고, 자신의 가치를 높여 **풍요로운 삶, 성취하는 삶, 의미 있는 삶**을 사는 것을 의미한다. 성공은 단 번에 이루어낼 수 없으며 꾸준한 노력의 결과로 진정한 성장을 이룩함으로써 얻을 수 있다. "**성공은 자기의 목표달성, 성취욕구 충족, 사회에 기여, 자아실현**" 등으로 표현할 수도 있다. 성공 없이 행복생활을 기대하기 어렵다. 따라서 성공의 궁극적인 목적은 행복생활의 쟁취이다.

★ 나에게 성공은 무엇인가?

학생들에게 꿈을 물어보면 대부분 돈을 많이 버는 것이라고 말한다. 돈 버는 것은 인생의 최고의 꿈이요, 사명이며 목표라고 한다.

그러나 성공한 사람은 돈을 목표로 하고 있지 않았다는 것이다. 부유함이 성공인줄 알았는데, 이루고 보니 그것이 아니라 나는 돈의 노예가 되었던 것이라 깨닫게 된다.

나의 성공은 무엇인가? 진지하게 생각해보자!

(1) 성공은 자아실현

매슬로우의 **인간욕구단계설**에 의하면 **자아실현**이란 가장 고차원의 욕구단계이다.

자아실현은 먼저 자아정체성에 맞는 직업을 선택하고, 자기 자신의 무한한 잠재능력을 발견하여 계발하고 발휘함으로써 성취할 수 있다. 이것을 **성공**이라 지칭한다.

그의 이론에 의하면 인간의 욕구는 생리적 욕구, 안전의 욕구, 사회적 욕구, 존경의 욕구, 자아실현의 욕구와 같이 5단계로 나누어지며, 낮은 단계의 욕구가 충족되면 높은 단계의 욕구로 이동한다. 다음 그림 [Ⅱ-1]에서 보는 바와 같이 **자아실현의 욕구**는 고차원적인 욕구로 가장 높은 단계의 욕구이다. 이와 같이 자아실현의 욕구를 실현할 때 성공이라 할 수 있다.

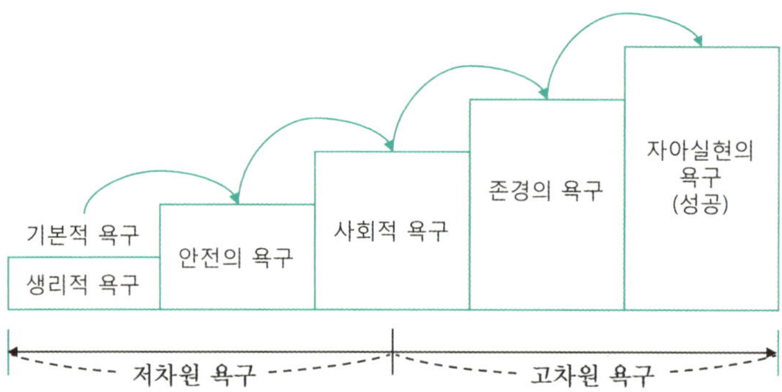

그림 [Ⅱ-1] 매슬로우의 인간5단계 욕구

① 1단계(생리적 욕구) - 가장 기본적이라 할 수 있는 욕구로 식욕, 수면욕, 성욕, 보수 등이 여기에 속한다.

② 2단계(안전의 욕구) - 생리적 욕구가 충족되면 안전의 욕구가 나타난다. 신체적 및 감정적 위험으로부터 안전하기를 바라는 욕구로, 경제적 안전, 육체적 · 정신적 안정 등이 여기에 속한다.

③ 3단계(사회적 욕구) - 집단을 만들고, 동료들과 함께하고 싶은 **애정의 욕구**이다. 인간은 사회적 동물이므로 어디에든 소속하거나 동료와 친교를 나누고 싶어하는 욕구로, 이성간 교제, 결혼 갈구도 여기에 속한다.

④ 4단계(존경의 욕구) - 어느 집단의 단순한 구성원이 아니라 내적으로는 존경과 외적으로는 승진하여 인정을 받고 싶어하는 욕구로 지위, 인정, 위신, 자존 등이 여기에 속한다.

⑤ 5단계(자아실현의 욕구) - 일단 존경의 욕구가 충족되면 자신의 잠재능력을 발휘하고 싶어진다. 자기계발을 계속하여 자신이 이룰 수 있는 목표를 성취해 내는 최상위의 욕구충족이다.

(2) 자아실현의 과정 실 예

등산가 K씨는 중학교 2학년 때 금강산(金剛山) 여행길이 열려 있을 때, 방학을 이용하여 5명의 친구와 함께 금강산을 여행하기로 하였다. 금강산 비로봉(1,638m) 쪽을 향하여 올라가던 중 계곡을 보니 물이 너무나 맑아 녹색으로 보였고, 산은 기암괴석(奇巖怪石)으로 어우러진 절경으로 조물주가 만든 하나의 예술 작품이었다.

계곡을 올라가다보니 선녀와 나무꾼의 옛 이야기에서 나오는 폭포가 있었고, 옆 산으로 올라가니 나무꾼이 바위 뒤에 숨어있었던 곳이 있었다. 거기까지 가자 배가 고프기 시작했다. 잠시 쉬면서 가지고 온 김밥을 먹고 가기로 하였다. "**금강산도 식후경**(金剛山 食後景)"이란 말이 있다. 즉, 이것이 **생리적 욕구**이다. 쉬다보니 졸음이 왔다. 졸음은 공기가 맑고 경치가 너무 좋은 곳이라 달콤하였다. 식후에 오는 이 욕구가 **안전의 욕구**이다. 눈을 뜨고는 친구들을 찾아 함께 계속 등산하기로 하였다. 이것이 **사회적 욕구**이다. 등산하면서 K씨가 가이드 역할을 하며 친구들을 안내하였다. 이것이 **존경의 욕**

구이다.

이를 계기로 K씨는 등산이 취미가 되어 여가 시간을 이용하여 항상 등산을 즐기게 되었다. 그 후 전문적 등산가가 되어 눈보라를 헤치고, 생사의 고통을 극복하며 히말라야 정상에 태극기를 꽂게 되었다. 이것이 **자아실현**이며, K씨는 등산가로서 성공하게 되었다.

교훈 아인슈타인 - 자기분야에 최고전문가가 되어라.

훌륭한 과학자인 **앨버트 아인슈타인**(Albert Einstein, 1879~1955)은 어렸을 때 학교 교육에 적응하지 못했던 학생이었다. 선생님들은 그를 무례하고 성의가 없는 학생으로 보았다. 그러나 그는 수학과 물리학 과목에는 흥미를 가지고 열심히 공부하였다.

아인슈타인이 유명한 과학자가 된 것은 자신이 가장 잘하고 좋아하는 것에 모든 시간을 바쳐 매진하였기 때문이다. 한 분야에 전문가가 된다는 것은 그 분야에서 그 어떤 누구보다도 지식과 기술을 많이 가지고 있는 사람이 되는 것이다. 그는 평생을 물리학 연구에 받쳐 광양자설, 특수 상대성이론을 연구하여 물리학 분야에서 노벨상을 수상함으로써 마침내 **자아실현**을 이루게 되었다.

2. 직업 성공에 이르는 로드맵

성공으로 가기 위해서는 어떠한 경로를 거쳐야 도달할 수 있을까?

인간은 다른 동물과 달리 꿈과 희망을 가지고 살고 있다. 성공을 위해서 가장 기본적이면서도 중요한 제1원칙은 바로 **꿈**(dream)을

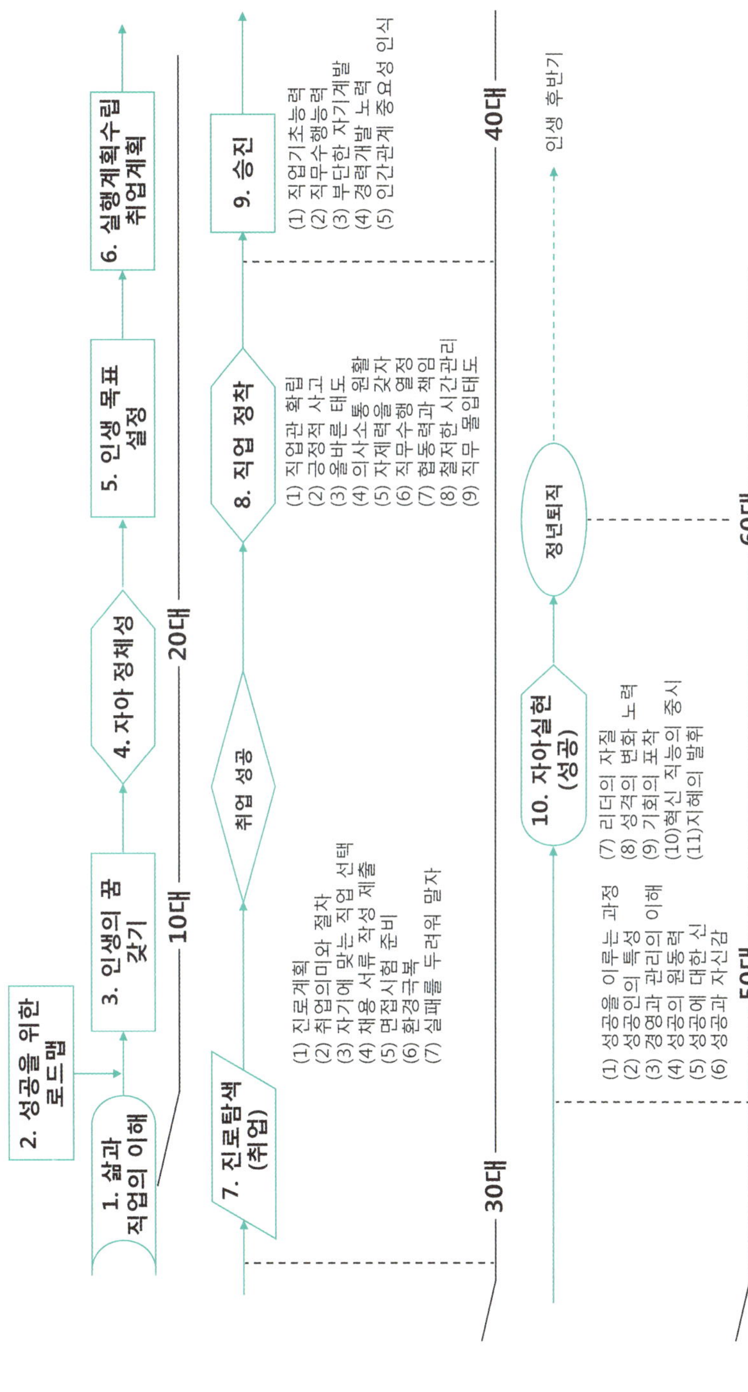

그림 [Ⅱ-2] 직업 성공에 이르는 로드맵

가지는 것이다. 꿈을 가진 사람은 항상 미래에 성공한 자신의 모습을 상상하며 그 꿈을 실현하기 위해 **계획**(plan)을 수립한다. 이미 10대 때부터 어떤 꿈을 가지고 노력하고 있다고 볼 수 있다. 아직 꿈이 없다면 꿈을 꾸며(Do dream!) 실행에 옮겨야 할 것이다. 꿈에서부터 성공을 쟁취하기 위해서는 그림 [Ⅱ-2]의 로드맵(road map)에 따라 **진로 탐색, 취업 성공, 직업 정착, 승진, 자아실현**(성공)에 이르는 경로를 하나씩 실행에 옮겨야 할 것이다.

3. 인생의 꿈 갖기

인생이 성공하기 위해서는 왜 꿈을 꾸어야 할까?

큰 꿈을 꾸어라(Do dream)! 봄날은 다시 오지만 인생의 젊은 날은 두 번 다시 오지 않는다. 유일무이한 나의 생명을 어떻게 살아야 할 것인지 고민하여야 한다. 성공을 위한 가장 기본적인 제1원칙은 마음 속에 분명한 **꿈**(dream)을 가지는 것이다. 먼저 **"나는 할 수 있다.**(I can do.)"라는 신념 하에 큰 꿈을 꾸어야 한다.

꿈은 희망이며, 목표요, 나의 염원이다. 꿈이 없는 사람은 인생의 삶의 지향점이 없게 된다. 꿈이 있다는 것은 삶의 뜻을 세우고, 그것을 실현하기 위하여 분투·노력하는 지향점이 된다. **"마치 농구에 있어서 골대"**와 같다.

그러나 꿈은 나와는 거리가 먼 망상이 아니라 도달할 수 있는 가능성 있는 꿈을 가져야 한다. 미국 하버드 대학 출신자 중 성공한 사람이 많은 이유는 부유한 환경, 우수한 두뇌 등도 있겠지만 누구보다 성공을 위한 "**꿈**"이 컸기 때문인 것으로 나타났다.

루즈벨트(Roosevelt, 1882~1945) 전 미국 대통령은 "**미래는 자신들이 가지고 있는 꿈의 아름다움을 믿는 사람들의 것이다.**"라고 하였다.

김영삼(金泳三, 1927~ 2015) 전 대통령은 중학교 때부터 대통령의 꿈을 가지고 책상 위 벽에 "**나는 대통령이 될 것이다.**"라는 꿈을 써 붙여두고 생활을 하였다는 일화가 있다. 그는 최연소 국회의원에 당선되었으며, 정치의 길에 정진함으로써 제14대 대한민국 대통령이 될 수 있었다. "**난 못 해**"라는 말은 아무것도 이루지 못하지만, "**해볼 거야**"라는 말은 기적을 만들어낸다(**조지 P. 번햄**). 꿈과 현실 사이의 격차를 두려 하지 말라. "**꿈을 꿀 수 있는 것은 현실로도 만들 수 있다.**"(**벨바 데이버스**)

미국에 사는 한 흑인 소년은 초등학생일 때부터 대통령이 되고 싶다고 하였다. 이 때 다른 학생들은 비웃곤 하였다. 그러나 그는 열심히 공부하여 하버드 대학교에 진학하였고, 졸업 후 인권변호사가 되었다. 인권변호사로 일하던 그는 결국 그의 "**꿈**"인 미국 제44대 대통령에 당선되었다. 그가 바로 미국 역사상 첫 흑인 대통령인 **버락 오바마**(Barack Obama, 1961~) 전 대통령이다.

헨리 포드(Henry Ford, 1863~1947)는 말(馬)보다 빨리 달릴 수 있

는 기계를 만들어야겠다고 마음속으로 "**꿈**"을 꾸었다. 그래서 그는 미친 사람처럼 기계를 만들기 시작하여 마침내 **포드 자동차**를 만드는데 성공했다.

현대그룹 **정주영**(鄭周永, 1915~2001) 회장은 1,000원짜리 화폐 뒷면의 거북선을 보면서 **이순신**(李舜臣, 1545~1598) 장군이 수백 년 전에 만든 것을 그 후손인 우리도 만들 수 있다는 "**꿈**"을 가지고 울산에 **현대조선소를** 설립하였고, 세계적인 조선소로 발전시켜 조선(造船) 왕국의 위대한 꿈을 이루게 되었다.

헬렌 켈러(Helen Keller, 1880~1968)는 태어난 지 9개월 만에 큰 병을 앓은 후 시력과 청력을 잃었고, 말을 할 수도 없었다. 그러나 그녀는 자신의 불행에 좌절하지 않고, 불가능해 보이는 것에 끝없이 도전할 뿐만 아니라 성공을 이루어내어 장애인들에게 큰 힘과 용기를 주었다. 그로 인해 20세기 가장 위대한 100명의 인물로 선정되기도 하였다. **헬렌 켈러**는 "**가장 불쌍한 사람은 시력은 있지만 꿈**(vision)**이 없는 사람**"이라고 말하였다.

(1) 꿈의 특성

성공한 사람은 자신의 **꿈**(vision)을 마음속에 간직하고, 꿈을 실현하기 위해 열정을 바치고, 그 일에 전념하였다.

꿈이 가지는 특성은 다음과 같다.

① 간결하고 감동적인 표현이 좋다.

② 자신의 인생관과 미래상을 제시한다.

③ 무엇을 하겠다는 의지의 표명이다.

④ 자신의 역량을 고려한 비전이다.

(2) 꿈을 실현하는 과정

꿈을 바탕으로 실현할 정확한 **목표**를 설정하고, 그 실현에 따른 구체적 **계획**을 수립하여 열정으로 노력한 결과, 꿈이 달성되어 **성공**으로 이루어지게 된다. 꿈에서 성공을 이루는 과정은 다음 그림 [Ⅱ-3]에서 보는 바와 같다.

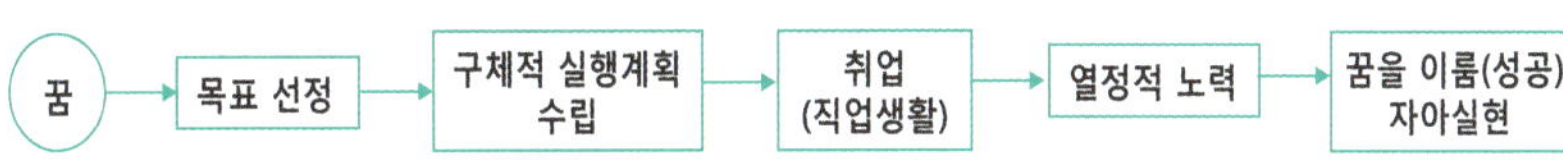

그림 [Ⅱ-3] 꿈을 실현하는 과정

4. 나의 정체성과 직업관

나의 정체성과 직업관, 잠재능력이 성공에 필요한 이유는 무엇인가?

고대 그리스 철학자인 **소크라테스**(Socrates, B.C.470~399)는 "**너 자신을 알라!**"라고 하였다. 취업준비의 기본은 자신을 먼저 이해하는 것이다. 나는 이 세상에 유일한 존재이므로 먼저 자기 자신이 어떤 존재인가를 발견하여야 한다.

그림 [Ⅱ-4]에서 보는 바와 같이 자아는 **주관적 자아**와 **객관적 자아**로 분류할 수 있다. 주관적 자아는 자신이 보는 **나**이고, 객관적 자아는 타인이 보는 **나**이다. 이 두 가지의 공통점을 참고할 필요가 있다.

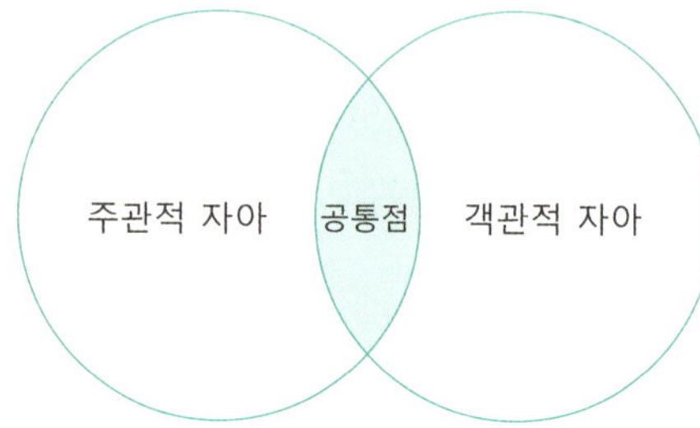

그림 [Ⅱ-4] 자아정체성

나의 정체성에는 나 자신의 성격, 주요 능력, 나의 믿음과 행동, 환경, 적성, 흥미, 잠재능력, 직업관 등이 포함된다. **직업**은 삶의 주요 수단이 될 뿐만 아니라 자아실현의 수단이 되므로 자아 정체성 중 특히 **직업관, 성격과 적성, 흥미**에 맞는 진로를 탐색하여야 한다. **윌리엄 오슬러**(William Osler,1849~1919)는 "**어떤 직업에서든 성공을 향한 첫걸음은 그 일에 흥미를 갖는 것이다.**"라고 하였다.

(1) 정체성과 영향 요인

정체성은 자기 자신에 대한 인식, 자신의 역할과 사명 등과 관련이 있다. 정체성의 확립에 영향을 미치는 요인으로 그림 [Ⅱ-5]와 같이 **믿음, 능력, 행동, 환경** 등을 들 수 있다. **자기의 정체성 인식**이 우선되어야 한다. 닭 알과 함께 깐 오리 새끼는 대수롭지 않게 물속에 뛰어든다. 그러나 병아리는 물에 뛰어 들지 못한다. 이와 같이 나의 정체성을 인식하는 것이 중요하다.

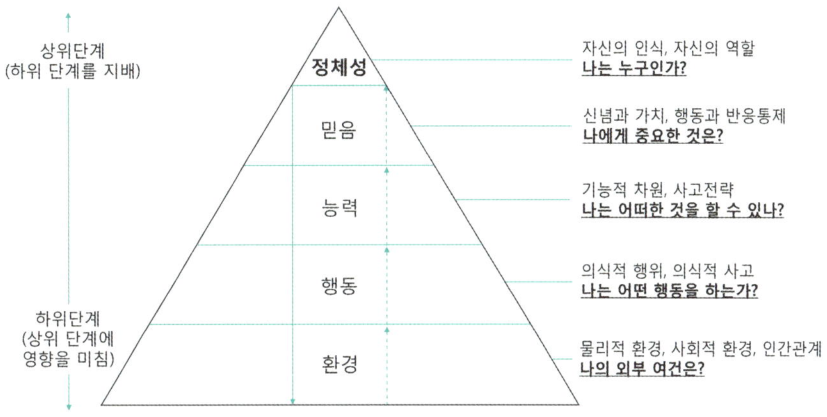

그림 [Ⅱ-5] 정체성의 영향요인

(2) 나의 잠재능력

잠재능력은 현재 겉으로 나타나는 능력이 아니라 숨어있는 능력을 의미하며, 계발하지 않으면 아무런 도움이 되지 않는다. **현재능력**과 **잠재능력**의 비율은 그림 [Ⅱ-6]과 같이 1:9의 비율로 잠재능력은 마치 빙산 모양으로 잠겨 있는 능력을 의미한다.

자기계발을 통해 잠재능력을 현재능력으로 활용할 수 있다. 그러나 잠재능력을 전혀 계발하지 못하는 사람이 있는가 하면 최대로 계발하여 활용하는 사람도 있다. 자신의 능력을 무시하고, 잠재

그림 [Ⅱ-6] 인간의 보유 능력

능력을 계발하지 않는 사람만큼 어리석은 사람도 없을 것이다. 잠재능력을 계발하여 활용한다면 다른 사람들보다 월등하게 능력 있는 사람으로 성공할 수 있을 것이다. 적당한 경쟁은 촉진제와 같아서 내재된 잠재력을 이끌어낼 수 있다. **적자생존**(適者生存)**의 법칙**에 따라 경쟁자가 있으면 매 순간 충만한 원동력을 가지고 행동하게 된다. 이와 같이 경쟁 상대가 존재할 때 잠재능력을 계발·발휘함으로써 성장할 수 있으며 성공할 수 있다. 성공하기 위해서는 자신의 잠재능력을 최대로 계발·발휘함으로써 그 분야에 1인자가 되어야 한다.

빌 게이츠(Bill Gates, 1955~)는 자기계발을 매우 중시하였으며 자신이 할 수 있는 일을 반복하기보다는 새로운 일을 시도하였다고 한다. 새로운 일을 시도해보고 실행에 옮겨봄으로써 **잠재능력**을 최대한 계발한 것이 그의 **성공비결**이라고 할 수 있을 것이다.

(3) 나의 직업관

직업관은 직업이 인간 사회에 **어떠한 영향을 미치며** 직업이 갖는 의미에 따라 세 가지로 분류된다.

① 자기 본위의 직업관 – 자기 생활을 유지하기 위한 수단으로, 생활에 필요한 물자 획득과 자신의 입신(立身)과 출세(出世)를 목적으로 하는 직업관이다. 이것은 **이기적 직업관**이라 할 수 있다.

② **사회 본위의 직업관** – 개인의 이익 목적보다는 사회의 이익이나 목적을 위해 갖는 직업관으로 개인의 의무와 희생이 어느 정도 요구된다. 이것은 **국가 본위의 직업관**이라 할 수 있다.

③ **자아실현의 직업관** – 자기 본위의 직업관과 사회 본위의 직업관을 조화시킨 것으로 직업을 자아실현의 과정으로 보는 직업관으로 **일(事) 본위의 직업관**이다.

★ 사회적 가치관을 가지고 행복한 삶을 산(실 예)

1990년 김밥할머니로 유명한 이복순 할머니는 한 평생 김밥을 팔아서 모은 전 재산 50억 원을 젊은이들을 잘 이끌어 달라는 말과 함께 충남대학교에 장학금으로 기부하였다.

5. 인생의 목표 설정

인생의 목표 설정이 중요한 이유와 유의점은 무엇일까?

현대는 무한 경쟁시대이며, 생존 경쟁의 시대이다. **목표**가 없는 인생은 성공하기 어렵다. 사람은 태어나면 개별 개체로서 자기 나름의 조각배를 타고, 질풍노도가 일고 있는 인류해를 부유(浮遊)하여 항해하여야 한다. 목표 없이 떠난다면 망망대해에서 방황하다 침몰하고 말 것이다. 꿈을 바탕으로 분명한 **삶의 목표**를 설정하여 항해하여야만 순항하게 될 것이다. 마치 축구를 할 때 골대를 향해

공을 차 넣듯이 인생의 **목표 설정**이 중요하고 우선되어야 한다. 그 이유는 하나의 목표를 설정하여 집중하면 더 강력한 열정으로 진행할 수가 있기 때문이다.

목표를 세우되 자신에게 합당한 목표를 세워야 한다. 옛말에 "**너 자신의 분수를 알라!**" 라는 말이 있다. **분수**란 자신의 능력과 환경, 자신의 잠재능력, 자신의 한계, 자신의 열정 등을 자각하는 지혜를 의미한다. 하버드 대학교의 "**비즈니스 스쿨**"에 들어가면 제일 먼저 가르치는 것이 "**목표 설정**"이라고 한다. 목표를 설정할 때는 막연하게 설정하지 말고 자기 자신의 **정체성**을 인식하고 자기에게 적합한 목표를 분명하게 설정하여야 한다.

다음으로 목표 설정에 이어 **실현 의지**와 **도전정신**, **열정의 결합**으로 그 목표를 실현할 수 있는 **구체적 계획**을 수립하여야 한다. 하버드 대학교의 한 연구에서 뚜렷하고도 장기적인 목표를 가진 사람은 20년 후에 한 곳을 향해 끊임없이 노력해 사회 각계에서 성공 인사가 되어 있었고, 반면 목표가 없었던 사람은 20년 후에 불만 속에서 매우 불행한 삶을 사는 것으로 나타났다고 한다.

벤저민 디즈레일리(Benjamin Disraeli, 1804~1881)는 "**성공의 비결은 항구적인 목표를 가지는 것이다.**"라고 하였다. 확실한 목표 설정은 현재 하는 일을 온전히 즐길 수 있도록 이끌 수 있기 때문에 행복 수준을 높여주기도 한다. 이와 같이 어떤 목표를 설정하느냐에 따라 앞으로의 인생이 결정된다. 인생의 목표는 반드시 자기 정체성을 인식하고 구체적이고 명확하여야 하며, 실현 가능성이 있어야 한다. 실현 불가능한 목표는 망상일 뿐이다. 즉, 현실을 원심으로 한 가능성이 있어야 한다. 뚜렷한 **목표 설정**은 노력의 근거이자 동기유발(motivation)이 되며 격려가 되기도 한다.

에디슨(Edison, 1847~1931)은 "**자신의 목표를 향해 끊임없이 전진하는 사람에게는 반드시 온 세상이 길을 내어줄 것이다.**"라고 하였다. 인생 라이프 사이클(life cycle)에서 전반기의 **성장기**에는 학력을 쌓고, 취업을 하여야 하며, **장년기**에서는 자기가 담당하는 직업이나 사업을 통하여 자기실현의 욕구를 충족함으로써 성공하는 것이 주요 목표이다. **목표 설정**은 자신에게 적합하고, 꿈에 맞는 목표를 설정하도록 한다. **목표 설정의 유의사항**은 다음과 같다.

① 목표를 달성하기 위해 어떠한 학력과 전공, 필요자격, 능력 등을 갖추어야 할 것인지 생각해 본다.
② 목표를 달성하기 위해 고등학교와 대학에서 실행할 전공과 자격증 등을 생각해 본다.
③ 목표 달성에 부족한 요소를 생각해 보고, 본인이 가지고 있는 장점과 함께 생각해 본다.
④ 목표 설정 이후에는 자신이 수행하여야 할 구체적이고 실행 가능한 계획을 세워 이를 실천하는데 열중하여야 한다.

목표 설정은 실현을 위한 구체적인 일정계획이 있어야 하는데 표 [Ⅱ-1]에서 성공한 인생의 연대별 목표를 상세히 기술하고 있다.

표 [Ⅱ-1] 성공한 인생의 연대별 목표

	세대	직업 단계	주요 과제	생활의 기대 목표
인생전반기	10대	관심 단계	꿈 갖기	바른 성장, 학교생활, 부모의 지원, 좋은 **친구**와의 만남
	20대	탐색 단계	진로 탐색	**스승**(멘토)의 만남, 취업목표설정, 취업 성공
	30대	정착 단계	직업 정착	경제적 안정, 경제적 독립, **결혼**(배우자), 확고한 직업관
	40대	발전 단계	승진	**인간관계**, 지도력 발휘, **승진**, 자녀출산
	50대	성공 단계	자아실현 (성공)	사회에 기여, 성취욕구 추구, **자아실현**, 은퇴 준비
인생후반기	60대	유지 단계	봉사 활동 (사회활동)	**직장 퇴직**, 사회 봉사, **사랑 웰 에이징**(우아한 늙음)
	70대	유지 · 정리 단계	대인관계 유지	건강생활, 안락생활, **웰 빙**(행복생활)
	80대 이후	정리 단계	죽음 준비	재산정리, 마음의 정리, **웰 다잉**(행복죽음)

※ 인생에 있어서 가장 소중한 만남은 **부모**, **스승**(멘토), 좋은 **친구**(배우자) 등이다.

6. 실행계획 수립(취업계획)

인생의 목표와 실행계획의 관리방법은 어떻게 하여야 할까?

꿈을 실현할 목표를 설정한 이후에는 자신이 수행하여야 할 구체적이고 실행 가능한 계획을 수립하여야 한다. **꿈**은 **목표설정**과 **실행계획**으로 연결되지 않으면 의미가 없다. **꿈**을 책상 위에 적어 놓으면 **목표**가 되고, 목표를 구체적으로 나누면 **실행계획**이 된다. 그 계획을 실행에 옮기면 꿈이 실현되어 성공에 이르게 된다.

이상과 같이 실행계획을 수립하고, 몰입하게 되면, 미래 성공을 기대하며 현재도 행복감을 느낄 수 있다. 자아실현을 위해서는 실행계획을 관리해야하는데, 모든 **관리**(management)는 **계획**(plan), **실행**(do), **평가**(see)의 과정으로 순환하여야 한다.

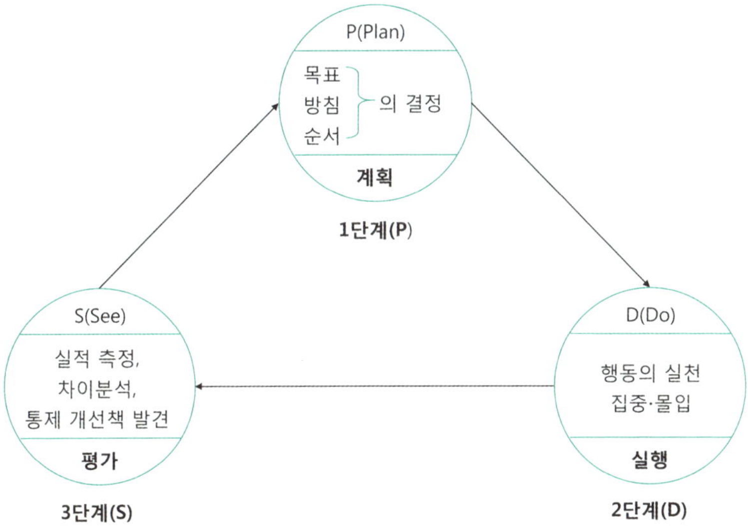

그림 [Ⅱ-7] PDS방식의 관리순환

그림 [Ⅱ-7]과 같이 **PDS 관리순환과정**(management cycle)은 계획에서부터 비롯된다.

누구나 성공을 갈망하지만 목표 달성을 위한 구체적 실행계획을 세워 행동으로 실행하지 않으면 허망한 꿈에 불과하며 성공에 이르지 못한다. GE, 지멘스와 더불어 세계 3대 중전기 업체로 손꼽히는 ABB의 **퍼시 바네빅**(Percy Barnevik, 1941~) 전 회장은 "**성공의 5%는 계획(전략)이고, 95%는 행동의 실천이다.**"라고 하였다.

실행계획은 가능하면 주변 사람들에게 공개적으로 알리는 것이 좋다. 그 이유는 자신의 결심을 밝히면 책임감을 느끼게 되어 실행력이 증가되는 **공언효과**(公言效果)가 있기 때문이다. 목표를 설정하고 그것을 실현시켜나가는 과정에는 매주, 매달 등 세밀한 계획을 세우고 실천해 나가는 것이 중요하다. **피터 드러커**(Peter Drucker, 1909~2005)는 "**계획은 단순·명료하고 응집적인 목표가 필요하고, 이해하기 쉬우며 도전적이어야 한다.**"고 하였다.

7. 진로 탐색과 취업

진로계획과 취업의 의미, 절차는 어떻게 이루어져야 할까?

오늘날 사회는 전반적으로 극심한 취업난에 몸살을 앓고 있는 가운데 취업 환경은 경쟁이 매우 치열해지고 있다. 양질의 일자리는 점점 줄어들고 있고, 소위 말하는 스펙(spec) 경쟁과 함께 경력직 채용이 많아짐에 따라 취업의 문턱은 더욱 높아지고 있다. 뿐만 아니라 **4차 산업 혁명**의 등장은 기존의 직업 군에 큰 변화를 가져오고 있기 때문에 앞으로 사라지는 직종이 발생하기도 하고, 새로운 직종이 생기는 등 이전과는 다른 취업환경이 펼쳐질 것으로 예상

된다.

이러한 취업 경쟁 속에서 자신이 원하는 일자리를 얻기 위해서는 자신의 강점 및 약점 파악, 관심 직종의 인력수급 전망과 취업 환경 이해, 취업을 위한 체계적인 준비, 구직 활동과 같은 일련의 과정에 대해 면밀하게 계획을 수립함과 동시에 끊임없는 노력을 하여야 할 것이다.

(1) 합리적 의사결정과 진로계획

우리는 살아가면서 매일 맞이하는 하루의 일과 속에서도 어떤 교통수단을 선택하고, 점심식사 메뉴로 무엇을 선택하고, 누구와의 만남을 선택할 것인지 등과 같이 끊임없는 **의사결정**(decision making)을 하며 일상을 보내고 있다. 따라서 우리의 삶은 **의사결정의 연속**이라 할 수 있다. 우리의 인생에서 **가장 중요한 의사결정**이라면 아마도 **취업**과 **결혼의 문제**를 들 수 있을 것이다. 의사결정의 연속인 우리의 삶을 시행착오와 후회 없이 살아가기 위해서는 보다 **합리적인 의사 결정**이 필요하다.

[1] 합리적 의사 결정 방법

합리적 의사결정은 직감(直感)에 의해 결정하는 것이 아니라 결정해야 할 **문제**를 먼저 인식하고, **목표**(goal:G)를 분명하게 정하여 그 목표에 부합하는 **대체안**(alternatives:A)과 각 대체안의 **정보**를 수집・분석 결과를 추정하고, 각 대체안 중에서 목표에 가장 충족할 수 있는 대체안을 선택하여 의사결정을 하는 과학적인 방법이다. 이와 같은 **의사결정의 순서도**(flowchart)는 다음 그림 [Ⅱ-8]에서 보는 바와 같다.

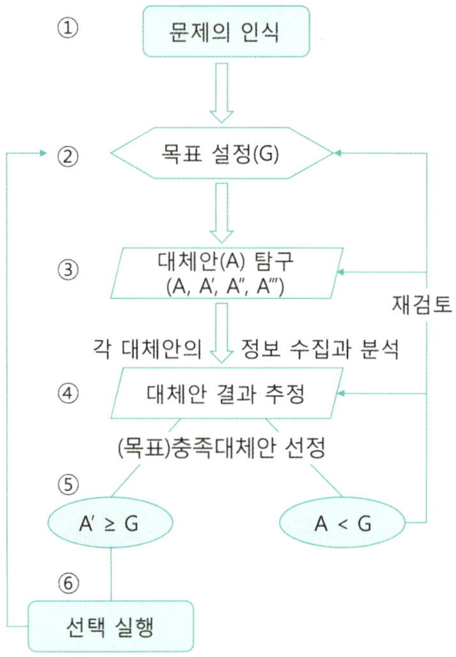

그림 [Ⅱ-8] 의사결정의 순서도

① **문제의 인식** - 해결하려는 문제에 대하여 확실한 인식을 한다.

② **목표(G: goal) 설정** - 문제 해결을 위한 목표 수준을 결정한다.

③ **대체안(A: alternative)의 탐색** - 목표에 충족할 대체안의 유형을 모색하여 정보를 수집한다.

④ **대체안(A)의 정보수집과 분석** - 수집된 정보를 분석하여 각 결과를 추정한다.

⑤ 목표와 대체안의 결과 비교 및 평가 - 대체안의 결과와 목표 충족 여부를 결정한다.

⑥ 최적안의 선택과 결정 - 목표에 충족하는 대체안을 결정한다. 충족하는 것이 없으면 다시 원점으로 돌아가 재검토한다.

2 진로 탐색과 진료계획

진로계획은 자신의 특성(자아발견)을 먼저 인식하고, 미래 사회의 환경변화(4차 산업혁명, 초고령 사회)에 적합한 진로를 계획하는 것이다. **4차 산업혁명**의 도래와 함께 65세 이상의 인구가 총 인구의 20%를 차지하는 **초고령 사회**에 접어들고 있는 우리나라의 취업 환경에는 많은 변화가 발생할 것이다.

4차 산업혁명은 정보기술과 통신기술의 합성(ICT: Information and Communications Technologies)으로 시뮬레이션(simulation)을 통한 자동생산이 이루어지므로 현재에 존재하는 많은 직종이 사라지고, 새로운 직종이 생겨날 것으로 예측된다. 또한 **초고령 사회**에 들어서면 일자리 창출 능력이 현재보다 더 떨어질 것이고, 이와 같이 제한된 일자리를 놓고 남성과 여성, 노인과 청년 간의 일자리 경쟁이 치열해질 것이다.

3 진로계획 영향요인

진로계획에 영향을 미치는 요인은 크게 **개인적 요인과 환경적 요인**으로 분류할 수 있다. 그 내용은 다음 그림 [Ⅱ-9]와 같다.

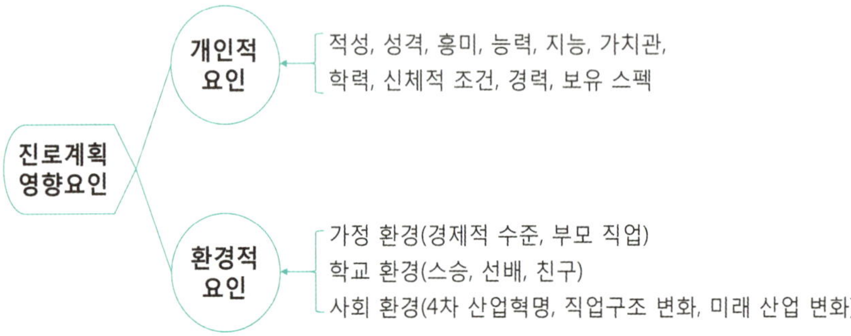

그림 [Ⅱ-9] 진로계획 수립 영향 요인

4 진로계획 수립시 고려사항

① 자아의 발견 – 자신에 대한 확실한 진단과 올바른 이해(소질, 능력, 지능, 적성, 흥미, 희망, 가정환경, 신체조건, 가치관 탐색 등)

② 취업 및 직업 정보 – 직업에 대한 정보 수집과 분석 필요(미래 전망, 부모의 기대, 직업에 대한 적성, 직업 흥미, 취업의 용이성 등)

③ 진로 및 인생 목표 – 현실에 필요한 합리적 목표 설정과 노력 필요(해야 할 목표와 그 이유)

(2) 취업의 의미와 절차

우리는 크게 가정생활과 직업 생활, 여가 활동 등을 수행하면서 살아가고 있다. 이들 중 직업 생활을 할 대상을 찾아 고용 관계를 이룰 때 **취업**이라 한다.

취업은 가정생활이나 여가 활동을 할 수 있는 기본 바탕이 되기 때문에 취업 없이 안정된 가정생활을 할 수 없을 뿐 아니라 여가 활동을 할 이유도 없게 된다. 그리고 취업은 경제적 안정성을 가져오고, 자부심을 갖게 하며, 자기 능력을 발휘하여 **자아실현**과 **성취 욕구**를 충족해 줌으로써 삶의 행복을 누릴 수 있게 해 준다. 이 외에도 우리는 직업을 통해 **창의성**을 발휘할 수 있고, **자기 계발**을 할 수 있고, 사회적으로 인정을 받을 수 있으며, 사회 발전에 있어서도 역할 분담을 통해 기여할 수 있다. 그러므로 **취업**은 우리들의 삶에 있어서 **필수 요건**임과 동시에 **행복 생활의 수단**이기도 하다.

이상과 같이 취업은 삶에 있어 매우 중요하지만 오늘날의 취업 환경이 용이하지 않다는데 그 문제가 있다. 4차 산업혁명의 도래, 초고령 사회로의 진입, 경제 성장의 저하로 인한 양질의 일자리 부족으로 사회 전반적인 취업난에 허덕이고 있으며, 특히 청년 실업률과 이직률이 매우 높다는 것은 더 큰 문제로 대두되고 있다.

① 취업 성공 전략

어느 곳에든 입사원서를 넣는 **투망(投網)식 취업전략** 보다 자신이 정말 원하는 업종의 기업을 몇 개 선택하여 그 기업에 대해 철저하게 정보를 수집하고 분석하여 맞춤식 입사지원서를 작성하는 **타깃형 취업 전략**이 효과적이다. 지원 직무 및 직군에 초점을 맞추고, 가산점 부여 항목에 신경을 쓰도록 한다.

취업을 성공하려면 성공하리라는 믿음을 잃지 않는 동시에 현실 속의 어려움을 직시하고, 긍정적인 결과를 열망하면서 그것을 위해 열심히 노력하는 **합리적인 낙관성**(樂觀性)을 가져야 한다.

★ 취업 성공을 위한 3단계

◉ **1단계 :** 일자리를 찾고 싶을 뿐 보수를 중요하게 생각하지 말라! 취업 자체가 감사한 일이다.

◉ **2단계 :** 채용이 되면, 보수나 승진을 요구할 수 있을 만큼 열심히 일해 실적을 쌓아라. 실적을 쌓으면 만족한 보수나 승진이 가능하다.

◉ **3단계 :** 동종업계 정보를 수집하여 많은 지식과 지혜를 축적하여 현 직무에 크게 기여하라. 그리하면 승진이 확보된다.

2 취업 성공 전략 절차

① 나 자신을 바르게 분석한다.

② 나에게 맞는 회사를 선택한다.

③ 지원회사에 대한 정보를 수집하고 파악한다.

④ 좋은 면접을 볼 수 있는 전략을 세운다.
(용모, 자기소개서, 자신의 장점, 직업관 등)

⑤ 모의 면접과 동시에 개별 면접 능력을 분석한다.

⑥ 부족한 부분에 대한 득점 스킬을 습득하도록 한다.

⑦ 면접 시 끝까지 성실한 자세로 최선을 다한다.
(입실 태도, 면접 과정, 면접 후 퇴실 등)

(3) 자기에게 적합한 직업 선택

성공을 위해서는 **자기의 적성과 취미, 능력, 성격**에 맞는 직업을 선택할 필요가 있다. **성격**은 크게 **사교형, 신중형, 주도형, 안정형**의 네 가지 유형으로 나눌 수 있다.

① **사교형** – 명랑하고 밝은 성격으로 매사에 적극적이고 낙관적이다. 활동적이고 긍정적이며, 적극적인 마인드로 행복과 즐거움을 추구하는 것을 목표로 삼는다.

(직업의 예: 세일즈맨, MC, 강사, 배우, 가이드 등)

② **신중형** – 매사에 완벽을 추구한다. 신중한 태도, 까다로운 안목, 주도면밀하고 조직적이고 논리적이다.

(직업의 예: 세무사, 의사, 변호사, 교수 등)

③ **주도형** – 자신감이 넘치고 저돌적인 성격이다. 지도자형으로 일을 중시하고, 독립적이며, 임무수행과 의사결정이 빠르다.

(직업의 예: 고급 엔지니어, 프로덕트 매니저, 기업 간부 등)

④ **안정형** – 항상 미소를 짓고, 일처리를 안정되게 하는 성격이다. 인내심이 있고, 겸손하며 편안한 인상을 주는 반면, 우유부단하다는 단점이 있다.

(직업의 예: 사무직, 비서, 번역사, 상담원, 중개인 등)

1 희망직업 선정

직업을 선택할 때 직업에 대한 믿음과 신념을 의미하는 나의 **가치관**에 적합한지 확인할 필요가 있다. 즉, **보수**, **안정성**, **능력발휘**, **자아실현**, **자기계발**, **창의성**, **사회적 인정**, **자율성**, **사회 기여** 등과 같은 가치관 검사를 활용하여 생각해 본다.

자신의 삶은 어느 누구도 대신할 수 없기 때문에 자신에게 맞는 직업 선택이 최우선 되어야 한다. 고용노동부 통계에 의하면 청년 실업률이 높은 가운데도 대졸자 중 취업 후 1년 이내에 퇴직하는 사람이 약 26%나 되는 것으로 나타났다. 직업 생활에 적응하지 못하고, 시행착오로 수차 반복하는 사람도 많다. 이와 같이 나에게 맞는 직업을 찾기란 쉽지 않다.

2 지원회사 선택

취업지원회사를 선택할 경우 희망하는 직업에 맞고, 자아 정체성과 회사가 요구하는 인재상을 고려하여 지원하는 것이 이상적이다. 지원회사 선택 시 고려할 사항은 다음과 같다.

① 지원 회사의 인재상 ② 경영이념
③ 경영자의 특성 ④ 대표적 상품
⑤ 시장 점유율 ⑥ 조직 문화
⑦ 안정성 ⑧ 동 업계에서의 지위
⑨ 복리 후생제도
⑩ 지원 직무의 내용(직무기술서 참조)

3 취업계획 수립절차

① 취업 사이트를 활용하여 취업 대상을 탐색해 본다.
② 취업 희망 기업들의 채용정보를 수집·분석해 본다.
③ 취업 희망 기업들이 요구하는 역량과 스펙을 확인한다.
④ 취업 희망 기업들이 요구하는 인재상과 기업 문화를 이해한다.
⑤ 최근 취득한 자격과 체험 등을 주기적으로 기록한다.

4 취업 계획서 수립 방법

① 취업 준비 계획서는 **다이어리 식**으로 작성한다.

② 취업 희망 기업에 맞는 **이력서**를 작성한다.

③ 취업 희망 기업에 맞는 **자기소개서**를 작성한다.

④ 직업 기초능력과 직무 수행능력과 관련된 **자격증**을 취득한다.

⑤ 자기소개서를 사전에 작성하여 준비한다.

⑥ 이력서·면접 등도 사전에 준비한다.

(4) 채용 서류 작성

1 이력서 작성

이력서는 자기소개서와 함께 인사 담당자 입장에서 서류 전형의 합격 여부를 결정하는 주요 요소이다. 채용 진행 과정에서 서류 전형 신청자 중 80% 이상이 탈락되며, 약 20% 정도만 면접 응시를 받게 된다. 한 사람의 이력서를 보는 시간은 3초 정도에 불과하며 이 짧은 시간에 서류 전형 통과 여부가 결정되는 것이다.

이력서를 "**자신**"이라는 상품을 홍보하는 주요 서류라고 생각하고 채용 담당자의 눈에 띄도록 하기 위해서는 지원하는 회사에서 요구하는 **인재상**과 희망하는 직무의 **직무 기술서**에 충실하게 맞추어 작성하여야 한다. 이 때, **스펙**(Spec)을 포함한 자기의 능력을 최대한 부각시켜야 할 것이다. 뿐만 아니라 깔끔한 디자인, 정돈된 레이아웃, 깨끗한 겉봉투 사용 등을 통해 자신에 대한 좋은 이미지를 최대한 부각시킬 수 있는 이력서가 되도록 해야한다.

2 자기소개서 작성

자기소개서는 어떻게 작성하여야 할까? **자기소개서**는 인사 담당자에게 자신을 알리기 위한 강렬하면서도 감동을 줄 수 있는 주요 도구로, 본인이 **지원 회사**에 얼마나 **적합한 인재**이며, 이를 위해 그동안 어떤 노력을 해왔는지에 대해 작성한다.

자기소개서는 그 자체가 **지면을 통한 면접** 역할을 하므로 면접의 주요 자료로 활용된다. 그리하여 지원하는 회사의 정보를 바탕으로 사업을 수행하는 데에 본인이 어떠한 사유로 가장 적합한 인재인지를 설득하고 강조하는 **맞춤식 자기소개서**라야 한다.

맞춤식 자기소개서를 작성하기 위해 다음과 같은 방법을 사용할 수 있다.

① 지원하는 회사에서 필요로 하는 **인재상**에 맞추어 작성한다.
② 인사 담당자를 설득시킬 수 있도록 **인상 깊게** 작성한다.
③ 참신하면서 눈길을 끄는 제목을 사용하여 **개성 있게** 작성한다.
④ **문장은 간결**하게 A4용지 2매 내로 작성한다.
⑤ **지원 동기와 보유 능력**을 일관성 있게 부각시킨다.

(5) 면접시험의 준비사항

지필고사(紙筆考査)만으로는 지원자의 태도, 성실성, 협조성, 진취성, 표현력, 창의력, 직무에 대한 열의 등을 파악할 수 없으므로 **면접시험**(面接試驗)이 중요시된다. 과거에는 지필고사를 통해 **훌륭한 인재**를 선발하였다면, 오늘날에는 면접을 통한 **적합한 인재**를 선발하기 때문이다.

1 면접시험의 목적

① 기업 측 – 자사에 적합한 인재상을 발굴하고, 선발하기 위한 목적

② 지원자 측 – 언어와 비언어적 소통을 통해 채용되는데 목적

2 면접시험의 평가요소

① 용모와 태도
② 지원 동기
③ 지원하는 직무에 관한 지식
④ 전문성과 상식
⑤ 지원하는 회사의 정보
⑥ 적극성과 협조성
⑦ 성격의 장·단점
⑧ 장래 포부
⑨ 판단력과 적응력
⑩ 특기와 자격사항
⑪ 가정환경
⑫ 희망 근무지
⑬ 외국어 능력
⑭ 교우 관계
⑮ 건강 상태
⑯ 창의성과 의지력
⑰ 문제해결 능력
⑱ 인간관계
⑲ 직업관과 노사관
⑳ 직업 기초 능력

3 면접시험의 유형

① 기본 유형 – 개별 면접(단독 면접, 패널 면접), 집단 면접

② 기타 유형 – 블라인드 면접(blind interview), 지시적 면접, 비지시적 면접, 임상적 면접, 자유 면접, 집단토론 면접, 프레젠테이션 면접, 화상 면접, 현장체험 면접 등

4 면접 응시자의 수칙

① 어떤 질문을 받아도 적극적으로 대답하여야 한다.

② 자기의 능력과 인품을 좋게 전달할 수 있는 요령을 터득하여야 한다.

③ 상황에 따라 태도를 달리할 수 있는 유연성을 갖추어야 한다.

④ 면접의 성공은 인생의 성공을 의미하므로 면접 기술을 길러야 한다.

⑤ 면접에 필요한 수험표, 주민등록증, 제출서류, 필기도구, 자기소개서 복사본 등을 소지하도록 한다.

⑥ 지원하는 회사의 경영이념과 기타 정보를 숙지하여야 한다.

⑦ 지원 동기와 장래 계획을 이야기 할 때, 채용되고자 하는 의욕을 적극적으로 부각시킨다.

⑧ 충분한 여유와 자신감을 가지도록 한다.

⑨ 면접에 임하는 태도, 자세, 행동, 예절 등의 중요성을 인식한다.

5 경영자가 바라는 직원의 자질

① 미래 지향적이고 창의적 사고를 가진 자

② 글로벌 의식과 도전 정신을 가진 자

③ 전문성을 갖추고 혁신 의식을 가진 자

④ 동료 직원과 화합하고 적극 협력하는 자

⑤ 주어진 직무를 능동적으로 수행하고 책임감 있는 자

⑥ 인간미와 도덕성을 갖추고, 고객 섬김을 실천하는 자

⑦ 최고의 전문 능력을 보유하기 위해 끊임없이 자기계발을 하는 자

표 [Ⅱ-2] 공공기관 NCS 채용 내용(직무 중심)

서류 전형	**직무와 관련성이 높은 사항 기재**(예 교내·외 활동경험, 인턴 근무경험, 직무 관련 자격증 등) 및 **해당 직무에서 기본적으로 갖추어야 하는 능력, 관련 경험** 등 기술
필기시험	**직무별 능력 중 지필 형태로 평가 가능한 능력 검증**(예 일반 사무행정, 정보기술 운영, IT시스템 관리)
면접시험	**직무능력과 관련된 경험**, 업무수행 과정에서 발생 가능한 상황에 대한 **대처 방법 면접**, 특정 직무 관련 주제에 관한 의견(PT) 등 **다양한 구조화된 면접 진행**

※ NCS란 국가직무능력표준(National Competency Standards)의 약자로 국가가 마련한 기준이다.

★ 사람을 알아보는 공자의 지혜

① 먼 곳에 심부름을 시켜 ⇒ 충성심을 알아본다.
② 가까이 두고 일을 시켜 ⇒ 공경심을 알아본다.
③ 번거로운 일을 시켜 ⇒ 재능을 알아본다.
④ 뜻밖의 질문을 던져 ⇒ 지혜를 알아본다.
⑤ 급한 약속을 함으로써 ⇒ 신용을 알아본다.
⑥ 재물을 맡김으로써 ⇒ 어짐을 알아본다.
⑦ 위급한 일을 알리어 ⇒ 절개를 알아본다.
⑧ 술에 취하게 하여 ⇒ 절도를 알아본다.
⑨ 남녀 함께 있게 하여 ⇒ 이성에 대한 자세를 알아본다.

참고 창업을 위한 기준

창업이란 쉬운 일이 아니다. 창업을 하려면 자신이 가진 자원이나 취미, 적성에 맞는 업종이 무엇인지를 찾아야 한다. 창업을 하는 것은 취업을 하는 것보다 그 어려움이 더욱 크기 때문에 창업을 최종 결정하는 데까지 심사숙고(深思熟考)하여야 한다.

★ 하버드대에서 발표한 10대 창업 기준

① 자신이 가진 환경과 사회 환경 변화에 맞을 것
② 자본금이 낮고, 투자 대비 수익성이 높을 것
③ 시장 수요가 많고, 수요자가 많을 것
④ 중복 구매로 이어질 수 있는 소모품 사업일 것
⑤ 다른 사람의 힘을 빌릴 수 있는 아이템일 것
⑥ 성공 인사와 친분을 쌓을 수 있을 것
⑦ 원활하게 사업을 유지할 수 있는 자생력이 있을 것
⑧ 상품 유통이나 대리점 운영이 가능할 것
⑨ 삶의 질 향상과 이상 실현을 할 수 있을 것
⑩ 자신의 재능과 열정을 발휘할 수 있을 것

(6) 나에게 주어진 환경을 극복하자.

인간은 누구나 살아가면서 자신을 둘러싼 물리적 환경, 사회적 환경, 경제적 환경, 인간관계 등과 같은 환경적 영향을 받게 된다. 정도의 차이와 인식의 차이는 있겠지만 아마도 태어나서 **역경**과 **고난**을 겪어보지 않는 사람은 없을 것이다.

역경과 고난을 극복하지 않고는 성공이란 있을 수가 없다. 금을 얻기 위해서는 금광을 파고 들어가 많은 땀과 노력을 쏟아 부어야 한다. 아무 곳에서나 돌은 얻을 수 있으나 금을 얻을 수는 없는 것이다. 역경과 고난을 접하고 이를 극복함으로써 금과 같은 인생을 발견할 수 있다. 미국의 **루즈벨트**(Roosevelt, 1882~1945) 전 대통령은 지팡이를 짚고 다니는 소아마비 환자였다. 하지만 이러한 신체 조건을 극복하기 위해서 무한한 노력을 기울이고 인내하였기 때문에 미국의 대통령을 네 번이나 역임할 수 있었다.

우리는 **인류해**라는 넓은 바다에서 거친 파도와 비바람이 몰아쳐도 저마다의 작은 조각배를 타고 노를 저어 나아가야 한다. 오늘의 이 시간을 사랑하고 감사하며, 멈추지 말고 진행하여야 한다. **고난**은 강인한 의지를 지닌 사람으로 단련시켜주며, **굳은 의지**는 성공의 토대가 될 것이기 때문이다. 네 손가락의 피아니스트 **이 희아**는 절망적인 신체 조건에도 불구하고 피아노를 배우고 뼈를 깍는 노력을 거듭하여 유명한 피아니스트가 되었다. 자신의 인생의 실패 원인으로 재능이 없어서, 가정환경이 불우해서, 신체적 조건이 열등해서라는 변명을 늘어놓는 것은 시간을 낭비하는 어리석은 행동일 뿐이다. 인생은 타인과 경쟁에서 이겨내야 하고, **자기 자신을 극복하여야 하는 고행의 길이다.** 모든 난관을 극복하기 위해 **"백 번 연습하고, 천 번 갈고 닦는다."**라는 **백련천마**(百煉千摩)를 통한 넓고 큰 기운인 **호연지기**(浩然之氣)를 길러 늠름한 기상을 유지하여야 한다.

필자도 시골에서 9남매의 장남으로 태어났다. 경제 사정이 어려워 중학교도 자취를 하며 겨우 졸업하였고, 졸업 후 부모님을 도와 농사를 짓기로 하였다. 그러나 시골에서 농사를 짓는 것이 도저히 적성에 맞지 않아 대구로 나와 진학하기로 결심하였다. 아는 사람이 없는 대구에서 생계를 유지하기 위해 목공소, 구둣방, 세탁소, 신문 배달 등의 일을 전전하면서 고난의 2년을 보냈다. 다행히 한 선배의 알선으로 야간고등학교에 진학하게 되었다. 낮에는 세탁 일을 하고, 밤에는 학교에 나가 공부하면서 졸업후에는 경제사정상 교육대학에 진학하기로 결심하였다. 대학에 진학한 후에도 시간제 가정교사와 입주 가정교사 등의 생활을 하면서 생계를 이어 나갔다. 교재 한 권을 살 여유가 없어 다른 학생의 책을 빌려 보았다. 하지만 대학 진학과 나의 생계와 관련한 고충에 관하여 부모님께 마음의 큰 부담을 드릴까봐 말씀드리지 않고 극복하였다.

대학을 졸업하고 초등교사로 임용 받은 후, 학사 학위 취득을 위해 야간 대학에 다시 진학하였고, 졸업과 동시에 임용순위고사를 거쳐 공립 상업고등학교 교사로 발령받게 되었다. 1970년대 상업고등학교(商業高等學校) 학생들은 입행(入行) 시험에 주력하였다. 그 당시 한국은행과 외환은행의 주요 시험 과목이었던 200점 만점의 **상업경제** 과목(영어, 상식은 각 100점)은 마땅히 공부할 만한 교과서가 없었기 때문에 학생들에게 큰 부담이 되었다. 상업고등학교 교사로서 학생들의 입행 시험을 지도하는 입장에서 학생들의 고충을 그냥 넘기기가 어려웠다. 고민과 노력을 거듭한 끝에 **「정선 상업경제」**(법문사, 1975~1989)라는 교재를 출간하게 되었고, 이후 이 책은 전국의 350개 상업고등학교 학생들의 필독서(必讀書)로 선정될 만큼 큰 인기를 얻게 되었다. 이어서 1990년부터 2011년에 이르기까지 금성교과서(주)에서 고등학교 검인정 교과서 제5차 교육과정 「**상업대요**」, 제6차 교육과정 「**상업경제**」, 제7차 교육과정 「**상업경제**」를 출간하여 80%의 점유율을 유지하였다.

동시에 대학 강사 생활을 하면서 석사학위과정과 박사학위과정을 거쳐 공개채용으로 1985년 **부산여자대학교**(현, 신라대학교)에 발령받아 교수로 재직하였다. 재직 중 기획실장의 보직을 임명받아 학령인구의 격감이 추정됨에 따라 학교를 혁신하겠다는 일념으로 "남녀공학대 전환추진위원장"을 맡아 **남녀공학**으로의 전환과 동시에 **신라대학교**로의 교명 변경을 하였고, 7개 단과대학과 박사학위과정을 갖춘 종합대학교로 발전시키는 데 기여하였다. 그 후 교무처장, 교육대학원장, 일반대학원장(3회 연임)을 역임하면서 교직생활 41년 6개월을 무사히 마치게 되었다.

일본의 세계적인 부호이자 사업가인 **나쇼날** 상표의 창업자는 자기에게 주어진 고난(가난, 허약, 무학 등)을 "**나를 성장시켜주기 위해 하늘이 준 시련이라 생각되어 항상 감사하고 있다.**"라고 하며, 시련을 오히려 하늘이 준 은혜로 생각하는 지혜를 얻어 훌륭한 성공을 거두었다.

(7) 실패를 두려워하지 말자.

"**실패는 성공의 어머니**"라는 말이 있듯이 한번 실패하였다고 해서 영원히 실패하는 것은 아니다. 실패를 통해 자아를 발견할 수도 있기도 하고, 실패가 성장의 자양분이 되어 성공으로 이끌어 줄 수 있다. 별 볼일 없는 한 알의 모래알로 평생을 보낼 것이 아니라 한 알의 모래가 조개의 몸속에서 조개의 점액과 결합하여 어둡고, 답답하고, 외롭고, 고통스러운 과정을 거쳐 찬란하게 빛나는 진주로 변신하는 것처럼 우리도 노력하자! 다른 사람보다 성공하고 싶으면 남보다 더 많은 고난을 극복하여야 한다. 하버드 대학교 도서관에는 "**지금 이 순간에도 상대는 쉴 새 없이 책장을 넘기고 있다.**"라는 글귀가 있다. 이와 같이 인생은 경쟁 속에서 성장하고, 성공한다.

미국의 대통령 **에이브러햄 링컨**(Abraham Lincoln, 1809~1865)은 그의 나이 51세에 대통령에 당선될 때까지 22세, 29세, 31세, 34세, 46세, 47세, 그리고 49세에 이르기까지 수차례 선거에서 낙선하였다. 하지만 그는 이러한 실패의 충격을 극복하고 끊임없이 노력하고 도전하여 미국의 대통령이 될 수 있었다.

사람은 누구나 많은 실패를 겪기 마련이다. 하지만 실패를 경험하여야 비로소 성공할 수 있다. 성공한 사람들이 성공할 수 있었던 이유는 그들이 수많은 **실패**를 겪고, 그 속에서 **교훈**을 얻었기 때문이다.

미국의 유명한 철학가이자 교육가 겸 심리학자인 **존 듀이**(John Dewey, 1859~1952)는 "**실패는 일시적일 뿐, 한 번의 실패가 영원한 실패를 의미하지 않는다.**"라고 하였다. 이렇듯 영원한 성공도 없으며, 영원한 실패도 없다.

미국의 유명한 농구선수인 **마이클 조던**(Michael Jordan, 1963~)

은 퇴임 후 17년 만에 농구명예의 전당에 헌액(獻額)하면서 **"나는 인생에 있어서 실패하고 또 실패하였다. 나의 성공은 실패한 결과이다."**라고 하였다.

토마스 헉슬리(Thomas Huxley, 1825~1895)는 **"인생 초반기에 몇 번의 실패를 경험하는 것은 가장 큰 실력적인 수확이다."**라고 하였다. 그러므로 **"실패는 성공의 어머니"**라는 말이 있다.

8. 직업 정착을 위한 자세

직업 정착을 위해 어떠한 자세와 태도가 필요할까?

직업 정착(定着)이란 주어진 직업에 만족을 느낄 뿐 아니라 경제적·정신적으로 안정된 생활을 하며, 직업에 대한 **사명의식**을 가지고 **행복감**을 느끼면서 은퇴할 때까지 직업 생활을 아름답게 마감하는 것을 의미한다.

★ 직업 정착 조건

① 자신의 적성과 흥미 · 능력에 알맞다.
② 천직 의식으로 열정과 자부심을 갖는다.
③ 잠재능력을 계발 · 발휘할 수 있다.
④ 능동적으로 직무를 수행한다.
⑤ 구성원들과 좋은 인간관계를 유지한다.
⑥ 주어진 직무에 대하여 만족감을 갖는다.

(1) 올바른 직업관을 확립하자.

직업을 선택하는 기준으로 단순히 보수(報酬), 지위, 명예만 볼 것이 아니라 내가 수행하는 일이 사회 발전에 기여하는 가치와 나의 자아실현을 추구하는 측면을 고려한 확고한 **직업관**이 확립되어야 열정을 다해 능동적으로 직무를 수행할 수 있다.

한 사람이 일을 할 때, 지식 20%, 기술 40%, 그리고 태도가 40%를 차지하는데, 이 중에서 가장 중요한 직업 태도를 **직업 정신**이라 할 수 있다. 직업에서 성공하려면 혼신의 힘을 다해 맡은 바 직무에 최선을 다하는 투철한 직업 정신이 필요하다. 한 사람이 수행한 **직무 성과**는 개인의 능력의 크기가 아니라 투철한 **직업 정신**을 가지고 맡은 바 최선을 다했느냐에 달려있다. 그러므로 투철한 직업 정신은 업무를 가장 잘 처리할 수 있는 좋은 습관이자 인생의 가치를 실현하는 중요한 요건이라 할 수 있다.

(2) 긍정적인 사고를 가지자.

나의 직업에 대하여 왜 긍정적인 생각을 가져야 할까? 나는 행복한 사람이라고 생각한다면 하루가 행복하듯이 나의 직업에 대하여 나는 큰 성공을 거둘 것이라는 **긍정적인 마음**을 가진다면 성공할 수 있으리라는 확신이 생기기 때문이다.

긍정적인 생각을 하게 되면 베타-엔돌핀(beta-endorphine)이 분비되어 정신과 육체를 건강하게 유지시켜 준다. "**나는 할 수 있다**(I can do).”는 생각과 긍정적이고 낙천적인 생각은 스스로에게 강한 확신을 가지게 해 준다.

미국의 심리학자인 **윌리엄 제임스**(William James, 1842~1910)는 “**인생은 생각의 결과다**.”라고 말하였다. 부정적인 환경에서 태어났거나 불만족한 환경에서 자랐다 할지라도 “**나는 할 수 있다**.”라는 **긍정적인 생각**을 가지고 노력한다면 성공적인 삶을 살 수 있을 것이다. 직업도 마찬가지이다. 어떤 직업을 가졌더라도 **긍정적인 마음**으로 임한다면 꿈과 희망을 가질 수 있지만 **부정적인 마음**으로 임한다면 꿈과 희망을 잃게 될 것이다.

성공하고 싶은가? 성공하고 싶다면 무한의 긍정 정신과 확신이 중요하다. 성공한 사람은 무엇을 하여도 성공시킬 수 있다는 자신감과 확신을 가지고 있다. 모든 것이 실망스럽고 어려울 때, 부정적으로 생각하면 “**자살**”이라도 하고 싶은 심정이 들 수도 있지만, 반대로 긍정적으로 생각하면 “**살자**”가 된다. 이와 같이 생각을 바꾸면 운명도 달라진다. 취업한 직무가 나의 마음에 들지 않더라도 어려운 환경 속에서 취업된 것만으로도 **감사**하다라고 생각하고, 나 자신의 마음을 변화시켜 직무에 나를 적응시켜나가야 할 것이다.

(3) 올바른 태도를 가지도록 하자.

생각이 바뀌면 **태도**가 바뀌고, 태도가 바뀌면 **행동**이 바뀐다. **태도**는 행동을 나타내는 전 단계로 정신 자세이며, **행동**을 준비하고 결정하는 심리적 요소이다. 그리고 **행동**은 태도의 표현이다. 태도에 따라 행동이 결정되기 때문에 직장에서나 가정에서 다음과 같은 태도를 갖는 것이 중요하다.

① **긍정적 태도** – 모든 것을 부정의 눈으로 보지 않는 긍정적인 사고로 보는 태도이다. 삶이 즐겁고 의욕이 생긴다.
② **적극적 태도** – 모든 일에 소극적인 태도를 가지지 않고, 적극적인 태도를 갖는 것으로 능동적인 존재로 만든다. 적극적인 태도가 발전과 성공을 이루게 해 준다.
③ **주인적 태도** – 방관적 태도에서는 미래를 위한 계획도, 발전을 위한 비전도, 개혁을 위한 프로그램도 생기지 않는다. 모든 일에 대하여 주인적 태도를 가져야 한다.
④ **낙관적 태도** – 비관적 태도는 실패를 낳는다. 성공은 낙관의 산물이다. 낙관적 태도는 자신감과 용기를 낳고, 용기는 승리로 이끈다.

★ 올바르게 일하는 태도

① 즐겁고 열정적으로 몰입하여 일을 한다.
② 중요한 일부터 처리한다.
③ 인생은 제 뜻대로 되지 않음을 인정한다.
④ 최선을 다하고 결과를 받아들인다.
⑤ 직무에 대하여 뜨거운 열정을 가지고 능동적으로 수행한다.
⑥ 스트레스를 피하지 말고 그대로 받아들인다.
⑦ 지금 현재 하고 있는 일을 사랑한다.
⑧ 나의 직무에 대하여 전문가가 되도록 노력한다.

⑤ 사랑의 태도 – 직무에 대하여 따뜻한 관심과 애정을 가지고 볼 때, 희망이 생기고 신념과 용기를 가지게 해 준다.

(4) 의사소통을 원활히 하자.

피터 드러커는 "**인간에게 가장 중요한 능력은 자기표현이며, 현대의 경험이나 관리는 커뮤니케이션에 의해 좌우된다.**"라고 하였다. 어려운 일도 말을 잘하면 성공시킬 수 있고, 쉬운 일도 말을 잘 못하면 완전히 망칠 수 있다. **의사 전달의 조건**으로 ① **내용** ② **전달하는 기술** ③ **상대의 수준 고려** ④ **설득력** 등 4가지를 들 수 있다. 말을 할 때에는 자신감 있고 자연스럽게 하는 전달 기술이 필요할 뿐만 아니라 흥미를 유발하고 내용의 이해를 도와주는 세련된 제스처 또한 필요하다. 상대방의 말을 **경청**한 후에는 생각을 정리하고 전달할 내용을 구상하여 전달 기술과 제스처를 섞어 말을 한다. 말을 할 때,

★ 의사 전달을 잘 하는 기법

① 상대방의 눈을 보며(eye contact) 이야기를 경청한다.
② 상대방과 서로의 눈을 바라보며 말을 한다.
③ 짧은 문장으로 실례나 증거를 인용한다.
④ 상대방의 이야기를 듣고 정리하며 말을 한다.
⑤ 기쁘고 편안하게 여유를 가지고 감동을 준다.
⑥ 희망과 용기를 주는 말을 한다.
⑦ 얼굴에 미소를 띠고 활기차게 말을 한다.
⑧ 말 한마디 한마디를 진지하게 한다.
⑨ 시선은 상대방을 향하고 교류를 보내준다.

말을 듣는 상대방을 설득이나 공감 또는 감동시키려면 빛나는 눈동자, 용솟음치는 목소리, 생동적인 태도, 박진감 넘치는 표현 등으로 자신이 먼저 열정적으로 불타올라 있어야 한다.

(5) 자제력을 가지도록 하자.

자제력은 자신을 통제할 수 있는 힘으로, 자신의 생각이나 말투, 행동에 대해 자신을 억제하는 것이다. 다른 사람보다 더 성공하고 더 행복한 삶을 살기 위해서는 **자기 관리**를 하는 자제력이 중요하다.

자제력이 없이 행동한다면 **자아실현**을 할 수 없게 되므로 자제력은 자아실현을 위해 반드시 필요한 덕목이다. 성공한 사람들을 보더라도 자제력이 강하지 않는 사람이 없는 것처럼 **자아실현**을 할 수 있는 비결 중 하나가 **자제력**이라고 할 수 있다. 미국 역사상 위대한 100명의 축구 선수 중 1위인 **제리 라이스**(Jerry Ricem, 1962~)는 어떤 상황에서든 자신을 통제하고, 온 힘을 다해 착실히 생활했으며, 휴가 동안에도 꾸준히 체력단련에 노력하였다. 그가 "**자아실현을 할 수 있었던 중요한 비결은 바로 자신을 자제할 수 있었다.**"는 점이다.

(6) 직무수행에 열정을 가지자.

성공을 이루려면 왜 열정이 필요한가? 성공한 사람들의 공통점은 바로 뜨거운 **열정**(passion)을 그들의 마음에 품었다는 것이다. 열정은 어떠한 일에 애정을 가지고 열중하는 마음에서 우러나는 아드레날린(adrenalin)으로, 개인적 행동에 영향을 미쳐 성공과 행복을 얻는데 도움을 준다.

현대 그룹의 창업주인 **정주영** 회장의 성공 비결은 바로 **열정**이었다. 그는 "**길이 없으면 찾고, 찾지 못하면 뚫어라.**"는 신념을 끝까지 고수해나갔다.

광동제약 **최수부**(崔秀夫, 1936~2013) 회장은 12세의 어린 나이에 여덟 식구의 생계를 책임지는 소년 가장으로 초등학교를 중퇴할 수밖에 없었다. 24세의 나이에 "**고려인삼사**"라는 제약 회사의 영업사원이 되어 물건을 팔 수 있으면 지옥이라도 가겠다는 원칙을 세웠고, 이런 신념은 그가 훌륭한 영업사원이 될 수 있게 하였다. 마침내 그는 28세의 나이에 자본금을 모아 "**광동제약회사**"를 설립하여 대기업으로 성공시켰다.

위에서 언급한 두 분의 사례에서 보았듯이 뜨거운 **열정**은 어떠한 두려움과 장애가 닥치든지 굴하지 않고, 힘차게 나아갈 수 있게 해주는 원동력이 된다. 열정이 중요한 재능과 연결되면 **목표**를 성취하는 데에도 큰 역할을 수행한다. 큰 성공을 이룬 사람들에게서 "**불타는 열정으로 적극적으로 행동하는 사람**"이라는 공통적인 특징을 발견할 수 있다.

(7) 협동력과 책임감을 가지자.

인간은 "**사회적 동물**"이라고 하였다. 혼자서 살 수 없으며, 다른 사람들과 어울려 함께 살아야 한다. 특히 취업을 하여 조직 생활을 하려면 타인과 **협동**하는 지혜와 기술이 필요하게 된다. 마음을 합하고 힘을 모아 일을 한다면, 그 성과는 **시너지 효과**(synergy effect)에 의해 배(倍)로 나타나게 될 것이다.

하버드 대학교 졸업자들을 사람들이 부러워하는 이유 중 하나는 그들은 자기 일에 **책임**을 지고, 지속적으로 열심히 해야 할 일을 하기 때문이다. 하버드 대학교 교수들은 학생들에게 "**책임은 일종의 직책 또는 의무이며, 한 사람에 대한 기본적인 요구이다.**"라고 가르친다. 왜냐하면 책임감이 클수록 자아실현을 할 확률이 높기 때문이다.

빌 게이츠(Bill Gates)는 항상 자신의 직원들에게 "**사람은 위대하지 않을 수 있지만 책임감이 없어서는 안 된다.**"라고 하였다. 그리고 **루즈벨트** 전 미국 대통령은 "**우리나라에서 좋은 국민으로 살아가려면 그 첫 번째 조건은 바로 모든 일에 기꺼이 책임을 다하는 자세를 갖추는 것이다.**"라고 말한 바 있다. 이와 같이 사회적 동물인 사람은 자기의 삶에 **책임감**을 가지고 살아야 할 것이다.

(8) 시간 관리를 철저하게 하자.

오늘의 시간은 두 번 다시 오지 않는다. 우리의 생명은 무한한 것이 아니라 한정되어 있으며, 시간은 주어진 생명의 한 부분이다. 오늘의 시간이 나의 최초의 시간이자 최후의 시간인 것처럼 성실과 정열을 다해서 살아야 한다. 오늘을 얼마나 충실하게 보내느냐에 따라 인생의 방향이 완전히 달라지기 때문에 성장기(成長期)에는 충분한 잠을 자고 싶은 것이 소원이라 느낄 정도로 **자아실현**을 위해 많은 시간을 투자하여야 할 것이다.

어제는 이미 지나갔고, 내일은 아직 오지 않았다. 현재에 모든 정력을 기울여 노력하여야 한다. 현재 이 시간에 최선을 다할 때, 과거에 대한 후회와 미래에 대한 걱정은 사라지고, 희망과 기쁨을 느끼게 될 것이다. 내일 물을 주려던 그 꽃은 이미 시들어 버렸고, 내일 보러 가려던 그 사람은 이미 이 세상을 떠나버릴 수도 있다. 이와같이 내일을 기다리지 말고, 지금 현재를 소중히 여겨야 할 것이다.

시간 관리를 잘 하는 사람은 지혜로운 사람이다. 시간 관리는 **우선순위**를 두어 잘 관리하기 위해서는 **분별력**이 있어야 한다. **시간 관리**는 **자기 관리**이고, **인생 관리**이기 때문에 시간을 어디에 어떻게 사용하느냐에 따라 우리의 미래가 달라진다. 인생의 성공과 실패의 차이는 여가 시간을 어떻게 활용하느냐에 따라 나타나기 때문에 한 사람의 운명은 저녁 7시부터 자정 사이에 결정된다고도 한다. 하버드 대학교의 도서관이 새벽 4시에도 환하게 불이 켜져 있고, 학생들로 가득 차 있는 이유는 아마도 그들이 인생의 성공을 위해 지식의 습득에 우선순위를 두고 **시간 관리**를 하기 때문일 것이다.

시간 관리의 초점은 시간 절약 즉, **효율성**을 추구하는 것이다. 사람들은 종종 시간이 부족하다는 말을 하곤 하는데, 그것은 시간이 부족해서가 아니라 시간을 잘 활용하지 못하기 때문이다. 그렇게 말을 하기 전에 우선 나에게 주어진 시간을 얼마나 효율적으로 잘 활용하고 있는지 한번 되돌아볼 필요가 있을 것이다.

시간은 돈으로 살 수 없을 뿐만 아니라 사람을 기다려주지 않는다. 돈은 벌면 되지만 지나간 시간은 되돌아오지 않는다. 이런 점에서 봤을 때, "**시간은 생명이다**(Time is a life)." 라는 말은 맞는 말이다. 사람들은 돈은 아끼면서도 시간을 아끼지 않는 경우가 많은데 그것은 돈 보다 귀한 생명을 중시하지 못한 결과이다. 명심보감(明心寶鑑)에 "**소년이로 학난성(少年易老 學難成)하니 일촌광음 불가경**(一寸光陰 不可輕)"이라는 말이 있다. 이것은 소년은 늙기 쉽고 학문은 이루기 어려우니 1촌 되는 시간의 흐름도 가볍게 여기지 말라는 교훈이다.

시간을 어떻게 활용하는가에 따라 인생의 성공 여부가 결정되는 만큼 **시간 관리**는 매우 중요한 문제이므로 일하는 시간, 휴식하는 시간, 꿈을 생각하는 시간, 취업 준비 시간, 자기계발하는 시간 등 시간의 배분과 관리가 철저하게 이루어져야 할 것이다.

빌 게이츠는 **"해야 할 일을 오늘 하지 않고, 내일 하겠다고 미루는 사람은 모두 패배자다.**"라고 하였다. 이와 같이 실패자나 패배자가 되고 싶지 않다면 오늘 할 일을 절대 내일로 미루지 말아야 한다. 인생의 성공을 위해서는 주어진 시간의 가치를 깨닫고, 인생의 목표를 향해 잘 활용함과 동시에 전력투구해야 할 것이다.

(9) 직무에 몰입하는 태도를 가지자.

몰입(沒入)이란 어떤 일을 할 때 감정, 생각(마음), 의지를 100% 집중하여 에너지 손실이 없는 상태를 의미하는 것으로, 몰입을 경험하기 위해서는 높은 수준의 **집중력**이 요구된다. 특히 난이도가 높은 직무와 능력이 결합하였을 때, 최고의 몰입을 경험할 수 있게 되는데, 몰입을 경험하게 되면 **긍정적인 감정**과 **행복감**을 얻을 수 있다.

개인이 가진 고유의 강점을 개발하고 직무에 몰입할 때, **생산성**의 향상과 목표를 성취할 수 있다. 나아가 자기의 강점을 일상생활에 활용하고, 일상의 고민과 걱정에서 벗어나 오직 현 직무에만 집중하는 몰입 상태야말로 행복과 성공에 이르는 가장 빠른 길이라 할 수 있다.

★ 행복한 직장 생활을 위한 규칙

① 중소기업과 같이 인간관계가 끈끈한 직장에 취업하라.
② 직무 기술서를 숙지하여 자기직무를 이해하라.
③ 직무 수행을 설계하여 직무 충실화를 실행하라.
④ 직무 수행에 몰입하여 효율성을 높이도록 하라.
⑤ 자신의 적성과 취향에 맞는 일을 선택하라.
⑥ 몸담고 있는 회사에 대한 주인의식을 가져라.
⑦ 자신의 직업에 대해 자부심을 가지고 열정을 다하라.
⑧ 맡은 일은 반드시 끝내도록 하라.
⑨ 다양한 업무를 맡고 수행하도록 하라.
⑩ 자신의 능력을 이용해 일을 잘해내도록 하라.
⑪ 자신이 하는 일이 왜 중요한지 이해하라.
⑫ 직장 내의 친구를 많이 만들어라.
⑬ 업무 수행에 대한 새로운 지식을 쌓아라.
⑭ 자신과 잘 맞는 상사를 만나도록 하라.
⑮ 직장과 가까운 곳에 주거하도록 하라.

9. 승진을 위한 역량 강화

승진을 위한 역량 강화에는 어떤 능력이 필요하며, 인간 관계가 중요한 이유는 무엇일까?

(1) 직업기초 능력을 기르자.

국가직무능력표준(National competency standards, NCS)은 직업인이 직종에 관계없이 공통으로 갖추어야 할 능력에 대하여 국가에서 마련한 기준으로 직무 수행을 위해 요구되는 지식, 기술, 태도 등의 내용이 정리되어 있다. 여기에서는 모든 직업인으로서 반드시 갖추어야 할 기본 공통 능력인 **직업기초 능력 10가지**를 제시하고 있다. 성공적인 취업과 직업 유지, 그리고 직업 생활에서의 성공을 위해서 반드시 이를 이해하고, 그 능력이 향상되도록 지속적으로 노력하여야 한다.

직업기초 능력은 모든 직무의 수행을 위해 갖추고 있어야 할 기본적 소양이다. 따라서 성공적 직업 생활을 위해서는 직업의 기초 능력이 없이는 불가능하다. 오늘날 청년 실업자가 증가하는 이유 중 하나로 잠재적 실업의 증가가 한 몫을 하고 있다. 한 연구결과에 의하면, 대학 졸업 후 취업 1년 내에 퇴직한 비율이 무려 27%에 달하고, 중소기업의 경우는 그보다 높은 36%에 달하는 것으로 나타났다. 그 이유 중 가장 큰 이유가 주어진 직무에 적응하지 못했기 때문으로 나타났다.

성공적 직업 생활을 위해서는 어떤 직무가 주어지더라도 능동적으로 수행할 수 있는 **직업기초 능력**을 우선적으로 갖추어야 할 것이다. 주어진 직업에 적응은 소속 직무를 잘 이해하고, 바람직한 **의사소통**에 의한 합리적인 **대인관계 능력**을 갖출 때 가능하다. 또한 환경변화가 급속도로 이루어지는 현실을 극복하기 위해서는 **정보활용 능력**과 **수리 능력**, **자원관리 능력**, **문제해결** 능력이 필요하며, 능동적 직무 수행을 위해서는 **기술 능력**과 **자기개발 능력**, **직업윤리** 등 직업기초 능력을 갖추는 것이 중요하다.

1 의사소통 능력

조직 구성원들 사이에 정보, 감정, 생각, 의견 등을 정확하게 전달하고 받아들이는 능력이다. 앞 장에서 제시한 인간관계의 일환으로 조직 목표 달성이나 개인의 성공을 위해 대단히 중요하다. **의사소통 방법**은 주로 회의나 개별적 대화, 보고서 작성을 통하여 수행된다. 의사소통능력의 가장 기본이 되는 자세는 **경청**이며 **의사표현능력**, **문서이해능력**, **문서작성능력**, **기초 외국어능력**이 포함된다.

① 의사표현 능력 – 자신의 업무와 관련된 자신의 생각과 능력을 언어 또는 신체언어(body language)로 표현하는 능력

② 문서이해 능력 – 자신의 업무와 관련된 제안서, 보고서, 기획서, 이메일 등의 내용을 이해하고 파악할 수 있는 능력

③ 문서작성 능력 – 자신의 업무의 목적과 상황에 맞는 문서 작성과 아이디어나 정보를 요약할 수 있는 능력

④ 기초 외국어 능력 – 자신의 업무와 관련된 국제 통용어를 사용하여 외국인과 소통할 수 있는 능력

2 수리 능력

직업 생활에서 직무수행을 위해 필요한 표, 그래프, 차트(chart), 계산 등의 정보를 해석하고, 문제를 해결하는 데 필요한 능력이다. 이에는 **연산 능력**, **기초통계 능력**, **도표 분석 능력**, **도표 작성 능력**

이 포함된다.

① **연산 능력** – 업무와 관련된 비용 측정, 정보 조사, 예산 수립, 업무 수행 경비 등의 내용을 이해하는 능력
② **기초통계 능력** – 주어진 수치 데이터를 비교·분석·요약하여 평균, 합계, 빈도 등을 제시하고 의사결정에 활용하는 능력
③ **도표분석 능력** – 특정 자료의 측정, 분석, 추세, 경향 등이 표현된 도표의 의미를 이해할 수 있는 능력
④ **도표작성 능력** – 주어진 기초 자료를 이용하여 상대방이 이해하기 쉽게 도표로 작성할 수 있는 능력

3 문제해결 능력

직무 수행에서 발생하는 문제를 창의적이고, 논리적으로 올바르게 인식하고 적정하게 해결하는 능력이다. 이에는 **창의적 사고력**과 이를 바탕으로 정확하게 문제를 인식하는 능력 및 **문제 처리 능력**이 포함된다.

① **창의적 사고력** – 다양한 문제 상황을 이해하고 해결하기 위해 필요한 창의력, 논리력, 비판적 사고를 통한 참신한 아이디어 도출 능력
② **문제처리 능력** – 문제의 원인과 특성을 파악하고, 문제 해결의 대안을 제시하고, 문제해결 방안을 제시할 수 있는 능력

4 자기 계발 능력

변화하는 직업 세계에서 적응할 수 있도록 자신의 능력, 적성, 특성 등을 올바르게 인식하고, 계발 목표를 세워 자기의 **잠재 능력**을 계발・향상시키는 능력이다. 이에는 **자아인식 능력, 자기관리 능력, 경력개발 능력**이 포함된다.

① 자아인식 능력 – 자신의 흥미, 적성, 인성 등을 객관적으로 파악하는 능력
② 자기관리 능력 – 자신의 목표를 설정하여 잠재 능력을 계발・활용하는 능력
③ 경력개발 능력 – 경력 목표를 세우고, 여러 직업생활을 통하여 얻게 되는 경험

5 자원관리 능력

문제 해결을 위한 자원을 어떻게 투입할 것인지 계획을 수립하고, 활용하기 위한 능력이다. 이에는 **시간관리 능력, 예산관리 능력, 물적 자원 관리 능력, 인적 자원 관리 능력**이 포함된다.

① 시간관리 능력 – 시간을 효과적으로 배분·활용하여 생산성을 향상시키고 목표를 달성하는 능력
② 예산자원 관리 능력 – 예산의 계획, 편성, 관리, 통제하는 능력
③ 물적 자원 관리 능력 – 물적 자원의 필요량을 확인하고, 효과적으로 관리하는 능력

④ 인적 자원 관리 능력 – 인적자원을 적재적소에 배치하여 활용·관리하는 능력

6 대인관계 능력

인간관계의 일부로 조직 구성원 또는 고객과의 관계를 원활하게 유지하여 **협력관계**를 통하여 시너지 효과를 나타내는 능력이다. 이에는 **팀워크 능력, 리더십 능력, 갈등관리 · 협상 능력, 고객 서비스 능력**이 포함된다.

① 팀워크 능력 – 조직 구성원과 함께 협력하여 업무를 수행하는 능력

② 리더십 능력 – 조직 구성원이 목표를 향하여 업무를 수행할 수 있게 동기 유발할 수 있는 능력

③ 갈등관리 · 협상 능력 – 갈등의 원인을 파악하고, 해결방법을 모색하여 원만하게 조정할 수 있는 협상 능력

④ 고객서비스 능력 – 고객의 욕구를 파악하고, 양질의 서비스를 제공하여 만족도를 높이는 능력

7 정보 능력

직업의 업무 처리에 필요한 자료(data)를 수집하고, 이를 분석하여 **정보**(information)로 활용할 수 있는 능력이다. 이에는 **컴퓨터 활용 능력, 정보처리 능력**이 포함된다.

① 컴퓨터 활용 능력 – 자료를 수집하고, 이를 분석 · 처리하여 정

보를 추출하고, 업무 처리에 활용할 수 있는 능력을 의미한다.

② **정보처리 능력** – 문제 해결에 유용한 정보 형태로 추출하여 문제 해결에 적용할 수 있는 능력

8 기술 능력

직업 생활의 특정문제 해결을 위해 기술적인 방법을 이해하고, 적용시킬 수 있는 능력이다. 이에는 **기술이해 능력, 기술선택 능력, 기술적용 능력**이 포함된다.

① **기술이해 능력** – 직업 생활에 필요한 기술의 원리, 절차를 이해하는 능력

② **기술선택 능력** – 직업 생활에 발생하는 문제를 해결할 수 있는 기술을 선택하는 능력

③ **기술적용 능력** – 직업 생활에 필요한 기술을 적용하고, 결과를 확인할 수 있는 능력

9 조직이해 능력

성공적인 직업생활을 위해 직장 조직의 체계와 경영에 대하여 이해하는 능력이다. 이에는 **경영이해 능력, 조직체제 이해 능력, 업무 이해 능력, 국제적 감각 능력**이 포함된다.

① **경영이해 능력** – 자신이 속한 조직의 경영 목표와 경영 방법의 이해와 경영 전략을 이해하는 능력

② **조직체제 이해 능력** – 조직의 체제와 조직의 구조와 목적, 체제

구성요소, 규정을 이해하는 능력

③ 업무 이해 능력 – 주어진 업무의 성격, 내용, 필요 기술, 지식, 태도, 업무처리 절차 등을 이해하는 능력

④ 국제적 감각 능력 – 주어진 업무의 국제적 추세와 국제적 동향 및 국제적 감각을 기르는 능력

⑩ 직업윤리

직업생활을 원활히 수행하기 위해서는 구성원 관계에서 지켜야 할 규범이 있는데, **직업윤리**란 직업에 종사하는 구성원 모두가 지켜야 할 보편적 윤리 기준이다. 이에는 **근로 윤리, 공동체 윤리**가 포함된다.

① 근로 윤리 – 자신의 업무에 대하여 근면·성실하게 임하는 자세와 능동적인 업무 자세로 신뢰성 형성에 도움을 줌.

② 공동체 윤리 – 공동체 윤리인 봉사와 책임, 준법정신으로 예의 바른 태도 형성에 도움을 줌.

(2) 직무 수행 능력을 기르자.

직무 수행 능력이란 직업 현장에서 자신에게 맡겨진 직무를 수행하기 위해 필요한 전문적인 능력을 말한다. NCS에서는 실제 산업 현장에서 요구되는 능력을 정리하여 **직무능력 중심의 채용**을 하도록 하고 있다. 직무 수행 능력에는 각 직무를 수행하는데 필요한 **지식, 기술, 태도**에 대해 체계화하여 정리하고 있다.

[1] 직무 기술서

각 직무를 수행하기 위해 필요한 **직무의 성격, 요구되는 자질, 직무의 내용**, 직무수행 필요자원, 직무수행 방법, 작업 조건 등을 상세하게 기록한 것으로 **채용**이나 **승진**을 위한 기준으로 사용되고 있다.

직무 기술서의 분석을 통한 채용준비 절차는 ① 자신의 적성검사와 진로목표 설정 ② 자신의 직무수행 능력 발견 ③ 지원회사 직무기술서 확인 ④ 직무 기술서의 직무 수행 능력 준비 순으로 실행한다.

[2] 직무 수행 능력 향상

모집 공고문의 모집 분야, 채용인원, 지원 자격, 근무조건, 전형일정, 우대사항 등을 확인하고 채용 분야의 **직무기술서의 지식, 기술, 태도** 등의 직무 수행 능력을 향상시키도록 한다.

① **필기 전형** – 직무 기술서에 제시된 내용을 토대로 직업 기초 능력과 직무 수행 능력을 향상시킨다.
② **면접 전형** – 직무 기술서에 제시된 직무 수행 능력과 관련된 경험, 능력, 자격 등을 갖추도록 한다.

(3) 부단한 자기계발을 하자.

자기계발이란 자신의 능력, 적성, 특성 등을 올바르게 인식하고, 계발목표를 세워 **잠재능력**을 계발하는 것으로, 성공적인 삶을 살기 위해서는 자기가 맡은 분야의 1인자가 되도록 꾸준한 자기계발을 통하여 전문적인 지식을 쌓아야 할 것이다. 일반적으로 **자기 계발능력**은 **자아인식 능력**, **자기관리 능력**, **경력개발 능력**으로 세분된다.

우리는 자기의 여유시간을 자기계발을 위해 투자하여야 하며, 목표를 향하여 끊임없이 자기를 분석하고, 타인으로부터 인정받기 위해서 피나는 노력을 하여야 한다.

아인슈타인은 "**자신의 잠재능력의 15%만 발휘했을 따름이다.**"라고 말한 바 있다. 아이슈타인과 같은 위대한 과학자마저도 자신의 잠재능력의 일부만을 발휘했다고 하였는데, 하물며 보통 사람인 우리는 훨씬 더 적은 잠재능력만을 발휘하거나 어쩌면 자신의 잠재능력을 전혀 발휘하지 못하고 생을 마감하는 경우도 있을 것이다. 그러므로 우리는 잠재하는 자신의 능력, 기술, 재능 등을 일깨워 주기 위해 꾸준히 **자기계발**을 하여야 할 것이다.

기업포털 잡코리아(www.jobkorea.co.kr)가 직장인 682명을 대상으로 **자기계발 현황**에 대한 설문조사를 실시한 결과 69.2%가 자기계발을 하고 있는 것으로 조사되었다. 이것은 인생의 **목표 달성**과 나아가 **자아실현**을 하기 위한 방안으로, 나 자신이 더 나은 직원이 되어야겠다는 의지와 의식에서 출발한다고 할 수 있다.

(4) 경력개발을 위해 노력하자.

경력개발이란 개인 및 조직 차원에서 직업적인 발전을 위하여 스스로 자기 직업과 관련한 목표를 설정한 후, 자격을 취득하거나 현장경력을 쌓고, 직업훈련 및 교육을 통하여 **직업 역량**을 증진시켜 나가는 것을 의미한다. 개인 차원에서 경력 개발 단계를 설정하기 위해서는 장기적인 **경력 목표**를 설정하고, 단・중기 계획을 수립하여 자신의 능력을 개발해 나가야 한다.

★ 자신의 직무관련 태도, 능력, 성과를 향상시켜 나가는 과정

경력관리, 전직, 교육훈련, 자격증 취득, 연수, 국비지원교육, 취업연계교육, IT 전문가 양성 등

(5) 인간관계의 중요성을 인식하자.

독일 문학가 **한스 카로사**(Hans Carossa, 1878~1956)가 "**인생은 너와 나의 만남이다.**"라고 하였듯이 우리 **인생**은 만남의 존재이자 **만남의 연속**이다. 인생을 사는 동안 우리는 부모와 형제・자매들과의 만남, 선생님과의 만남, 친구들과의 만남, 배우자와의 만남, 직장 동료와의 만남, 사회 활동을 통한 만남, 자녀와의 만남 등과 같이 수많은 사람들을 만나고 그들과의 관계 속에서 살아가고 있다. 그러므로 우리의 인생은 만남에서 시작하여 만남으로 끝난다고 해도 과언이 아니다.

아리스토텔레스가 "**인간은 사회적 동물이다.**"라고 한 것처럼 사람은 인간관계를 떠나 혼자서는 살 수 없는 존재이다.

좋은 인간관계는 사람을 **성공**으로 만들어 주기도 하고, **행복**하게 만들어 준다. 남편이나 아내를 잘 만나면 가정생활이 행복하다고 말하고, 직장에서 동료나 상사를 잘 만나면 직장 생활이 행복하다고 말한다. 그리고 좋은 친구나 선배를 만나면 덕분에 삶의 방향이 달라지고, 행복감을 느낀다고 말한다. 그러나 반대로 잘못된 만남을 가지게 되면 우리는 불행하게 된다. 이렇듯 인생에서 만남은 삶의 방향을 결정하게 된다. 만남의 책임은 하늘에 있고, 관계에 대한 책임은 자기 자신에게 있다. 좋은 관계의 유지는 자기의 노력에 달려있기 때문이다. "**운명은 타고난 것이 아니라 관계 속에서 결정된다.**"

대체로 성공한 사람들은 안도감, 신뢰감, 친화감에 의해 형성되는 좋은 **인간관계** 덕분에 인생이 바뀌는 경우가 많다고 한다. 성공한 사람들의 성공요소를 분석해 보았더니 의외로 기술이나 직무능력이 성공에서 차지하는 비율은 15%밖에 되지 않는데 반해, 원만한 **인간관계**가 **성공**에서 차지하는 비율이 **85%**나 되는 것으로 나타났다. 또한 해고 원인 중 95% 이상이 인간관계 능력의 부족인 것으로 나타났다. 이와 같이 직장 생활이나 삶에 있어서 가장 중요한 것은 **인간관계**이며, 개인 **행복생활**의 영향 요인 중 **99%**가 **인간관계**라고 한다. "**인간관계는 삶의 성공과 행복생활을 좌우하는 가장 중요한 요소라 할 수 있다**".

인생 후반기에 행복생활을 추구하는 것이 삶의 목적이라 한다면, **인간관계**는 더욱 중요한 요인이 된다. 그리고 인간관계는 일찍 맺는 것이 중요하다. 젊어서의 인간관계는 단순히 감정적인 호감만 가진다면 맺어질 수 있지만 나이가 들어서 맺는 인간관계는 조건이나 상황, 환경 등을 고려하여 이루어지기 때문에 관계 맺기가 대단히 어렵다고 할 수 있다.

1 인간관계의 중요성

미국 카네기 멜론 대학교가 10,000명의 성공한 사람을 대상으로 한 연구에서 **성공**에 미치는 가장 중요한 조건으로 **인간관계**가 85%, **지적 능력**이나 **재능**이 15%로 조사되었다. 또 다른 연구에 의하면 42.6%가 **인간관계 지수**(N.Q; Network Quotient)를 가장 중요한 인생성공전략 요소로 대답하였고, 그 뒤를 이어 **사회성 지수**(S.Q; Social Quotient)는 31%, **창조성 지수**(C.Q; Creativity Quotient)는 16.9%, **지능 지수**(I.Q; Intelligence Quotient)와 **도덕성 지수**(M.Q; Moral Quotient)는 5.8%, 그리고 **감성 지수**(E.Q; Emotional Quotient)는 1.2%의 응답자가 가장 중요한 요소라고 응답하였다. 또한 **인간관계**가 인생에 있어서 중요한가를 묻는 질문에 응답자의 95.8%가 매우 중요하다는 긍정적인 답변을 하였다.

어려운 취업 상황 속에서 취업을 하고도 1년 이내에 이직하는 비율이 26%에 달하고 있다. 이런 가운데 주요 **이직 사유**를 묻는 한 연구에서는 이직을 하는 가장 큰 이유로 **인간관계 부족**이라고 응답한 사람이 85%로 조사되었다. 일반적으로 직무의 문제가 이직의 가장 큰 이유라고 짐작할 수 있으나, 이 연구의 결과를 통해 "**이직의 이유는 직무의 문제가 아니라 인간관계의 문제였다.**"는 것을 알 수 있었다. 행복의 조건을 쓴 **포웰**(J.powell)은 "**사람은 인간관계를 통해 행복에 이른다**"고 하였다. 하버드대 정신과 **조지베이런트**(J.vailant)는 "**삶에서 가장 중요한 것은 인간관계이며, 노후행복은 결국 사랑이라는 결론을 지었다.**" 이와같이 인간관계가 운명을 결정하게 되며, 가장 중요한 요인이라 할 수 있다.

우리 인생의 매 단계마다 **좋은 만남**이 이루어져야 **행복한 인생**을 살 수 있다. 유아기에는 부모를 잘 만나야 하고, 소년기에는 친구를 잘 만나야 하며(㉠ 처칠경과 헤밀턴의 만남), 청소년기에는 스승이나 멘토(mentor)를 잘 만나야 한다(㉠ 이자익 목사와 조덕삼 장로). 청년기에는 배우자를 잘 만나 내조나 외조를 잘 받아 성공할 수 있다(㉠ 프랑스 마크롱 대통령).

프랑스 제25대 **마크롱 대통령**(Emmanuel Macron, 1977~)은 고등학생이던 15세 때에 연극부의 여자 선생님을 멘토로 삼아 성장하였고, 20대부터 대통령이 되겠다는 **꿈**을 가지고 있었다고 한다. 그는 29세 되던 2007년에 멘토로 삼았던 그 여자 선생님과 24살이라는 나이 차이를 극복하고 결혼에 이르게 된다. 그리고 39세가 되던 2017년에 프랑스 최연소 대통령으로 당선되었다. 마크롱 대통령의 멘토였던 그 여자 선생님은 프랑스의 영부인이 된 **브리지트**(Brigitte Macron, 1953~) 여사이다. **마크롱 대통령**은 대통령 당선 자축연에서 "**그녀가 없었다면 지금의 나도 없다.**"라고 말한 바 있다.

헬렌 켈러는 태어난 지 9개월 만에 열병에 걸려 시력과 청력을 잃었고, 성격도 난폭해져 정신병원에 보내졌다. 그러나 병원에서 조차도 그녀의 난폭성과 사나움으로 인해 치료를 거부했고, 결국 집으로 돌아오게 되는 처지에 이르게 된다. 그러나 헌신적인 **설리번**(Anne Sullivan, 1866~1936) 선생님을 만나면서부터 그녀의 인생은 완전히 바뀌기 시작한다. **설리번** 선생님의 쉼 없는 사랑과 인내는 어둠 속에서 헤매던 헬렌 켈러에게 말과 글을 가르쳐주었을 뿐만 아니라 인생의 진정한 의미를 일깨워주게 된다.

이러한 설리번 선생의 희생 덕분에 **헬렌 켈러**는 20세 때 하버드 대학교에 입학하였다. 그 후 전 세계 장애인들을 찾아다니며 강의와 다양한 활동을 통해 장애인들에게 희망을 심어주어 "**빛의 천사**"로 불리게 되었다. 헌신적인 사랑을 실천한 설리번 선생님과의 만남이 있었기 때문에 **헬렌 켈러**는 위대한 사람으로 후세에 남게 된 것이다.

"**기적은 매 순간 도전하는 자에게만 오는 선물이다.**"라는 말이 있다. **정유선** 교수는 뇌성마비를 앓은 후, 다리가 불편해지고 언어 장애를 가지게 되었다. 하지만 어려운 상황 속에서도 "**무엇이든 잘 하고 싶었다.**"라고 말하던 그녀는 뇌성마비를 가진 한국 여성으로는 최초로 해외에서 박사학위를 받고, 2004년에 미국 **조지메이슨대학교** 교수가 되었다. 이러한 일련의 성공 과정을 그녀의 저서 「**기적은 기적처럼 오지 않는다.**」에서 "**하늘은 스스로 돕는 자를 돕는다.**"는 말을 믿으며 도전하였다고 한다. 그녀는 **긍정적인 정서**와 **적극적인 태도**를 가지고 있으면 얼굴에는 웃음과 활력이 넘쳐난다고 하였다. 그녀는 어려운 상황과 편견 속에서도 역경을 긍정적적으로 받아들여 그것을 도약의 기회로 삼은 덕분에 고난을 회복할 수 있는 탄력성을 가질 수 있었고, 웃음이 넘치는 밝은 얼굴 덕분에 상대방과의 좋은 **인간관계**를 맺고 유지할 수 있었다.

★ 직장인의 행복 요소

① 직무수행 - 자신감, 의미감
② 인간관계 - 상하관계, 동료관계, 친구, 동호회 등
③ 심리상태 - 긍정적 감정, 만족감, 휴식시간, 감사표현
④ 일상생활 - 경제적 사정, 여가 즐김

2 인간관계의 유형

직장에서의 이루어지는 인간관계는 그림 [Ⅱ-10]에서(직업 중심 관계) 보는 바와 같다.

① **가족관계 – 부모** 관계, 형제·자매 관계, **부부** 관계, 자녀 관계 등
② **친목 관계** – 친척 관계, 동문 관계, 지역 관계, 동호회, **친구** 관계
③ **직업 중심 관계** – 동료 관계(수평적 관계), 상하 관계(수직적 관계), 타 부서와의 관계(대각적 관계), 고객과의 관계, 거래처와의 관계
④ **전공분야 관계** – 학력관련 관계, 동기생 관계, 스승과의 만남

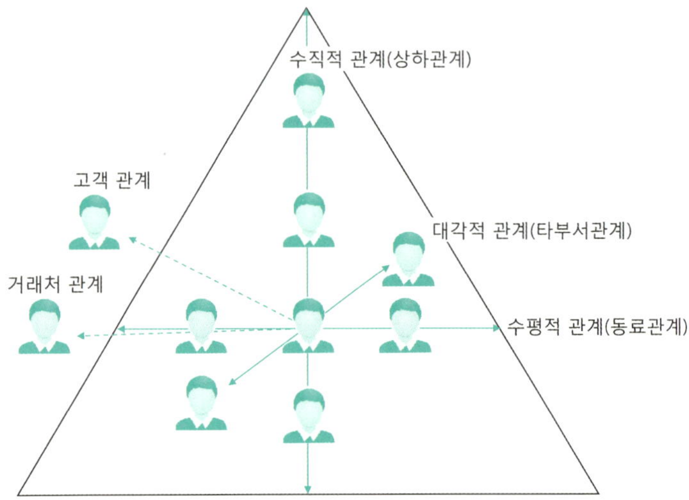

그림 [Ⅱ-10] 직장에서의 인간관계

이상의 만남 중에서 성공을 위해 가장 중요한 만남은 **부모**와의 만남, **스승**(멘토)과의 만남, 훌륭한 **친구**(배우자)와의 만남일 것이다. 그러나 "**선생은 많아도 스승은 드물며, 교수는 많지만 교육자는 많지 않다**"는 말과 같이 훌륭한 스승을 만나기란 쉽지 않다.

인간관계 성공사례 — 1. 아름다운 우정

훌륭한 친구와 교분을 맺으면 동화되어 좋은 친구가 된다. 좋은 만남이 좋은 인연을 낳고, 좋은 인연이 좋은 결과를 낳는다.

영국 런던의 부유한 귀족 아들이 농촌에 여행을 와서 물에서 수영을 하다가 깊은 물에 빠져 허우적거리고 있었다. 그것을 본 시골 소년이 뛰어들어 그를 구조해 주었다. 그 후 두 사람은 서로 연락하여 가까운 친구가 되었다.

시골 소년이 중학교를 졸업하자 진학하지 않겠느냐고 런던 친구가 연락하였으나 시골 친구는 집안 사정이 어려워 진학이 어렵다고 하였다. 런던 친구는 자신의 아버지에게 부탁하여 시골 친구가 런던으로 와서 함께 공부할 수 있도록 승낙을 받아내게 되었다. 함께 공부하게 된 두 소년은 성장하여 런던 친구는 정치가가 되었고, 시골 친구는 세균 학자이자 의사가 되었다.

런던 친구는 26세에 국회의원이 되었으나 전쟁 중 폐렴에 걸려 목숨이 위태롭게 되었다. 그 때 의사인 시골 친구는 페니실린(penicillin)을 발견하였고, 런던 친구는 페니실린을 급송받아 생명을 건질 수가 있었다. 런던의 친구는 민주주의를 굳게 지킨 윈스턴 처칠(Winston Churchill, 1874~1965) 전 영국 수상이고, 시골 친구는 1945년에 노벨 의학상을 수상한 알렉산더 플레밍(Alexander Fleming, 1881~1955)이다.

귀족 소년과 시골 소년의 아름다운 우정은 평생 계속되면서 이들의 삶에 빛이 되었고, 친구의 생명을 구해주게 되었을 뿐만 아니라 한 나라의 지도자와 노벨상 수상자라는 대단한 결실도 맺게 해 주었다. 이와 같이 좋은 만남이 좋은 운을 만들 수 있으므로 좋은 인연을 소중히 여겨야 할 것이다.

인간관계 성공사례 — 2. 이자익 목사와 조덕삼 장로

암담한 인생길을 시행착오 없이 성공하려면 인생의 멘토나 코치를 만들 필요가 있다. 멘토(mentor)를 조언자라고 한다면 조언 받는 사람을 멘티(mentee)라 말한다. 인생에 있어서 가장 중요한 만남은 부모와의 만남, 멘토와의 만남, 부부의 만남, 친구와의 만남일 것이다. 이 중에서도 훌륭한 멘토를 만난다는 것은 인생에 있어서 50%이상 성공한 것이라 할 수 있을 것이다.

1902년 시골에서 태어난 한 젊은이가 어느 부잣집에 머슴으로 들어가게 되었다. 1908년에 부잣집 주인은 교회를 설립하였고, 그 머슴도 열심히 교회에 나가게 되었다. 부잣집 주인은 그 교회의 집사가 되었고, 신앙심이 깊고 총명하였던 머슴도 집사가 되었다. 주인은 머슴이 신학을 공부할 수 있도록 신학대학에 진학하도록 도와주었고 학비도 지원해 주었다. 그리고 신학대학을 졸업한 머슴은 주인이 설립한 그 교회의 담임목사로 초빙받게 되었다.

그 부잣집 주인은 조덕삼(趙德三, 1867~1919) 장로이고, 그 머슴은 이자익(李自益, 1882~1959) 목사이다. 이자익 목사는 6살에 부모를 여의고 방황하다 조덕삼 장로 댁에 머슴으로 살았으나 조덕삼 장로의 도움으로 목사가 되었다.

이자익 목사는 70세에 대전신학대학을 설립하였고, 20여개의 자(子) 교회를 개척하게 되었다. 전북 금산교회 조덕삼 장로와 이자익 목사의 이야기는 주인과 머슴이라는 관계를 뛰어넘은 미담으로 감명 깊게 전해오고 있다.

인간관계 성공사례 — 3. 제임스 레이니 전 주한 미국 대사

1993년에서 1997년까지 전 주한 미국대사였던 **제임스 레이니**(James T. Laney)는 임기를 마치고 귀국하여 미국 남부의 에모리대학교의 교수가 되었다. 그는 건강을 위해 걸어서 출퇴근을 하곤 하였는데, 어느 날 쓸쓸하게 혼자 있는 노인을 만나게 되었다. 노인에게 다가가 인사하고 말벗이 되어 주었다. 어느 날은 정원의 잔디도 깎아 주고, 함께 커피도 마시는 등 2년 여 동안 교제를 나누었다.

그러던 어느 날 출근길에서 노인을 만나지 못하자 그는 노인 집을 방문하였고, 전날 노인이 돌아가셨다는 것을 알게 되었다. 곧 바로 장례식장을 찾아 조문을 하고 있을 때, 한 유족이 찾아와 그 노인이 코카콜라 회장이며, 그가 당신에게 남긴 유서가 있다고 말해주었다. 유서에는 "**나의 친구 레이니! 그 동안 고마웠소! 나는 당신에게 25억 달러와 코카콜라 주식 5%를 유산으로 남깁니다.**"라고 적혀있었다.

너무나 뜻밖의 유산을 받은 레이니 교수는 전 세계적인 부자가 그렇게 검소하게 살았다는 것과 자신이 코카콜라 회장이었음에도 자신의 신분을 밝히지 않았다는 것, 그리고 아무런 연고도 없는 사람, 지나가는 사람에게 그 큰 돈을 주었다는 사실에 놀랐다.

레이니교수는 유산으로 받은 많은 돈을 에모리대학 발전기금으로 기부하였다. 그 또한 노인에게 베푼 따뜻한 마음으로 엄청난 부가 굴러 들어왔지만 그 부에 도취되지 않고, 오히려 그 부를 학생과 학교를 위한 발전 기금으로 내 놓았던 것이다. 그리고 마침내 그에게 에모리대학의 총장이라는 명예가 주어졌다.

인간관계 성공사례 — 4. 이가성과 운전기사

홍콩 부호 **이가성**(李嘉诚)은 청쿵그룹(長江實業(集團) 有限公司, Cheung Kong (Holdings) Limited) 회장이며, 아시아 최고 갑부로 개인 재산만 약 30조원이나 된다. 그는 세탁소 점원으로 시작하여 부를 축적하였는데 지금도 5만 원 이하의 구두와 10만 원 이하의 양복을 입고, 비행기는 이코노미 석을 이용한다고 한다. 그렇게 절약한 돈으로 아시아에서 기부를 제일 많이 하고, 그 중 3,000억 원을 매년 장학금으로 기부한다고 알려져 있다.

이 회장의 운전기사가 30년간 그의 차를 몰다가 마침내 그를 떠나게 되었을 때, 이 회장은 그의 노고를 위로하고 노후를 생각해 200만 위엔(약 3억 6천만 원)의 수표를 건네주었다. 그러나 운전기사는 "저도 2천만 위엔(36억 원)을 모았습니다."라고 말하며 이 회장이 건넨 수표를 사양하였다. "월급이 5~6천 위엔(약 100만원)인데 어떻게 그렇게 많은 돈을 모았지?" 궁금해 하면서 이 회장이 물어보았다. 운전기사는 "제가 차를 몰 때, 회장님이 뒷자리에서 전화하는 것을 듣고 땅을 사실 때마다 조금씩 사 놓았고요, 주식을 살 때, 저도 따라서 약간씩 구입해 놓아 지금 자산이 이천만 위엔 이상에 이르고 있어요."라고 대답하였다고 한다.

사람의 만남, 즉 인간관계가 인생의 성공에 85% 정도 영향을 미친다는 말이 있는 것처럼 우리가 인생에서 어떤 사람과 만남을 갖느냐에 따라 우리의 인생이 달라질 수도 있고, 운명이 결정됨을 알 수 있다.

3 인간관계와 의사소통

인간관계의 매개체(연결고리)는 **의사소통**과 **사랑**이다.

의사소통(communication)이란 언어적·비언어적 수단을 동원하여 정보와 이해를 운송하는 과정이다. **의사소통**은 상대의 말을 내가 듣고, 나의 말을 상대가 듣는 것에서 출발하며, 이를 통해 서로가 가지고 있는 **정보와 생각**, **사실**, **사고**(思考), **느낌**, **의사**(意思) 등을 전달할 수 있다. 이와 같이 **의사소통**은 인간관계를 형성해 줄 뿐만 아니라 **윤활유 역할**을 하면서 인간관계를 유지시켜준다. 그러므로 의사소통의 단절은 바로 인간관계의 단절로 이어진다. 인간관계에서도 **관리**와 **노력**이 필요하다. 모임에서 시간을 잘 지키고, 참여를 긍정적으로 하여야 하며, 열정이 있어야 한다.

가 의사소통의 중요성

① **인간관계**의 중요한 **매개 기능**이다.

② **삶의** 3/4이상의 시간을 **의사소통**에 소비한다.

③ **근무 시간**의 대부분을 **의사소통**에 소비한다.

④ **승진 기준**은 **의사소통 능력**이다.

⑤ 리더의 **성공**은 효과적 **의사 소통능력**이다.

⑥ **성공과 행복**의 주요 **필요 기능**이다.

나 의사소통의 경로

① 공식적 의사소통 – 조직의 규정에 따라 이루어지는 의사소통으로 조직목적 달성을 위해 이루어진다. 예 하향적 의사소통, 상향적 의사소통, 수평적 의사소통, 대각적 의사소통

② **비공식적 의사소통** – 조직 내에서 감정이 서로 통하는 인간관계로 이루어지는 의사소통으로 사기를 진작시키고, 소속감과 안정감을 준다. ㉥ 동호회

다 의사소통의 수단

① **대화에 의한 의사소통** – 대면 접촉, 전화기 사용 등

② **문자에 의한 의사소통** – 서신, 메모, 보고서, 폰 메시지 등

③ **비언어적 의사소통** – 표정, 눈 맞춤, 제스처 등

라 의사소통의 일반적 원칙

① **명료성** - 말하는 의미를 정확하게 전달될 수 있게 간결한 문장과 용어를 사용하여야 함.

② **일관성** - 전후 말하는 내용이 모순되지 않고, 일관성을 유지하여야 함.

③ **적기 적시성** - 대화 나누기에 알맞은 시기를 잘 택하여 행하여야 함.

④ **적당성** - 의사 전달 내용이 너무 많거나 적으면 이해가 어려우므로 내용이 적당하여야 함.

⑤ **통일성** - 의사 전달 내용이 전체적으로 통일된 표현이 되어야 함.

마 의사소통의 자세

① **얼굴표정** – 명랑하고 미소 띤 표정, 밝은 표정, 평화로운 표정, 활기찬 표정으로 하여야 함.

② **음성** – 음조가 낮으면 만족과 안심을 주지만, 속도가 빠르면

싫증을 나게 함.

③ **제스처** – 신체적 언어 중의 대표적인 방법으로 설명, 정리, 감정 표현을 지원함.

④ **접촉언어** - 원활한 의사소통을 위한 악수하기, 포옹하기, 키스하기 등.

바 인간관계를 좋게 하는 대화 방법

좋은 대화 방법에 있어서는 다음 그림 [Ⅱ-11]을 참고할 필요가 있다.

① 상대방의 이야기를 **경청**한다.
② **상대방의 입장**과 처지를 **이해**한다.
③ 상대방과 **신뢰 관계**를 유지한다.
④ **미소** 짓는 모습을 유지한다.
⑤ 상대가 나보다 이야기를 많이 할 수 있게 한다.
⑥ 상대를 **이해**하고 **존중**한다.
⑦ 부드럽고 **낮은 음성**으로 말한다.
⑧ 상대를 솔직하고 진지하게 **칭찬**한다(칭찬을 싫어하는 사람은 아무도 없다).
⑨ 상대의 **이름**을 기억하고 부른다.
⑩ **유머와 위트**로 대화를 원활하게 한다.
⑪ 가까울수록 예의를 지키고 **겸손**을 유지한다.
⑫ 내가 하고 싶은 말보다 상대방이 **듣고 싶어** 하는 **말**을 한다.
⑬ 혀로만 말하지 말고 눈과 표정으로 말을 한다.
⑭ 자신과 **상대의 감정**을 **이해**하고 조화롭게 조절한다.

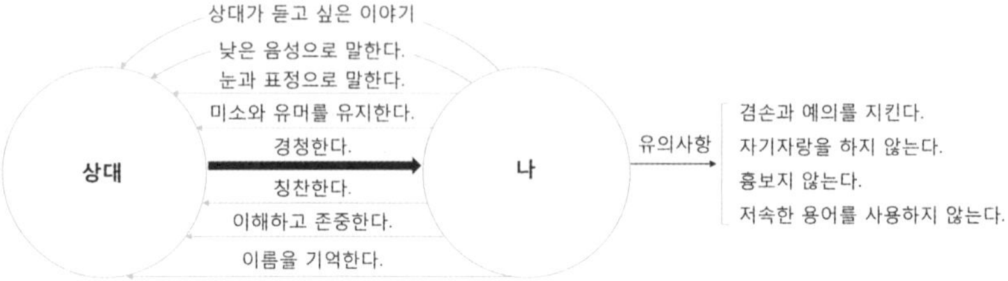

그림 [Ⅱ-11] 효과적인 대화 방법

4 경청하는 자세를 갖자.

경청(傾聽)이란 무엇이며 대화에 있어 왜 중요한가? **경청**이란 귀를 기울여 상대의 이야기를 잘 들어주는 것을 말한다. **경청의 태도**는 몸을 기울이고, 귀를 기울이며, 마음을 기울이고, 말하는 사람과 눈과 눈이 마주쳐야 한다. 즉, **아이 컨텍**(eye contact)이 이루어져야 한다.

대화를 잘 하는 사람은 상대의 말을 잘 들어주는 사람이다. 듣는 사람이 편안하고 안정된 태도를 보이면, 말하는 사람도 안정되고 편안한 상태가 되어 자연스럽게 대화를 이어 나갈 수 있게 된다. 상대방의 말을 경청함으로써 상대방이 즐겁게 말을 하게 만들 수 있는 것이다. **카네기**가 "**말을 잘 하는 것은 지식이지만 말을 잘 듣는 것은 지혜이다.**"라고 한 것처럼 **경청**은 예의바른 행동이며 상대에 대한 존경의 표시이기도 하다. **경청은 대화의 기본이요, 교류의 기본 자세이다.**

모임에 나가면 남의 이야기는 듣지 않고, 자기 이야기만 하는 말 많은 친구가 가끔씩 있다. 말 많은 사람은 신뢰성이 떨어진다고 생각하여 다른 사람들이 좋아하지 않는다는 것을 이런 부류의 사람들이 꼭 명심했으면 좋겠다. **듣기**는 상대를 이해하기 위한 방법이고, **말하기**란 상대에게 나를 이해받기 위한 수단이다. 대화에 있어 듣기와 말하기 비율은 6:4 정도가 좋다고 본다. **경청을 하는 습관은 쉽다.** 상대의 이야기가 끝나기 전에 이야기를 중단시킨다든지 이야기에 불쑥 끼어들기 해서는 아니된다. 그러므로 지혜와 체험, 그리고 사색을 통해 **경청**을 **습관화**하는 연습을 한다면 대화를 잘 하는 사람이 될 수 있을 것이다.

공자는 60세가 된 사람을 **이순**(耳順)이라 하였다. 이순이 되어야 비로소 귀가 열리게 되어 듣는 습관이 형성된다는 뜻이다. 듣고 말하는데 가장 뛰어난 사람이 **성인**(聖人)이다. 즉, 입으로 말하기 전에 귀로 먼저 듣는데 왕인 사람이란 뜻이다. 심지어 미국에는 경청을 교육하는 학교가 있다고 한다. **탈무드**에는 "**인간은 입이 하나지만 귀가 둘 있다.**"라고 하였다. 이 말의 뜻은 "**말하기보다 듣기를 두 배 더하라는 뜻이다.**" 그러므로 입을 열기 전에 먼저 귀를 기울이는 태도는 대화의 기본자세라 할 수 있다.

필자가 대학생일 때 집안 아주머니 댁에 초청받아 갈 때면, 아주머니께서 반갑게 맞이해주셨다. 그리고 한 번도 먹어보지 못한 맛있는 중국 음식을 주문하여 대접해 주셨다. 집안 아저씨는 ○○광역시 건설국장으로 재직하고 계셔서 많이 바쁘셨다. 내가 방문하는 날이면 아주머니께서 시간을 내어 집안 이야기, 친정집 이야기 등 많은 이야기를 나에게 해주셨다. 나는 아무 말도 하지 않고 집안 아주머니의 이야기에 귀를 기울여 듣기만 했다. 집으로 돌아올 때면 아주머니께서 나에게 재미있는 시간이었다고 말씀해 주시곤 하셨다. 그 때부터 나는 내 이야기를 많이 하는 것보다 상대방의 이야기를 들어주는 것이 더 중요하다는 것을 깨닫게 된 것 같다.

★ 경청의 중요성

경청이란 상대방의 말을 주의 깊게 듣고, 공감하는 것으로 신뢰를 쌓을 수 있는 최고의 방법이다. 경청을 하면 상대방을 존중하며, 성실하게 대하게 되고, 상대방의 입장에서 공감하며 이해하게 된다.

★효과적인 경청 방법

① 혼자서 대화를 독점하지 않는다. ② 상대방의 말을 가로채지 않는다.
③ 의견이 다르더라도 일단 듣는다. ④ 말하는 순서를 지킨다.
⑤ 시선(eye contact)을 맞춘다.
⑥ 몸과 눈 등 오감을 동원해 적극적으로 듣는다.

5 말은 신중하게 하여야 한다.

귀는 항상 열려있으나 잘 듣지 못하고, 입은 조절이 가능하나 함부로 말하는 것은 **지혜**의 부족이다. 귀 때문에 망하는 사람보다 물고기가 입으로 낚이듯이 사람은 입 때문에 망하는 경우가 많다. 말 한마디 잘 못하면 쌓아온 명예나 지위가 끝나는 경우도 종종 볼 수 있다. 말은 자기표현의 수단이며, **인간관계**를 위한 주요 수단이 되기도 하다. 칭찬에 발이 달려 있다면, 험담에는 날개가 달려 있음을 기억하자. 한번 뱉은 말은 스펀지로도 닦아낼 수도 없다. 누군가에게 무슨 말을 하기 전에 그 말을 할 가치가 있는지를 꼭 생각하도록 하자. **삼사일언**(三思一言)이란 말이 있다. 이것은 세 번 신중히 생각하고 한번 조심히 말하는 것을 뜻한다.

말을 하는 것보다 **듣는 자세**가 중요하다. 그러나 대체로 듣기 전에 본인의 말을 먼저 하려고 한다. 지혜로운 개는 짖지 않듯이 입을 다물고 있는 사람이 "**가장 지혜롭고 현명한 사람**"이다. 귀가 2개이고, 입이 하나 있는 이유와 귀가 입보다 높은 위치에 있는 이유, 귀가 항상 열려있는 이유는 **타인의 말을 항상 경청하고, 할 말은 뒤에 하라는 하늘의 명령인 것이다.**

마하트마 간디(Mahatma Gandhi, 1869~1948)는 "**말을 조심하라. 그것은 행동이기 때문이다.**"라고 하였다. 반복된 행동은 습관이 되며, 습관은 인격이 되기 때문이다.

나의 말 한 마디가 누구의 인생을 바꿀 수 있다. 내 입술의 30초가 상대 가슴 속에 30년 동안이나 머물 수도 있다. 말 한마디에 사람이 살기도 하고, 죽기도 할 정도로 말은 큰 힘을 가지고 있으며, 같은 말을 하더라도 **상황에 따라 말의 효과는 크게 달라지곤 한다.** 혀를 다스리는 것은 나 자신이지만 내 뱉은 말은 나를 다스리게 되므로 나의 말에 대해 책임을 질 수 있어야 할 것이다.

구시화문(口是禍門)이요, **화생어구**(禍生於口)라는 말이 있다. 이것은 입이 화의 문이요, 화는 입에서 나온다는 뜻이다. 눈, 귀, 그리고 코는 우리 스스로가 지배할 수 없으나 입은 자신의 힘으로 조절할 수 있다는 자연의 섭리를 깨닫는다면 말은 조심해야 할 것이라는 것을 금방 이해할 수 있을 것이다.

6 칭찬의 효과를 이해하자.

칭찬을 싫어하는 사람은 없다. 심지어 "**칭찬은 코끼리도 춤을 추게 한다.**"는 말도 있다. **윌리엄 제임스**(William James,1842~1910)는 "**인간의 본성에서 가장 기본적인 원리는 인정받고자 하는 갈망이다.**"라고 하였다. 칭찬은 좋은 일을 하였거나 훌륭한 일을 하였을 때, 그 성품을 높이 평가해 주는 것으로 메아리가 되어 자기에게 되돌아오기도 한다. 타인을 칭찬해 주는 말 한마디가 향후 인생을 결정할 수 있기 때문에 **칭찬은 인간관계에 있어서 매우 중요한 역할을 한다.** 칭찬은 다음과 같이 3단계로 나누어 볼 수 있다.

1단계 칭찬 - **외모**에 대하여 칭찬(things)하는 것
2단계 칭찬 - **행동**에 대하여 칭찬(doing)하는 것
3단계 칭찬 - **성품**에 대하여 칭찬(being)하는 것

★ 칭찬의 효과

① 자신감을 심어준다.	② 의욕을 높여준다.
③ 마음을 넓게 갖게 해 준다.	④ 긍정적인 삶을 살게 해 준다.
⑤ 적극적인 삶을 살게 해 준다.	⑥ 용기와 의욕을 갖게 해 준다.
⑦ 인간관계를 잘 이루어지게 해 준다.	⑧ 삶을 행복하게 해 준다.

7 인간관계 태도의 유형(OK 목장 이론)

인간관계를 원만히 유지하고, 행복한 관계를 위해서는 그림 [Ⅱ-12]의 **제4의 태도**인 자기긍정, 타인긍정의 태도를 갖는 것이 중요하다.

그림 [Ⅱ-12] 인간관계 태도의 유형

① 제1태도 - 자책, 회피적 태도, 타인비난, 자기합리화, 자신감 부족, 열등의식, 욕구불만

② 제2태도 - 타인불신, 포기적 태도, 공격적, 낙담, 소회, 희망없음, 반항적, 비판의식

③ 제3태도 - 지배욕, 배타적, 독선, 공격적, 우월감, 타인무시, 자기방어, 우월의식

④ 제4태도 - 인간관계 좋음, 일을 잘함, 상호협력, 평등, 개방적, 평등의식, 공존

[8] 인간관계 개선의 법칙

인간관계에서 중요한 것은 **상호 마음**이다. 함께 있으면 마음이 즐겁고, 편안한 사람은 좋은 관계가 되지만 함께 있으면 마음이 불쾌하고, 불편한 사람은 좋은 관계가 되기 어렵다.

인간관계는 **상대의 입장, 상황, 감정**을 잘 이해하는 것이 중요한데, 이것을 **공감의 법칙**이라 한다.

① 노크(knock)의 법칙 - 내가 상대 마음의 문을 열려면 **내가 먼저 노크하여야 한다.** 내가 먼저 마음의 문을 열고 솔직한 모습과 인간적인 모습을 보여주면, 상대방도 편안하게 마음의 문을 열게 된다. 성경말씀에 "**찾아라! 구하라! 두드려라! 그러면 반드시 얻으리라**"라는 말씀이 있다.

② 거울의 법칙 - 거울은 먼저 웃지 않는다. 내가 웃을 때 거울 속의 나도 웃는다. 인간관계도 **내가 먼저 웃어야 한다.** 내가 먼저 상대에 대해 관심을 가지고 카톡을 보내면 상대도 공감하고 카톡을 보내오게 된다. 그러므로 내가 먼저 관심을 가지고 배려하는 것이 중요하다.

③ 상호성의 법칙 - 다른 사람에게 호감을 얻고 싶으면 **먼저 호감을 가져야 한다.** 자기를 좋아해주는 사람을 싫어하는 사람은 없다. 인간관계에 있어서 항상 좋은 감정을 가지고 대화하도록 노력해야 한다.

④ 로맨스(Romance)의 법칙 - 사람은 모두 자기중심적으로 판단하고 평가한다. 인간관계에서도 좋은 관계를 만들려고 한다면 **상대방**을 그대로 **인정**하고 좋아해야 한다.

⑤ **짚신의 법칙** - 짚신에도 짝이 있듯이 사람마다 맞는 짝이 있기 마련이다. 싫어하는 사람과 억지로 친해지려고 애쓰지 말라! 모든 사람을 친구로 만들려고 하지 말라! **나와 통하는 사람과 친해지는 것이 바람직하다.** 좋은 인연을 구하고, 악연을 피하는 것이 인간관계를 잘 하는 비결이다.

⑥ **메아리의 법칙** - 산에 오르면서 아무 말이 없으면 산도 말이 없다. 그러나 크게 "**나는 너를 사랑해!**"하며 소리 지르면 산도 메아리로 "**나는 너를 사랑해!**"하며 답을 해준다. 이와 같이 내가 먼저 적극적으로 상대에게 진실을 보일 때 인간관계가 좋아진다.

⑦ 물의 7덕을 배우자 - **노자**(老子)는 "**지극히 착한 것은 물과 같다.**"는 뜻으로 **상선약수**(上善若水)라 했다. 물이 가지는 **겸손, 지혜, 포용력, 융통성, 인내와 끈기, 용기, 대의**라는 물의 7덕을 인간관계에 활용한다면 좋은 관계가 유지될 것이다.

★ 인간관계의 수칙

① 상대방의 말을 중간에 차단하지 말자.
② 악수하면서 상대방의 눈을 마주보자.
③ 호칭을 상대방에 맞게 하자.
④ 상대방이 나보다 훌륭하다고 생각하자.
⑤ 상대방이나 타인에 대해 비웃지 말자.
⑥ 좋은 관계 유지에 대한 책임은 나에게 있다.
⑦ 운명은 타고 나는 것이 아니라 관계를 통한 선택이다.
⑧ 부모, 친구, 스승 등 관계 속에서 인간의 운명이 결정된다.

10. 성공을 위한 준비자세

성공(자아실현)을 위해서는 어떤 준비자세를 갖추어야 할까?

(1) 성공을 이루는 과정

이 세상에 고통 없는 성공과 노력 없는 성공은 없다. 또한 영원한 성공도 없다. 성공한 사람이 쉽게 그 자리에 오른 것 같지만 절대로 그렇지 않다. 그들은 그 자리에 오르기 위해 남들이 모르는 피와 땀을 흘리며 고통의 시간을 참고 견뎠을 것이다. 이렇듯 **성공**하여 더 나은 삶을 살기 원한다면 지금의 환경을 벗어나 **목표를 향해 달려야 한다.**

성공하려면 자신이 맡은 분야에 대한 **전문성**이나 **추진력**, **리더십** 등을 발휘하여야 한다. 이 외에도 **사회성**과 **통찰력**도 필요하고, 정신적인 측면인 **직업관**, **인생관**, **윤리성**도 필요하다.

성공한 삶을 위해 필요한 **구성요소**를 요약해보면 다음과 같다.

① 본인이 지향하고자 하는 **목적**을 명확히 하여야 하고, **추진 목표**와 **계획**을 수립하여야 한다.

② **계획** 있는 삶을 위해서는 어려운 상황을 극복할 수 있는 **용기**와 **지혜**가 있어야 한다.

③ **열정**을 다하고 **역경**과 시련을 극복하는 삶을 살아야 한다.

루즈벨트 전 미국 대통령의 말처럼 **"인생은 예습도, 복습도 없이 단 한번 뿐이다."** 무사안일하게 사는 것보다 이 세상에서 무언인가를 한번 이루기 위한 모험을 시도하는 것이 우리 인생에 걸 맞는 일일 것이다. **성공**은 우연히 찾아오는 행운이 아니라 피와 눈물 나는 **노력과 도전의 결정체요, 끊임없는 투쟁의 소산(所産)인 것이다.**

성공한 사람은 행복한 사람으로 보인다. 그러나 그들은 수많은 실패와 난관을 극복하는 과정을 거쳐 마침내 성공이라는 결과를 얻을 수 있었을 것이다. **"나는 할 수 없다."**, **"도저히 불가능하다."**는 한계를 미리 만들어 버린 후, 도전하지 않고 포기해버린 사람들은 절대 맛볼 수 없는 것이 바로 성공에서 얻는 희열과 보람일 것이다.

몽골제국을 건설한 탁월한 군사 전략가이자 제왕인 **징기스칸**(Chingiz Khan, 1162~1227)은 **"자신이 한계를 딛고 일어섰을 때, 비로소 테무친이라는 평범한 아이에서 황제인 징기스칸이 되었다."**고 말하였다.

★ 성공인에게 필요한 요건

① 조직 구성원과의 원활한 관계(30.6%)
② 독특하고 창의적인 아이디어(23.7%)
③ 열정과 윤리성(22.8%)
④ 외국어 능력이 뛰어난 글로벌 인재(14.3%)

(2) 성공인의 특성을 배우자.

성공한 사람들의 성격상 특성을 보면 그림 [Ⅱ-13]에서 보는 바와 같이 **지식**(학구열, 창의성)과 **지혜**, **용기**(끈기, 열정), **인간애**(사회성, 사랑), **정의감**(공정성, 팀워크), **절제력**(신중성, 자제력), **영성 · 바램**(감상, 희망) 등의 특성을 가지고 있었다.

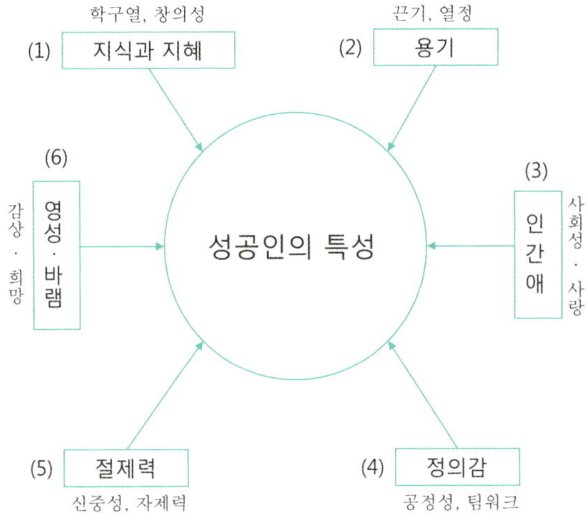

그림 [Ⅱ-13] 성공인의 특성

1 지식과 지혜

① **학구열** – 새로운 기술, 주제에 관한 지식을 배우고 숙달하려는 동기와 노력을 의미한다.

② **창의성** – 어떤 일을 하면서 새롭고 생산적인 방식으로 생각해 내는 능력으로 참신한 사고와 생산적인 행동방식을 구상해 내는 능력이다.

2 용기

① **끈기** – 시작한 일을 마무리하여 끝내 완성시키는 능력으로, 과업을 성취하는 과정에서 능동적이고, 적극적으로 극복하며, 나타나는 결과에 대해 기쁨을 느낀다.

② **열정** – 활기와 에너지를 가지고 열정적으로 삶과 일에 몰입하는 태도를 말한다. 생기와 생동감을 느끼고, 삶을 도전적으로 사는 것을 의미한다. 목표와 신념이 있을 때, 열정은 자동으로 생기게 된다.

3 인간애

① **사회성** – 자신과 다른 사람의 동기와 감정을 잘 파악하고, 어떻게 행동하는 것이 적절한지 잘 대처하는 능력이다.

② **사랑** – 직무 수행에 있어서 타인과 친밀한 관계를 가지고 실천하는 능력으로 좋은 **인간관계**를 유지하는 촉매제이다.

4 정의감

① **공정성** – 편향된 개인적인 감정의 개입 없이 모든 사람에게 동등하게 대하고, 공평하게 대하는 태도이다.

② **팀워크** – 구성원과 좋은 관계를 유지하고, 사기를 진작시켜주는 능력이다.

5 절제력

① **신중성** – 선택을 신중하게 하여 위험이나 화를 초래하지 않는 능력이다.

② **자제력** – 나 자신을 극복하고 지배하는 능력을 의미하는 것으로, 자신의 감정, 욕구, 행동을 적절하게 조절하는 능력이다.

[6] 영성과 바램

① **감상** – 다양하게 나타날 결과를 인식하고, 평가할 수 있는 능력이다.

② **희망** – 최선을 예상하고, 그것을 성취하기 위해 노력하는 태도이다.

★ 성공한 사람들의 특성에 대하여

미국 심리학자 **다니엘 맥기네스**(Diane McGuinness)는 성공한 사람들의 특성을 다음과 같이 정리하였다.

① 어떤 곤란, 역경을 만나도 결코 동요하지 않고 문제를 해결해 나간다.
② 자기의 미래는 자기 자신에 의해 결정된다는 것을 믿는다.
③ 비관적 · 부정적 사고의 악순환을 과감히 끊는다.
④ 몸과 마음을 항상 생동감 넘치게 유지한다.
⑤ 머리 속에 강한 성공의 이미지를 그리며 실행해 간다.
⑥ 어떤 작은 일에서도 큰 기쁨을 찾아낸다.
⑦ 불행한 일을 만나도 활력을 잃지 않는다.
⑧ 나는 무한한 가능성을 가지고 있다고 믿는다.

(3) 경영과 관리를 이해하자.

경영(management)이란 기업의 목표를 능률적으로 달성하기 위한 전략적 정책적 의사결정 등을 수행하는 일련의 전반활동을 의미하며, **관리**(administration)란 결정된 정책을 수행하기 위해 기업 내의 각 부문이 제 기능을 수행하도록 하는 부문활동을 말한다. 즉, **경영**이란 기업 전반에 필요한 인적 물적 요소를 **효과성**을 높이도록 조직하고, 지휘, 조정, 통제를 하는 **전반 관리**라 한다면, **관리**란 각 부문 활동인 인적 자원 관리, 구매 관리, 생산 관리, 마케팅 관리, 재무관리 등의 **효율성**을 높이기 위한 부문 관리인 **업무적 관리**를 의미한다. 따라서 다음 그림 [Ⅱ-14]에서와 같이 **경영**은 전반 관리로 상위 개념이고, **관리**는 부문 관리로 하위 개념이다.

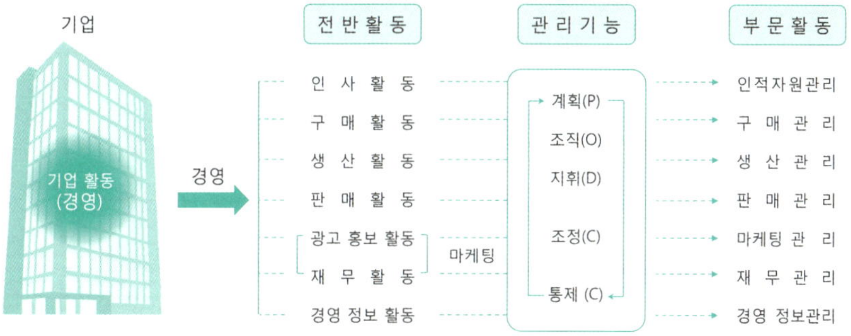

그림 [Ⅱ-14] 기업 경영의 제반 활동

1 경영계층과 관리계층

경영과 관리계층을 다음 그림 [Ⅱ-15]에서와 같이 최고 경영층, 중간 관리층, 현장 감독층으로 나눌 경우 최고 경영층에 속하는 자를 **경영자**라 부르고, 중간 관리층에 속하는 담당자를 **관리자**라 부르며, 하급 관리층에 속하는 자를 **현장 감독자**라 부른다.

① **경영자** – 목표 설정, 방침 결정, 전략적 의사결정, 이해 조정, 사회적 책임 등의 직능 수행(**전반 활동 담당자**)

② **관리자** – 담당 부서의 업무에 대한 계획, 조직, 지휘, 조정, 통제 등의 기능으로 업무 추진(**부문활동 담당자**)

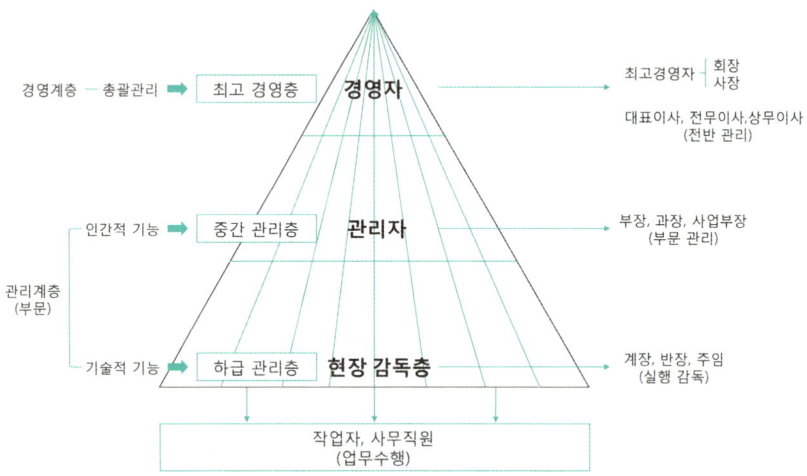

그림 [Ⅱ-15] 경영계층과 관리계층

★ 경영자의 자질

경영학자 **페이욜**(Fayol, 1841~1925)은 **경영자의 자질**로 다음과 같이 들고 있다.

① 육체적 자질 – 건강, 활력, 태도, 능력
② 정신적 자질 – 이해, 판단, 적응력, 정력
③ 도덕적 자질 – 의지, 책임, 창의력, 기지
④ 교육적 자질 – 일반 지식, 지혜
⑤ 기술적 자질 – 기능, 수행 기술
⑥ 경험적 자질 – 근무 경력

2 관리자의 기능

관리자는 담당 부문의 **계획**(P), **조직**(O), **지휘**(D), **조정**(C), **통제**(C) 기능을 담당하며, **적정 의사결정, 경영자 보좌 기능, 정보전달 기능, 리더십 발휘, 고충처리 기능** 등을 담당한다.

관리자에게 필요한 자질은 각 전담 부문의 관리기능을 수행하는데 필요한 판단, 의사결정, 지시 등을 수행하고, 각 부문의 능률을 향상시키는데 필요한 **동기부여**(motivation)도 담당하게 된다.

각 관리기능은 다음 그림 [Ⅱ-16]에서와 같이 계속 순환하게 되는데, 이것을 **관리 순환 과정**(management cycle)이라 한다.

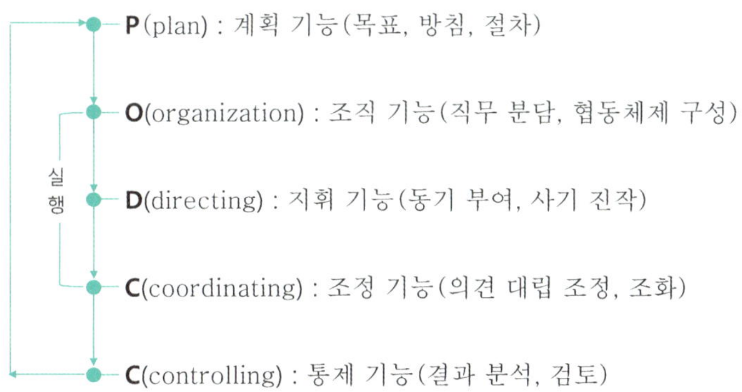

그림 [Ⅱ-16] 관리기능의 순환

3 PDS 관리의 순환 구조

관리 활동은 크게 **계획 활동**(plan, P), **실행**(do, D), **평가**(see, S)의 3단계로 볼 수 있는데, 한 번의 계획, 실행, 평가로 끝나는 것이 아니라 계속적으로 순환할 필요가 있다. 이것을 **PDS 관리 순환 과정**이라고도 한다.

① 제1단계(계획:P) – 예측, 목표, 방침, 순서의 결정과 예산 편성 등의 활동

② 제2단계(실행:D) – 조직 형성, 요원 배치, 지휘(동기부여), 조정 등의 활동

③ 제3단계(평가:S) – 실적의 측정, 차이 분석, 통제, 개선책 강구 등의 활동

(4) 성공의 원동력을 알자.

만약 지금 당신에게 슬픔이 찾아왔다면, 그것을 기쁘게 맞이하고 마음속으로 공부할 준비를 갖추고 노력하라. 그러면 슬픔은 기쁨으로 바뀌고 고통은 즐거움으로 바뀔 것이다. 겨울이 없다면 봄은 그리 즐겁지 않을 것이다. 고난을 맛보지 않으면 성공이 기쁘지 않을 것이다. 땀을 흘리지 않고서는 기쁨이 없다. 인생을 쉽게 살려고 해서는 안 된다.

톨스토이는 "**노력하는 것 자체에 보람을 느낀다면 누구든지 인생의 마지막 시점에서 미소 지을 수 있을 것이다.**"라고 하였다. 노력이 있으면 반드시 기적이 일어날 수 있을 것이다. 어려운 환경이더라도 실망하지 말고 좌절하지 않고 노력해 보자. 이 세상에 태어날 때는 똑같이 태어났다 하더라도 10년, 20년이 지나면 똑같은 사람이 하나도 없는 것은 아마도 **노력**의 차이 때문일 것이다. 성공은 아무나 하는 것이 아니라 철저한 **자기관리**와 **노력**에서 비롯된다. 공부할 때, 고통은 잠시이지만 공부하지 않은 고통은 평생을 간다. **행복**은

성적순이 아니지만 **성공**은 성적순이다. “**위대한 성공은 남들이 잠자고 있을 때 이루어진다.**”

(5) 성공에 대한 신념을 갖자.

신념이 있을 때 열정은 자동으로 생긴다. **신념**은 우리의 모든 행동을 지배하게 되므로 우리 두뇌의 사령탑이며, 의식적으로 선택할 수 있는 삶의 도구이다. **신념의 원천**은 과거의 경험과 미래의 상상에서 비롯된다. 미래를 머리 속에서 현실처럼 경험하면 신념이 형성되는 것이다. 성공에 대한 믿음은 성공하기 위한 기본이고, 본질이라 할 수 있으므로 **성공의 크기**는 자기 **신념의 크기**에 비례한다. “**나는 성공할 수 있다**”고 믿는 사람만이 성공을 쟁취할 수 있다. 이와 같이 삶에 미치는 신념의 효과는 무한하다.

꿈이 있는 사람은 주어진 환경을 극복하고, 노력하여 자신을 원하는 사람으로 만들어 나갈 수 있다. 타인이 내 인생을 대신 살아줄 수는 없다. **나의 계획, 나의 판단, 나의 의지, 나의 결심**을 토대로 노력하여 얻어진 나의 인생은 내가 책임을 져야 한다.

(6) 성공에 대한 자신감을 갖자.

100% 완벽한 사람은 없다. 사람은 저마다 부족한 부분이나 단점을 가지고 있지만 담담하게 받아들이는 법을 배워야 한다. 자신을 인정하고 받아들였을 때, 자신의 가치를 높이고 자신감을 가지게 되므로 모든 도전을 이겨낼 수 있다.

자신감이 있어야 성공할 수 있다. **“나는 할 수 있다.”**는 자신감을 가질 때 비로소 문제를 성공적으로 해결할 수 있는 몇 가지 방법을 발견할 수 있는 것이다. 자신감이 없는 사람은 여러 가지 변명을 생각해 낸다. **성공 = 자신감 + 노력**이라 할 수 있다. **노력**이 전제되지 않은 자신감은 자만에 불과하다. **자신감**을 가지고 집중적으로 꿈을 향해 **노력**하는 사람만이 앞으로 나아가 결국 성공에 이르게 된다.

성공사례

① **나폴레옹 1세**(Napoléon I, 1769~1821)는 보잘 것 없는 가문에서 태어났고, 머리도 좋은 편이 아니었다. 육군사관학교 시험에 65명 중 46등으로 합격하였다. 그러나 그는 할 수 있다는 자신을 믿고 수많은 전쟁을 승리로 이끌어내었고, 마침내 프랑스의 황제가 되었다.

② 미국의 **링컨 대통령**도 농부의 아들로 태어나 초등학교 2학년까지 다닌 게 전부였다. 그는 19세까지 부모님을 도와 농장 일을 해야만 했다. 그러나 포기하지 않고 자신을 신뢰하였으며, 노력 끝에 변호사가 되었고, 미국의 위대한 대통령이 되었다.

(7) 리더의 자질을 갖추자.

좋은 **리더**(leader)란 어떤 태도를 가져야 하는가? 일반적으로 좋은 리더란 능력과 겸손함을 바탕으로 모범적인 직장 생활을 하고 구성원에게 희망을 줄 수 있는 사람이라고 할 수 있다. **리더십**(leadership)이란 집단 활동을 조직화하고, 활동이 진행되는 것을 파악하여 관리하는 능력으로, 구성원에게 **동기부여**(motivation)하여 사기를 진작시켜 각자의 일을 열심히 수행하도록 지휘하는 것을 의미한다. 즉, 조직 구성원들을 이끌어 가는 능력과 지도력을 의미한다. **크라이슬러** 회장 **아이아 코카**(Iacocca, 1924~2019)는 **"리더십이란 모범을 보이는 것이다."**라고 말하기도 하였다. 그러므로 좋은 리더는 구성원들이 조직 목표를 달성하기 위해 자발적이고 의욕적으로 노력하도록 그들에게 **동기유발**(motivation)을 해 줄 수 있도록 리더십을 발휘해야 할 것이다. 영국의 **윈스턴 처칠**은 **"리더에게 가장 중요한 것은 바로 성실성이다."**라고 하였다. 성공하는 리더들의 공통적 특성 중 하나가 **성실성**이다.

1 리더의 유형

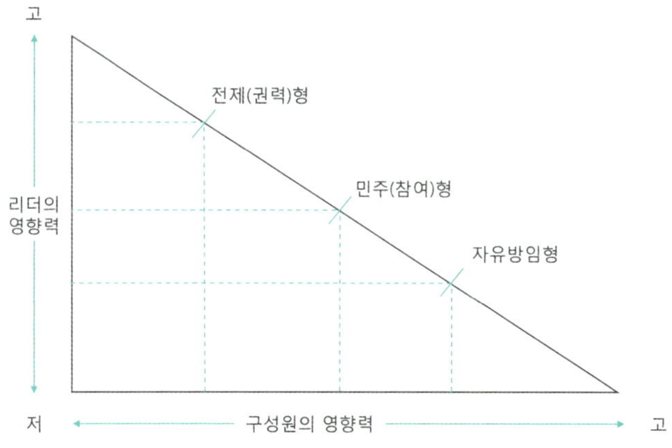

그림 [Ⅱ-17] 리더십의 3유형

다음 그림 [Ⅱ-17]에서와 같이 리더십의 유형에는 명령에 복종을 기대하는 ① **전제형 리더**와 부하들의 의견을 참작하고 그들의 참여를 기대하는 ② **민주적 리더**, 그리고 자신의 권력이나 영향력을 사용하지 않는 ③ **자유방임형 리더**가 있다. 그 중에는 **민주적 리더**가

이상적이다. 리더가 갖추어야 할 **자질**로는 **결단력, 상황 적응력, 협동성, 자립성, 창의력, 과업수행능력, 설득력, 사고력** 등이 있다.

2 성공적 리더

열정과 **지적능력**을 가지고 있어야 하고, 구성원들과 **커뮤니케이션**이 잘 되어야 하며, 위기상황에 잘 대처하여야 하고, 긍정적인 태도로 구성원들에게 **칭찬**할 수 있어야 한다.

3 관리격자(Managerial Grid)

조직 관리자의 행동을 분류하여 구체적이고 효과적인 지도력을 제시한 논리적 틀로 생산에 대한 관심과 인간에 대한 관심의 정도에 따라 총 81가지 유형이 생산된다. 그 중 대표적으로 다음 그림 [Ⅱ-18]과 같은 5가지 지도자 유형이 있다.

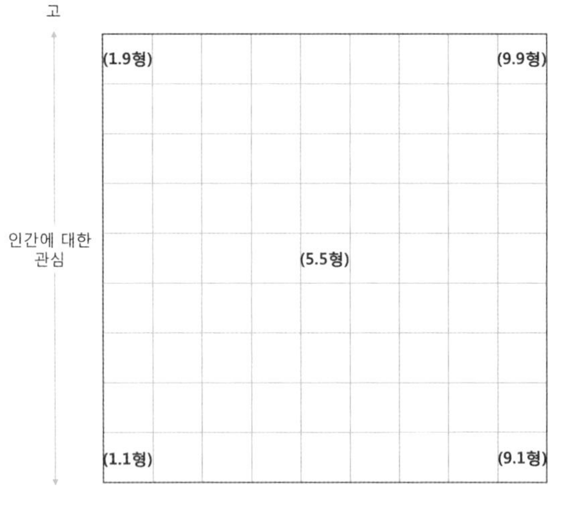

그림 [Ⅱ-18] 관리격자

① 1.1형 리더 – **자유방임형 리더**로 인간에 대한 관심(만족, 사기)과 과업(업적)에 대해서도 리더의 역할을 수행하지 못하는 **무관심형 리더**라 한다.

② 1.9형 리더 – 과업에 대한 관심도는 낮은 반면, 인간에 대한 관심이 높은 리더로 **인기형 리더**라 한다.

③ 9.1형 리더 – 인간에 대한 관심은 낮은 반면, 과업에 대한 관심이 높은 리더로 **과업형 리더라** 한다.

④ 5.5형 리더 – 인간에 대한 관심이나 과업에 관한 관심을 중간 정도로 가지는 리더로 **중용형 리더**라 한다.

⑤ 9.9형 리더 – 과업과 인간에 대한 관심을 최고 높은 형태로 가지는 리더로 **이상형 리더**라 한다.

이상의 리더의 유형 중 과업 지향적인 리더인 9.1형 보다 인간관계를 중시하며 동기부여를 제공함과 동시에 과업의 실적을 향상시키는 9.9형이 바람직하다고 볼 수 있다.

(8) 성격을 변화시키자.

성격과 성공이 어떤 상관관계가 있는지 분석한 결과, **성격 특성**이 성공과 밀접한 상관관계가 있음이 밝혀졌다. 성공한 사람들의 대부분이 외향적 성격의 소유자였다. **외향적 성격**은 사교적이고, 적극적이며, 자신감과 활기가 넘치는 성격이다. 그리고 **성실성, 개방성, 동조성** 순으로 성공과 상관관계가 높은 것으로 나타났다. 성격은 상황에 따라 변화할 수도 있으며 평소 본인의 생각과 의지, 노력을 통해 스스로의 성격을 변화시킬 수도 있기 때문에 만약 **내향적 성격**이라면 성공을 위해서는 **외향적 성격**으로 변화시켜야 할 것이다. 성공을 이끄는 첫 걸음은 바른 인성을 기르는 것이다. **하버드 대학**이 추구하는 **인성**은 **용감성, 강인함, 독립적 사고력, 겸손함, 부지런함, 배움의 열정, 노력** 등의 결합으로 보고 있다.

(9) 기회를 포착하자.

위기는 위험과 기회의 합성어이다. **기회**는 누구에게나 한 번씩 찾아오기 마련이지만 준비하지 못한 사람은 기회가 와도 위기인 줄로만 안다. 그러나 평소에 준비해 둔 사람은 기회가 오면 행운이라 생각하며 성공하게 된다. 좋은 기회는 **호기**요, 적절한 **기회**는 **적기**요, 위험한 기회는 **위기**이다. 그러므로 성공하려면 인생에 있어서 기회가 얼마나 중요한가를 먼저 깨닫고, **기회**가 왔을 때, 그것이 기회라는 것을 재빨리 **인식**하고, 그 기회를 **포착**하여야 할 것이다.

사람은 일생 동안 3번의 기회가 온다고 한다. **기회**는 우리를 기다려 주지 않고, 왔다가 때가 되면 가버린다. **기회**가 왔을 때, 놓치지 말고 빨리 지혜롭게 활용할 때 성공할 수 있다. 우리는 **"지혜와 용기와 적극성을 가지고 기회를 찾고, 기회를 만들고, 기회를 창출, 활용해야 한다."**

(10) 혁신 직능을 중시하자.

혁신 능력이란 다른 사람이 생각하지 못한 방법을 생각해 내고, 다른 사람이 하지 못한 일을 해내는 능력을 말한다. 수요자의 욕구변화, 세계 시장화, 4차 산업 혁명 등 외부환경 변화에 적응하기 위하여 기업의 성장과 발전을 도모하는 경영자의 기능을 경제학자 **슘페터**(Schumpeter, 1883~1951)는 **혁신**(innovation)이라고 하였다. 혁신은 리더(leader)와 추종자(follower)를 구분하는 기준이 된다.

혁신이란 창조적 경영 전략으로 생산성을 높여주고, 비용(cost)을 줄여 수익을 증대시켜 주는 모든 아이디어나 새로운 방법의 도입을 뜻한다. **혁신**은 **기술혁신, 신 결합, 신기술, 이노베이션**이라고도 하며, 생산요소의 결합 변경을 의미하기도 한다. 이러한 혁신의 예로는 **신시장의 개척, 신제품의 개발, 신기술의 도입, 신공급원의 발견, 신조직의 형성** 등을 들 수 있다.

★ 제4차 산업혁명시대

「UN 미래보고서」에 의하면 4차 산업혁명이 완성되면 2030년 경 20억 개 일자리가 소멸된다고 보고 있다. 현존하는 일자리의 80%가 사라지게 되는 것이다. 매킨지 연구소는 다음의 신기술을 예고하고 있다.

① 사물인터넷 ② 클라우드 ③ 첨단 로봇
④ 차세대 유전자 지도 ⑤ 3D 프린터 ⑥ 자원탐사 신기술
⑦ 신재생 에너지 ⑧ 나노 기술 ⑨ 무인 자동차
⑩ 전기 자동차

이렇게 되면 팀워크가 사라지고, 1인 기업 시대가 온다. 교통사고가 사라지고, 주유소, 자동차 보험, 운수업 등이 사라질 것으로 본다. 지금도 취업 상황이 어려운 실정인데 그렇게 되면 더욱 어려울 것으로 예측된다. 그러므로 미래에 나타날 신기술 중심으로 취업 준비를 하는 것이 바람직할 것이다.

(11) 지혜를 발휘하자.

어떻게 살아야 성공적인 인생, 행복한 인생으로 살 수 있을까? 시행착오를 줄이며 나아가기 위해서는 생활의 **지혜**가 필요하다.

1 지혜의 의미

오늘날은 **정보 홍수의 시대**이다. 그러나 그 많은 정보가 나의 생활에 전부다 유용한 것은 아니다. **정보**(information)란 다음 그림 [Ⅱ-19]에서 보는 바와 같이 처리된 **자료**(data) 중 나에게 유용한 자료를 의미한다. 그리고 정보 가운데 나에게 의미 있게 체계화된 정보로부터 나의 **지식**(knowledge)을 얻게 되며, 그 지식이 통찰력을 갖게 하거나 현실에 적용하는 능력이 될 때, 이를 **지혜**(wisdom)라 한다.

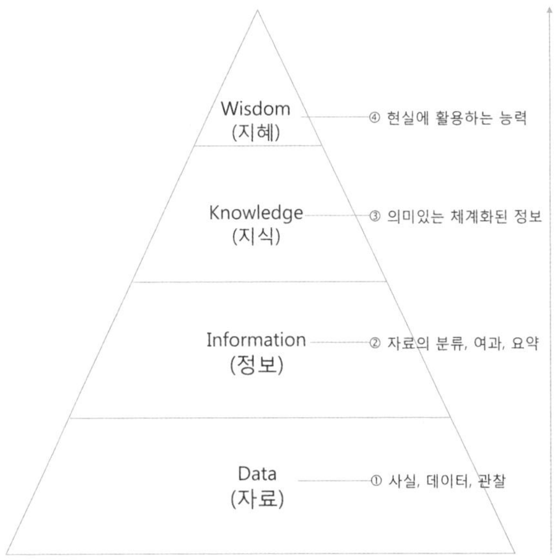

그림 [Ⅱ-19] 정보와 지혜

2 지혜로운 삶

세계 최대문학가 **괴테**(Goethe, 1749~1832)의 **경구집**(警句集)에 나오는 처세훈을 소개한다.

① 지나간 일을 후회하지 말고 잊어버려라. 과거는 잊고 미래를 바라보아라.
② 될 수 있으면 성내지 말고, 절대로 분노의 노예가 되지 말라.
③ 인생은 현재의 연속이다. 현재를 즐겨라. 지금 내가 하고 있는 일을 즐기고, 그 일에 정성과 정열을 다하는 것이 가장 현명하다.
④ 특히 남을 미워하지 말라. 증오는 인간을 비열하게 만들고, 우리의 인격을 타락시킨다. 가능한 넓은 아량으로 포용하라.
⑤ 미래의 나에 대해서는 예측할 수 없다. 하늘과 신에게 맡기고, 내가 할 수 있는 일에 전력을 다하라.
⑥ 지혜로운 자와 동행하면 지혜를 얻게 된다.
⑦ 지혜의 깊이와 넓이는 무궁무진하다. 곡식이 익으면 고개를 숙이듯이 항상 배우는 자세를 가져라.

★ 지혜로운 사람

지혜로운 사람은 동행하는 사람을 모두 스승으로 모신다. 세 사람이 함께 가면 모두 나의 스승이 된다. 한 사람은 그의 장점을 배우게 되고, 또한 사람은 그의 단점을 보고 나에게 수정하도록 이끈다.

지혜 **성공생활의 지혜**

① 새로운 만남에 대해 감사한 마음을 갖는다.
② 상대방의 이야기를 경청한다.
③ 삶에 있어서 직업의 중요성을 인식한다.
④ 조직에 있어 협동심, 동료의식을 가진다.
⑤ 건강에 도움되는 규칙적인 운동을 한다.
⑥ 리더에 필요한 리더십, 책임감을 가진다.
⑦ 시간에 대한 중요성을 깨닫고 시간 관리를 잘 한다.
⑧ 사회생활의 기초는 정직한 생활임을 인식한다.
⑨ 부모와는 별개 개체임을 인식하나 효심을 잊지 않는다.

제3부. 성공관련 사례 · 지혜 · 명언

CONTENTS

1. 위대한 성공 스토리

성공한 사람들이 갖고 있는 재미있는 스토리를 알아보자 !

(1) 퀴리부인의 성공담

퀴리부인(Marie Curie, 1867~1934)은 프랑스의 물리학자이며 화학자로 **노벨 수상자**이다. 그녀는 러시아에 침략당한 조국 폴란드에서 태어나 어린 나이에 어머니를 여의고, 핍박을 받으며 자랐다. 그녀는 이에 굴하지 않고, 프랑스의 **소르본 대학**에 입학하여 우수한 성적으로 학업을 마쳤으며, 그 후 고국 폴란드로 돌아갔다. 그러나 여성은 선천적으로 능력이 부족하다는 인식에 실망을 느껴 다시 **프랑스**로 돌아가 그 곳에서 방사능 연구에 매진하게 된다. 부단한 노력 끝에 두 번의 **노벨상**을 수상하기도 하였다.

퀴리부인의 **성공의 원동력은 다름 아닌 좌절에 맞서 싸운 정신**이었다. 그녀는 최초의 방사성 원료 폴로늄(polonium)과 라듐(radium)을 발견하였다. 그녀는 "**나는 과학에 위대한 아름다움이 있다고 생각한다.**"고 하였다.

(2) 대우중공업 김규환 명장

김규환 명장은(1956~) 가난한 농부의 5대 독자로 태어나 중학교

를 졸업한 후 상경하여 **대우중공업 사환**으로 취업하였다. 아침 5시에 출근하여 "**목숨 걸고 노력하면 안 되는 일이 없다.**"는 자세로 일함으로써 사장으로부터 인정을 받아 정식 기능공을 거쳐 반장으로 승진하게 되었다.

그 후 목숨 걸고 공부하여 5개 외국어를 익히게 되었고, 25년간 새벽 3~4시에 일어나 탐구한 결과 **국제발명특허 62개**를 받았으며, 그 결과 대통령 훈장 2번과 표장 4번, 발명특허대상, 장영실상 5번을 수상하였다. 그리고 마침내 1992년 **국가품질 명장**으로 추대되게 되었고, 2016년에는 20대 국회의원으로 당선되어 국회에 입성하게 되었다.

(3) 나폴레옹(신뢰가 성공을 이룬다.)

한 남자가 시골 여관에서 식사를 하였다. 계산하려고 주머니를 뒤졌으나 지갑이 보이지 않았다. 그는 여관 주인에게 말했다. "미안하지만 지갑을 놔두고 나왔으니 한 시간 안에 가져와 지불해도 될까요?"하고 말했다. 늙은 여관 주인은 펄쩍 뛰며, 돈을 당장 지불하지 않으면 신고하겠다고 하였다. 두 사람 사이에 실랑이가 계속되었다. 이 두 사람을 바라보던 여관의 **웨이터**는 "사장님! 제가 보장하겠습니다. 지갑을 깜빡하고, 외출하는 건 있을 수 있는 일이죠! 제가 대신 내겠습니다. **이 분은 정직해 보입니다.**" 라고 말하였다.

얼마 후 남자가 여관에 돌아와 주인에게 말했다. "이 여관을 얼마 주고 샀소?" "3만 프랑이요!" 그는 그 자리에서 3만 프랑을 주인에게 주고 여관을 통째로 샀다. 그리고 **자기를 믿어 준 웨이터에게 여관을 운영하라고 주었다.** 그는 "**나의 사전에는 불가능이란 없다.**"고 한 프랑스의 영웅 **나폴레옹**(Napoléon, 1769~1821)이었다. 나폴레옹은 "**행동의 씨앗을 뿌리면 습관의 열매가 열리고, 습관의 씨앗을 뿌리면 성격의 열매가 열린다.**"고 하였다.

(4) 소크라테스와 플라톤

소크라테스

플라톤

다음은 **소크라테스**와 **플라톤**에 대한 이야기이다.

어느 날 수많은 젊은이가 **소크라테스**를 찾아가 어떻게 하면 선생님처럼 해박한 지식을 가질 수 있냐고 물었다. **소크라테스**는 답 대신에 "매일 꾸준히 팔 돌리기 300번을 해 보게! 그렇게 1개월을 채우거든 다시 찾아오게나"라고 하였다. 젊은이들은 도무지 이해가 되지 않았다. 1개월 후 찾아온 이는 절반이 되었다. "좋아! 다시 한 달을 해 보게나"라고 **소크라테스**는 찾아온 젊은이들에게 말하였다. 한 달 뒤 찾아온 젊은이는 지난달의 ⅓에 불과하였다. 계속해서 1년 뒤까지 찾아온 사람은 단 한명이었다. 그가 바로 **플라톤**이었다. 훗날 그는 그리스에서 유명한 철학자가 되었다. **소크라테스**는 **플라톤**의 **신념과 끈기를 보고 그를 제자로 삼았다.** 그 후 플

라톤은 **소크라테스**의 제자로서 고대 그리스의 훌륭한 철학가이자 **아리스토텔레스**의 스승이 되었다.

플라톤이 성공한 이유는 무엇이었을까? **꾸준한 끈기와 노력 덕분이었다.** 즉, 굳건한 의지로 끈기 있게 노력한 것이 그를 성공으로 이끈 것이었다.

2. 성공을 위해 필요한 지혜

성공을 위해 도움되는 몇 가지 지혜에 대하여 알아보자 !

(1) 성공생활의 10가지 원칙

① **꿈**(비전)을 가져라.

② **열정**적으로 일하라.

③ 최고가 된다는 **정신**을 가져라.

④ **시간 관리**를 철저히 하라.

⑤ **성실성**을 유지하라.

⑥ 동료들과 **화합하는 정신**을 가져라.

⑦ 외향적이고 개방적인 성격과 **도전 정신**을 가져라.

⑧ 하는 일에 **긍정적 생각**으로 최선을 다하라.

⑨ 경험으로 얻은 **지혜**를 일 하는데 활용하라.

(2) 작업태도와 성공

어느 노(老) 철학자가 무더운 여름철 날씨에 산기슭을 걸어가고 있었다. 그 때 어디서 돌을 깨는 소리가 들려와서 그는 소리 나는 쪽을 찾아가 보았다. 석공(石工) 세 사람이 돌을 깨트려 무엇인가를 만들고 있었다.

노 철학자는 이 세 사람들에게 **"당신들은 이 무더운 날씨에 왜 땀을 흘리며 일을 하고 있느냐?"**고 물었다. 그 때 세 사람의 대답이 각각 달랐다. 그 중 누가 인생에서 성공할 확률이 높은지 알아보자.

석공 A : "죽지 못해 이 무더운 날씨에 돌을 깨고 있습니다."
석공 B : "먹고 살기 위해 어쩔 수 없이 참고 일을 하고 있습니다."
석공 C : "나의 고귀한 작품을 만들기 위해 나의 혼을 담아 최선을 다해 돌을 다듬고 있습니다."

A, B, C 중 **C가 성공할 수 있는 작업태도를 갖고 있다**. 꿈이 있으나 노력하지 않으면 망상에 불과하다. 꿈을 이루기 위해 고난을 극복하고, 최선을 다해 성실히 일하면 성공한 자신의 모습을 볼 수 있을 것이다.

태도가 그 사람의 인생을 만든다. **태도가 바뀌면 행동이, 행동이 바뀌면 인격이, 인격이 바뀌면 운명이 바뀐다.** 성공하고자 하는 자는 길을 찾을 것이며, 그렇지 않은 자는 변명을 구할 것이다. 실패와 성공은 능력이 아니라 **정신적 태도와 노력**에 따라 결정된다.

강철왕 **앤드류 카네기**(Andrew Carnegie, 1835~1919)는 어렸을 때 학교를 다니지 못하고, 12살 때 스코틀랜드에서 맨발로 뛰쳐나와 방직 공장의 노동자로 전보 배달꾼으로 일했던 **품팔이 노동꾼**이었다. 그러나 그는 철도회사에 취직을 하였고, 이후에 철 공장을 세워 이른바 **세계적인 강철**왕이 되었다. 그는 "**나의 성공은 오직 나에게 주어진 일에 피와 땀을 흘려 일한 결과이다.**"라고 하였다.

(3) 성공한 자의 태도

① 나는 **목표**가 있다.
② 나는 **적극적**이다.
③ 나는 **합리적**이다.
④ 나는 **끈기**가 있다.
⑤ 나의 **능력**을 믿는다.
⑥ 나는 **일을 사랑**한다.
⑦ 나는 일을 통해 **사회에 기여**한다.

(4) 성공한 자와 실패자의 비교

① 성공한 사람은 **낙천적**이고 희망적이다.
② 실패한 사람은 **비평적**이고 이유가 많다.
③ 잘 되는 사람은 **적극적**이고 **긍정적**이다.
④ 잘 안 되는 사람은 **소극적**이고 **불평**이 많다.
⑤ 교만이 많으면 사람을 잃고, 겉치레가 많으면 진실을 잃는다.
⑥ 우선 우리 이웃들을 **사랑하는 것**이 행복 찾기의 지름길이다.
⑦ 모든 사람은 **생로병사**(生老病死)의 길을 갈 수 밖에 없다.
⑧ 가장 현명한 사람은 **배우려고 노력**하는 사람이다.

⑨ 가장 강한 사람은 타오르는 **욕망**을 스스로 **자제**할 수 있는 사람이다.

⑩ 가장 **겸손한 사람**은 자신이 처한 현실에 대하여 **감사**하는 사람이다.

(5) 데일 카네기의 "개의 이법을 배워라."

데일 카네기(Dale Carnegie, 1888~1955)는 그의 저서 「**인간 관계론**」에서 친구를 사귀는 방법을 알기 위해서는 이 세상에서 가장 **친구를 잘 사귀는 이의 기술**을 배워야 하는 데 그것은 바로 **개**(dog)라고 했다. 개는 주인이 자기를 사랑하지 않고 발로 차고 하여도 주인이 외출하고 돌아오면 껑충 뛰어오르며 주인을 반갑게 맞아준다. 이것이 반복되는 동안 주인이 집에 돌아왔을 때, 개가 보이지 않으면 개를 찾게 된다. **주인**은 이미 **개를 사랑**하게 된 것이다.

이와 같이 상대를 좋아하고 계속 사랑을 표현하면, 어느 시점에는 좋아하고 사랑하게 된다. 마치 우리 속담에 "**백번 찍어 안 넘어가는 나무는 없다.**"는 말과 같다. **과정 없이 어떤 결과가 나오지 않는 것**과 같이 **성공은 피나는 노력과 땀이 있어야 가능하다.**

(6) 소통의 법칙(상계사 주지스님)

사람은 **귀**(耳) **때문**에 망하는 사람보다 **입**(口) **때문**에 헤어지거나 망하는 사람이 많다.

① 앞에서 말 못하면 뒤에서 말하지 말라.

② 적게 말하고, 말을 들어라. 말을 많이 하면 적이 되고, **많이 들으면 내 팬이 된다.**

③ 목소리 톤을 줄이고. 흥분하지 마라.

④ 가슴을 흔드는 말, 알아듣기 쉬운 말을 하라.

⑤ **상대가 듣고 싶은 말을 하라.**

⑥ 허물은 덮고, **칭찬을 자주하라.**

⑦ 눈과 표정으로 말을 하라(비 언어적 표현).

⑧ 나의 말 한마디가 상대의 인생을 바꿀 수 있다. (입술을 30초 만에 떠난 말이 상대의 가슴에 30년 동안 새겨진다.)

⑨ 혀를 다스리는 것은 나이지만, **내뱉은 말은 나를 다스린다**(말한 것에 책임이 따른다).

⑩ **소통은 귀로 듣고, 눈으로 말하는 것이 좋다.**

(7) 톨스토이의 10훈

① 일하기 위해 시간을 내십시오. – 그것은 **성공**의 대가입니다.

② 생각하기 위해 시간을 내십시오. – 그것은 **능력**의 근원입니다.

③ 운동하기 위해 시간을 내십시오. – 그것은 **젊음**의 유지 비결입니다.

④ 독서하기 위해 시간을 내십시오. – 그것은 **지혜**의 원천입니다.

⑤ 친절하기 위해 시간을 내십시오. – 그것은 **행복**으로 가는 길입니다.

⑥ 꿈을 꾸기 위해 시간을 내십시오. – 그것은 **대망**을 품는 것입니다.

⑦ 사랑하고 받는데 시간을 내십시오. – 그것은 **구원**받은 자의 특권입니다.

⑧ 주기 위해 살펴보는데 시간을 내십시오. – 그것은 **이타적**으로 살기위한 짧은 하루입니다.

⑨ 웃기 위해 시간을 내십시오. – 그것은 **영혼**의 음악입니다.

⑩ 기도하기 위해 시간을 내십시오. – 그것은 **인생**의 영원한 투자입니다.

3. 성공과 관련된 명언

성공한 사람들이 남긴 명언들을 보고 깨달음을 갖자 !

(1) 숀 코비의 "성공하는 10대들의 7가지 습관"

습관은 인생의 행동을 지배하는 커다란 힘이며, 생활을 지배하고 **성격**을 만들며, **운명**까지도 만들게 되므로 좋은 습관, 성실한 습관을 가지도록 노력하여야 한다. **좋은 습관**을 가질 때 **성공**할 수 있다. **행동**을 반복하여 오래하면 **습관**이 형성된다. 미국 리더십 센터원장인 **숀코비**(Sean Covey, 1964)는 **성공**하는 10대들을 위한 7**가지 습관**을 제시하였다.

① 주도적이 되라. ② **목표**를 확립하고 행동하라.
③ 소중한 것을 먼저 하라. ④ 상호 이익을 모색하라.
⑤ 경험한 다음 이해시켜라. ⑥ 시너지(synergy)를 활용하라.

⑦ 끊임없이 쇄신하라

(2) 현대 그룹 고 정주영 회장이 남긴 말씀

◎ 운이 없다고 생각하면 운이 나빠진다.

◎ 길을 모르면 길을 찾고, 없으면 길을 닦아라.

◎ 무슨 일이든 **확신 90%, 자신감** 10%로 밀고 나가라.

◎ 사업은 망해도 괜찮으나 신용을 잃으면 끝이다.

◎ 고정 관념이 멍청이를 만든다.

◎ **시련**은 있어도 **실패**는 없다.

◎ 위대한 사회는 평등사회이다. 노동자를 무시하면 안 된다.

(3) 반기문 전 UN 사무총장의 성공비결

① 최대 지혜는 **친절**이다.

② 나를 비판하는 사람을 **친구**로 포용한다.

③ 베푸는 것이 얻게 되는 **배려**이다.

④ **유머 감각**이 있어야 한다.

⑤ 금맥보다 **인맥**이 더 중요하다(인간관계).

⑥ 세계적인 **리더십**을 길러라.

⑦ **일등**이 되어라. 2등은 패배자이다.

⑧ **멀티 플레이어**(multi player)가 되어라.

⑨ **실력**을 갖추도록 노력해라.

⑩ **자기 개혁**을 단행하라.

⑪ **겸손**을 가지고 사람을 대하라.

⑫ **소신**을 가지고 일하라.

⑬ **긍지**를 가지고 일에 임하라.

(4) 미국 심리학자 맥기니스의 성공명언

① 어떤 고난, 역경을 만나도 결코 동요하지 않고, 문제를 해결해 나간다.

② **자기의 미래**는 **자기 자신**에 의해 결정된다는 것을 믿는다.

③ 비관적 · 부정적 사고의 악순환을 과감히 끊는다.

④ **몸과 마음**을 항상 생동감 넘치게 유지한다.

⑤ 머리속에 **강한 성공의 이미지**를, 그리고 실행해 나간다.

⑥ 어떤 작은 일에서도 **큰 기쁨**을 찾아낸다.

⑦ 불행을 만나도 활력을 잃지 않는다.

⑧ "나는 **무한한 가능성**을 가지고 있다."고 믿는다.

⑨ 자기의 주위를 사랑으로 채운다.

⑩ 언제나 밝고, 건강한 화제만을 말한다.

⑪ 도저히 변화시킬 수 없는 건 무리 없이 받아들인다.

(5) 마크 저커버그의 7가지 성공명언 (페이스북의 CEO)

① 작은 일도 **시작**해야 일이 생긴다.

② 모두가 원하지만 아무도 하지 않는 일을 해라.

③ 수십 번 넘어져도 **젊음**을 무기삼아 **도전**하라.
④ 뜨거운 열정보다 중요한 것은 **지속적인 열정**이다.
⑤ 사람과 사람을 연결하면 비즈니스로 이어진다.
⑥ 주위의 비난에 흔들리지 말고 "**밀고 나가라.**"
⑦ 결국에는 **신념**을 가진 자가 **승리**한다.

(6) 한스 카롯사의 "만남의 중요성"

인생에서 제일 중요한 것은 만남이다.

인생은 너와 나의 만남이며, 인간은 만남의 존재이다. 산다는 것은 만남이요, 만남의 연속이다. 부모와의 만남, 스승과의 만남, 친구와의 만남, 아내와의 만남, 좋은 책과의 만남 등.

성공과 행복은 만남을 통해서 결정된다. 여자는 좋은 남편을 만나야 행복하고, 남자는 좋은 아내를 만나야 행복하다. 학생은 훌륭한 스승을 만나야 하고, 스승은 뛰어난 제자를 만나야 하며, 자식은 부모를 잘 만나야 하고, 부모는 자식을 잘 만나야 한다. 만남 중에 중요한 만남은 **부모와의 만남, 스승과의 만남, 친구(배우자)와의 만남**이다.

만남이 좋으면 50% 이상 성공한 삶을 살 수 있다. 이와 같이 인생에서 만남은 모든 것을 결정하게 된다. 우연한 만남이든, 섭리적 만남이든 만남은 중요하다. 그 만남을 통하여 **불행**이 아닌 **행복**으로 이어지기를 바랄 뿐이다. 좋은 만남은 **인간 관계**와 **사랑**으로 연결된다.

(7) 세 가지 은혜에 의해 성공

일본의 사업가인 나쇼날 상표의 창업자인 **마쓰시다 고노스케** (まつしたこうのすけ, 1984~1989)는 아버지의 파산으로 초등학교 4학년을 다니다 중퇴한 후, **자전거 가게의 점원**으로 일하였다. 때때로 어머니가 그리우면 울곤 하였던 그는 94세에 운명하기 전까지 생전에 산하 570개 기업에 **종업원 13만** 여명을 둔 세계적인 부호가 되었다.

어느 날 회장에게 직원이 다음과 같이 질문하였다.

"회장님! 어떻게 이처럼 큰 성공을 하셨습니까?" 회장은 "나는 세 가지 **하늘의 큰 은혜(덕분)**를 입고 태어났다. 그 세 가지는 첫째, **가난한 것**, 둘째, **허약한 것**, 셋째, **못 배운 것**이다."라고 대답하였다. 직원이 또 다시 질문하였다. "어찌하여 회장님은 **불행**을 오히려 하늘의 **은혜**라고 하십니까?" 회장은 "**가난한 덕분에** 열심히 일하지 않고서는 살 수 없다는 진리를 배웠고, **약하게 태어난 덕분에** 건강의 소중함을 알아 일찍이 건강을 힘써 관리하여 90년 이상을 살고 있고, **못 배운 덕분에** 만나는 사람을 모두 **스승**으로 생각하고 배워서 기업 경영을 위한 많은 **지혜**를 얻을 수 있었다. 그래서 나는 이것을 항상 **하늘의 은혜**라 생각하고 **감사한 마음**으로 열심히 살고 있다."라고 대답하였다. 약점을 **덕분**으로 변화시켜 성공비결로 삼았으니 정말 대단한 사람이 아닐 수 없다. **당신은 지금 어떠한 상황입니까?** 매사를 긍정적으로 보는 "**덕분**"으로 살고 있습니까? 아니면 부정적으로 한탄과 탄식으로 "**때문**"에로 살고 있습니까?

제4부. 행복생활에 이르는 행로

CONTENTS

1. 인생 후반기의 특성

인생 후반기의 삶의 궁극적 목적은 무엇일까?

아리스토텔레스는 "**행복이 삶의 의미이자 목적이요, 인간 존재의 총제적 목적이요, 끝이다**(The Happiness is the meaning and the purpose of life, the whole aim, the end of human existence)."라고 하였다. 인생 전반기에 정년이 보장되는 회사에 취업했다 하더라도 60세 전후하여 정년퇴직을 하면서 인생의 후반기를 맞게 된다. 인생 전반기의 성공이 인생 후반기에 행복 생활을 만들어 주리라는 기대로 오직 성공만을 위하여 매진하여 왔다. 그러나 인생 전반기에 성공을 맛 본 사람이라고 해서 인생의 모든 면에서 성공한 것은 아니다. **성공**을 **부의 축적, 지위, 권력, 명예** 등을 얻는 것이라고 볼 때, 많은 부를 얻은 사람은 행복할 것으로 생각할 수 있다. 그러나 한 연구 결과에 따르면, 많은 부를 얻은 사람의 행복도와 가난한 사람의 행복도는 큰 차이가 없는 것으로 나타났다. 부와 성공이 행복에 미치는 영향은 놀라운 정도로 작았다는 것이다. 한 때, 권력을 가졌던 사람이라도 권력에서 물러난 후에는 불행한 삶이 아니면 오히려 다행으로 생각하여야 할 정도라 할 수 있겠다.

영국의 심리학자 **브롬디**는 "**인생의 4분의 1은 성장하면서 정신연령과 자연을 승화(昇化)시키며 보내고, 나머지 4분의 3은 늙어가면서 영적연령과 건강연령을 유지하면서 보낸다**."고 하였다. 돌이켜보면, 인생길은 마치 높은 산을 힘들게 올라간 후, 내려오는 것과 같은 느낌과 비슷한 것 같다. 산에 오를 때는 고되고 시간이 많이 걸리며, 정상이 얼마 남았는지 조바심으로 오르게 되지만 하산할 때는 수월하게 내려오고 시간도 적게 걸린다. **등산**하는 것은 인생의 전반기요, **하산**하는 것은 인생의 후반기라 생각된다. **노년기**에는 하산하는 기분으로 뒤를 돌아보며 **행복**을 추구할때이다. 인생 후반기에서 느끼는 세월의 흐름은 하산할 때처럼 마치 70~80km로 달리듯 빠르게 느껴진다. 마치 백구과극(白駒過隙)이라 생각된다. 이것은 "백마가 달리는 것을 문구멍으로 내다보듯이 차나이다."는 말이다.

행복이 무엇인가에 대하여 "**행복하기 위해 열심히 노력해 왔으나 아직 행복이 무엇인지 느끼지 못했다.**"고 한다. **인생 전반기**에는 성공을 위해 목표를 세우고 그 목표를 달성하기 위해 집중 몰입함으로써 **성공**을 얻을 수 있었다. 그와 같이 **행복**도 우연히 찾아오지 않는다. 목표와 실행계획을 세워서 부단한 노력과 마음을 관리함으로써 행복의 맛을 볼 수 있는 것이다. 특히 **행복**은 소극적이며 무형이기 때문에 느끼기가 매우 어렵다.

성공한 **나폴레옹**은 자기 생애에 행복했던 날은 고작 6일에 불과하였다고 했다.

특히 인생 후반기에 있어서는 자연의 섭리에 따라 노화(老化)가 따르는 시기이므로 우아하게 늙도록 하여야 할 시기이다. 이것을 **웰 에이징**(well aging)이라 하며, 행복하게 삶을 살아야 할 바로 이 시기가 **웰 빙**(well being)이다. 뿐만 아니라 인간의 노화는 그 어떤 의술로도 막을 방법이 없으므로 언젠가는 죽음을 맞게 된다. 노화와 죽음은 자연의 섭리이며 철칙(鐵則)이므로 우리 인생이 피할 수 없는 과정이다. 기쁜 마음으로 행복하게 살다가 죽음을 수용하여야 할 것이다. 그것이 **웰 다잉**(well dying)이다.

인생 후반기에 수행하여야 할 과제인 ①웰 에이징, ②웰 빙, ③웰 다잉을 위한 목표와 실행 계획을 세워 노력과 관리를 하여야 할 것이다. 특히 인생의 궁극적 목적인 **행복생활**(웰 빙)을 위한 생활의 **태도기술**과 행복한 생활을 위한 **5대 요건**을 이해하고 실행할 때, 행복한 생활을 맞이할 수 있게 될 것이다. 인생 생활의 후반기의 생활 계획은 다음 표 [Ⅳ-1]과 같다.

★ 성공과 행복의 관계

20세기 최고의 경영자 미국 제너럴 익렉트릭의 전 CEO **잭 웰치의 삶**은 어떤가?

그는 1981년 46세의 나이로 GE의 역사상 최연소 회장이 되었고, 뛰어난 직관력과 탁월한 리더십으로 전세계 직장인들과 경영자들의 **벤치마킹**의 롤 모델(role model)이 되었으며, **제너럴 일렉트릭**을 "**미국에서 가장 존경받는 기업**"으로 키운 인물이다. 그랬던 그가 퇴임한지 1년도 채 안되어 외도를 하였다는 이유로 부인으로터 이혼을 당했다.

과연 웰치는 **성공**한 것인가? **실패**한 것인가?

사회적 성공만 본다면 그는 성공인의 표본이라 할 수 있지만 가정적으로 보면 실패했다고 볼 수 있다. 그러므로 **성공이 곧 개인의 행복과 일치한다고 볼 수 없다.** 성공과 행복이 일치될 때 **진정한 성공**이라 할 수 있다.

표 [Ⅳ-1] 인생생활의 전 · 후반기의 계획 (7계)

	단계	계획 내용
인생전반기	건계 (건강)	**건강관리계획** - 몸과 마음을 어떻게 유지할 것인가?
	직계 (직업)	**직업선택계획** - 어떤 직업을 선택할 것인가?
	가계 (가정)	**가족화목계획** - 부부 · 자녀 관계를 어떻게 유지할 것인가?
	성계 (성공)	**성공을 위한 계획** - 성공을 위해 어떻게 생활할 것인가?
인생후반기	노계 (노후)	**노후생활계획**(웰 에이징) - 노후 생활을 어떻게 살아야 할 것인가?
	행계 (행복)	**행복생활계획**(웰 빙) - 행복생활을 위해 어떻게 살아야 할 것인가?
	사계 (사회, 봉사, 사망)	**사회봉사와 사망계획**(웰 다잉) - 사회 기여와 행복한 죽음을 어떻게 맞이할 것인가?

(1) 행복한 생활을 위한 목표

행복(happiness)은 **상대적**이고, **주관적**이며, **무형의 성질**을 가지며, 영원한 것도 아니며, **가변적이기 때문**에 영원한 행복도, 불행도 존재하지 않는다. 그러므로 인생 후반기에 행복한 삶을 살고 있다고 하더라도 이를 유지하기 위해서는 **목표**를 세워 **관리**하여야 하며, 특히 불행할 경우는 행복생활을 찾기 위해 명확한 목표를 세워 적극적으로 대처하여야 한다. **명확한 목표**와 **실행계획**이 있다면, 자동으로 열정적인 삶을 살게 된다.

링컨 대통령은 “**인생은 누구든 행복해지려고 결심한 만큼 행복해질 수 있다**.”고 하였다. 링컨의 말처럼 모든 사람은 행복을 추구하며, 무한한 가능성을 지닌 존재이므로 **행복목표**를 주도적으로 이루어나갈 수 있다면 긍정적으로 행복한 미래를 **생각**할 수 있을 것이다. **행복목표의 설정**은 목표가 자신에게 주는 의미와 가치를 확인하고, 이루는 과정과 방법, 실행 의지를 확인하는 것이 핵심이다. 그 다음에는 행복목표를 위한 실행의지를 확인하는 단계인 **실행계획**을 세우고, 행동함으로써 스스로 정한 행복에 한 걸음 더 다가갈 수 있게 될 것이다. 그러므로 행복목표의 진정한 의미는 행복을 찾기 위한 실행을 촉진하는 데 있다고 할 수 있다.

행복한 생활을 위한 **행복목표**를 결정할 때 포함될 내용은 다음과 같다.

① 지금보다 만족한 삶을 위해 필요한 것?
② 인생 후반기에 꼭 이루고 싶은 것?
③ 행복하기 위해 꼭 필요할 것?
④ 목표가 이루어졌다면 예상되는 결과?

(2) 행복생활에 이르는 로드맵

행복생활에 이르는 로드맵은 다음 그림 [Ⅳ-1]에서 보는 바와 같다.

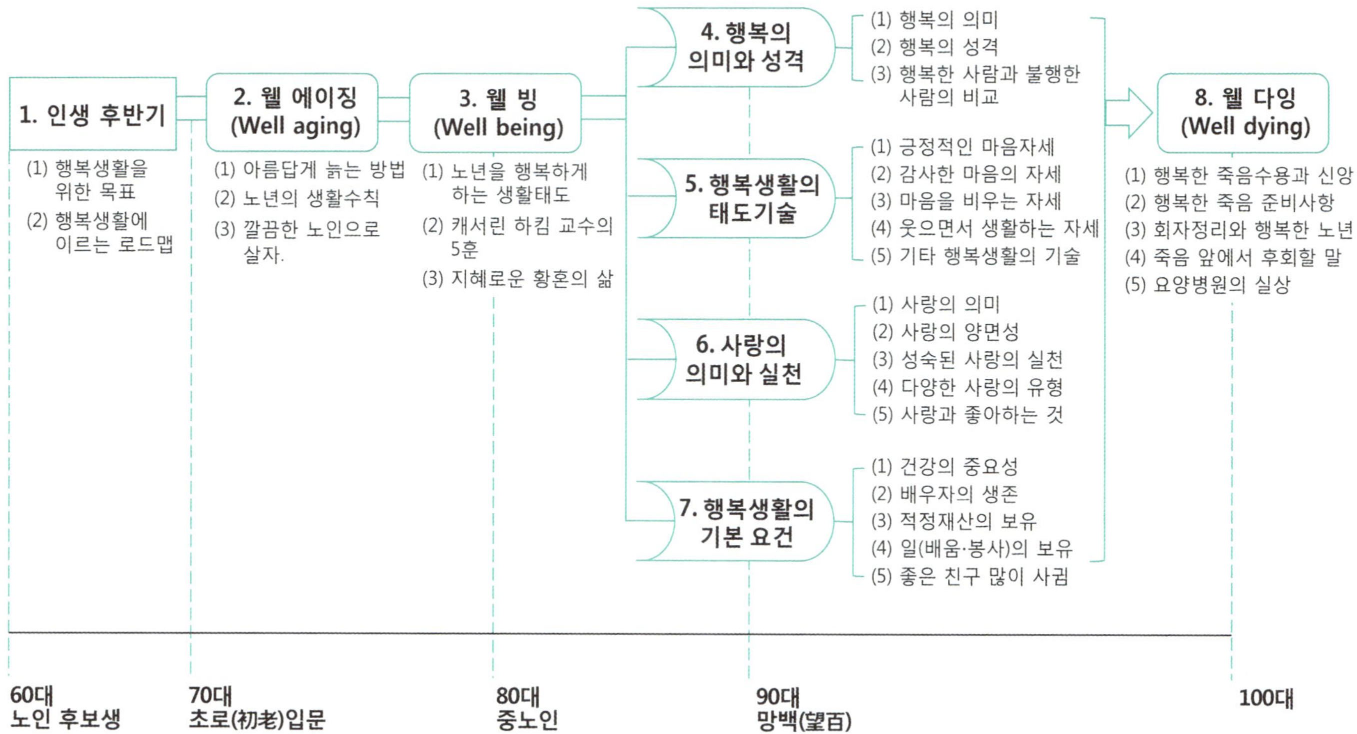

그림 [Ⅳ-1] 행복생활에 이르는 로드맵

2. 웰 에이징(Well aging)

웰 에이징을 위해 노년을 어떻게 살아야 할까?

이 세상에 태어나 세월의 흐름에 따라 늙지 않을 사람은 아무도 없다. 그러나 인생 후반기에 들어 자연의 섭리에 따라 늙어가되 우아하게 늙고, 행복하게 늙고, 성숙하게 늙는 것을 **웰 에이징**이라고 한다. 행복하게 늙기 위해서는 풍부한 **경륜**을 바탕으로 노숙(老熟)함과 노련(老鍊)함을 갖춘 노년의 품격(品格)을 지녀야 할 것이다. 영국의 **캐서린 하킴**(Catherine Hakim) 교수에 의하면 "**경륜이란 유머 감각과 활력, 세련미, 상대를 편하게 하는 기술 등 다른 사람의 호감을 살 수 있도록 하는 멋진 태도나 기술을 의미한다.**" 이것이 바로 노신사의 매력이고, 나이 듦의 지혜와 여유라 할 수 있다.

웰 에이징이란 그냥 늙는 것이 아니라 **성숙하게 늙는 것**이다. 성숙(成熟)이라 함은 벼도 익으면 고개를 숙이듯 높임이 아니라 겸손을 말한다. 노년의 아름다움은 바로 **성숙**에 있는 것이다. **성숙**은 깨달음이요, 깨달음 끝엔 **지혜**를 만나는 것이다. 지식이 겸손을 모르면 무식함만 못하고, 높음이 낮춤을 모르면 존경받기 어렵다. 노년은 **지성**(智性)과 **영혼**(靈魂)이 최절정(最絕頂)의 경지에 이르는 황금기(黃金期)임을 의식하여야 한다. 즉, **노숙함**과 **노련함**을 갖춘 노익장(老益壯)의 모습을 보일 때이다.

소크라테스는 감옥에서 죽음을 기다리며 친구에게 "**사는 것이 중**

요한 문제가 아니라 바르게 사는 것이 중요하다."고 말하였다고 한다. 우리 인생은 바르게 사는 지혜를 배워야 한다. 어떻게 살아야 영광된 인생이며, **행복된 인생**, 보람 있는 인생, 후회 없는 인생, **아름다운 인생**인지 그 지혜와 철학을 배워야 한다. 나의 유일무이한 고귀한 인생을 어떻게 살아야 할까? 오직 나의 **계획과** 판단, **의지, 노력**으로 살고 그 결과에 대해서는 내가 책임을 져야 한다.

남에게 아름답게 사는 것처럼 보이는 것을 넘어 나 스스로가 느끼기에도 **아름다운 삶**이어야 한다. 나이가 들수록 **자기관리**를 잘해야 하고, **사랑, 여유, 용서, 아량**과 **부드러움**으로 가득 찬 우아하고 중후한 노년을 보내야 할 것이다. 뿐만 아니라 **산행과 명상, 음악 듣기,** 독서와 같은 **영성생활**(靈性生活)도 수반되면 더욱 좋을 것이다.

나이가 들면 무조건 어른이 되는 줄 알았는데 우아하게, 행복하게 늙어가는 것은 쉽지 않다. 아름답게 늙어가기 위해서는 **열정**(熱情)을 잃지 말아야 한다. 그러나 **열정**은 세월의 흐름과 반비례하기 때문에 나이가 들면서 점점 의욕과 열정을 상실하게 된다. 그럼에도 불구하고 **웰 에이징**을 위해서는 **경륜과 품격**이 따른 노년 특유의 **열정**을 가져야 한다. 노년기에 열정을 가지면 오히려 위대한 업적을 남길 수가 있다.

세계 역사상 최대 업적의 35%는 60~70대에 의해 이루어졌다고 한다. 또한 23%는 70~80대에 이르러 성취되었다고 한다. 결국 역사적인 업적의 58%가 60세 이상의 노인들에 의하여 성취된 것이라고 할 수 있다. **소포클레스**(Sophocles, BC.496~B. C.406)는 80대에 **「콜로누스의 오이디푸스」**를, 괴테(Goethe, 1749~1832)는 80세에 **「파우**

스트」를 완성하였다. **미켈란젤로**(Michelangelo, 1475~1564)는 70세에 로마의 **성 베드로 대성전의 돔**을 완성하였다. **베르디**(Giuseppe, Verdi, 1813~1901), **하이든**(Haydn, 1732~1809), **헨델**(Händel, 1685~1759) 등도 고희(古稀)를 넘어 불후의 명곡들을 작곡하였다.

이 세상에는 영원한 것도 없으며, 우연과 공짜가 존재하지 않는다. 나이가 들면서 초라하지 않으려면 대인관계(對人關係)를 잘 맺어야 한다. 특히 나이가 들면 사람은 이기적 성향이 강하게 된다. 노욕이 생겨 **자기중심적 나르시시즘**(narcissism)에 빠지기 쉽다. 또한 **운명론적**인 생각이 지배하는 **페이탈리즘**(fatalism)에 빠질 수도 있다. 나이 들어서 물질 중심의 인간관계를 가지면 초라해지고, 일 중심의 인간관계를 가지면 외로움에 휘말리게 된다. 그러므로 **타인 중심의 인간관계**를 가져야 한다. 타인 중심의 인간관계를 가지는 사람들은 나이가 들어도 찾아오는 사람이 많고, 따르는 사람도 많다.

나의 분수를 알며 나의 실력을 알고, 나의 형편과 처지에 맞게 책임과 도리를 다하며 사는 것이 **웰 에이징**이다. 얼마나 오래 살았느냐가 중요한 것이 아니라 나이 값을 하며 올바르게 살고, 곱게 늙고 있느냐가 중요한 것이다. 그리고 우리 모두는 건강하고 우아하게 늙고 싶은 바램을 가지고 있을 것이다. **상선약수**(上善若水)라는 말이 있다. 이 말은 아름다운 인생은 물이 가진 7덕(德)을 본받아 물처럼 사는 것을 의미한다.

우리 인생도 노년에 가질 수 있는 열정으로 우아하게, 사람답게,

품격을 갖추어 늙어갈 뿐만 아니라 물과 같이 아름답게 늙어가는 **웰 에이징**을 실천할 수 있다면, 성숙된 노인으로 존경받을 수 있지 않을까? **성숙된 삶**이란 상대의 말을 들어주는 겸손한 마음가짐, 상대의 감정을 들어주는 마음가짐, 칭찬해주는 마음가짐, 상대의 결점을 이해해주고 포용하는 마음가짐, 상대를 존중해주고 양보하는 마음가짐을 갖는 것이다. 일반 노인과 성숙된 노인(어르신)의 차이를 다음 표 [Ⅳ-2]와 같이 비교해 볼 수 있다.

표 [Ⅳ-2] 일반 노인과 성숙된 노인의 차이점

노인(나이 많은 사람)	성숙된 노인(어르신)
• 목소리를 높인다. • 말을 많이 한다. • 상대를 가르치려 한다. • 오해로 신경질을 낸다. • 자기 자랑을 많이 한다. • 상대의 잘못에 화를 낸다. • 미안하다는 말을 잘 하지 않는다. • 섭취를 위해 괴로워한다. • 과거 이야기에 집중한다.	• 목소리를 낮춘다. • 말을 많이 듣는다. • 상대방으로부터 배운다. • 이해로 즐거워한다. • 가야할 방향을 제시해준다. • 위로하며 자주 미소를 짓는다. • 미안하다는 말을 한다. • 배설을 위해 즐거워한다. • 현재 이야기로 존경받는다.

(1) 아름답게 늙는 방법

① 노년의 품격을 지니도록 노력하도록 하자.

② 풍부한 경륜과 노숙함, 노련함을 갖추도록 하자.

③ 노년의 아름다움은 깨달음과 지혜에 있음을 알자.

④ 지성과 영혼이 최절정의 경지에 이르게 하도록 하자.

⑤ 아름답게 늙기 위해서는 노년의 열정을 가지도록 하자.

⑥ 사랑과 여유, 용서, 아량과 부드러움을 함께 갖도록 하자.

⑦ 이기적이 아니라 타인 중심의 인간관계를 가지도록 하자.

⑧ 나의 형편과 처지에 맞게 책임과 도리를 다하도록 하자.

⑨ 물이 가진 7덕을 깨닫고 수행하도록 노력하자.

⑩ 일반 노인이 아니라 어르신(성숙한 노인)이 되도록 하자.

⑪ 어른다운 어른이 드물다는 말을 깊이 새겨보자.

⑫ 노인 한명이 도서관 하나와 같다는 말을 명심하자.

⑬ 계속 움직이고, 배우며, 주변과 같이 잘 어울리자.

⑭ 노화에 순응하면서 건강을 유지하도록 하자.

⑮ 웰 에이징과 관련된 정보(㉮ **이화여대 웰 에이징센터**)를 잘 활용하자.

⑯ 노년에 곱게 늙는 것은 인생의 성숙이요 축복이다.

⑰ 노욕을 부리지 말자. 욕심은 양파의 껍질과도 같다.

⑱ 벼가 익으면 고개를 숙이는 지혜를 깨닫자.

⑲ 자기의 인생을 최고도의 정신과 정열, 감격을 가지고 살자.

⑳ 오늘은 내 인생의 최초의 날인 동시에 최후의 날인 것처럼 살자.

㉑ 좋은 책을 많이 읽고, 지혜와 품위 있는 노인이 되자.

㉒ 노화 과정을 긍정적으로 보고, 당당하게 늙음을 맞이하도록 하자.

㉓ 긍정적인 정서, 감사한 마음을 가지며 우아하게 늙도록 하자.

㉔ 사랑을 깨닫고, 배우고 칭찬하며, 자기 감정을 다스리자.

㉕ 예기치 못하게 떠나더라도 후회 없는 삶을 살자.

(2) 노년의 생활 수칙

① 노년은 그 동안 모은 **돈을 쓰는 시기**이다. 축적하거나 신규 투자하는 시기가 아니며, 평화롭게 조용한 삶을 살기 위해 적정한 돈을 쓰며 살자.

② 자식들로부터 **독립 개체**로 살자. 자식들의 재정문제는 자기들의 문제이다. 공부시킨 것만으로도 충분하다.

③ **건강관리**에 최선을 다하자. 건강하게 사는 게 어려워지는 나이이니 매일 걷기를 실천하고, 잘 먹고, 잘 자고, 건강 유지에 신경 쓰자.

④ 평생의 **반려자**에게는 최상의 아름다운 고급선물을 하자. 주요 목표는 행복에 있다.

⑤ 사소한 일에 **스트레스**(stress)를 받지 말자. 과거의 나쁜 기억은 잊고, 좋은 일만 생각하고, 오늘 현재를 중요시 하자.

⑥ 나이에 개의치 말고, **사랑으로 넘치는** 생활을 하자. 반려자, 가족, 이웃, 친구 등에 신경 쓰자.

⑦ 최신의 **시대 흐름**에 뒤지지 않는 생활을 하자. 카톡, 이메일, SNS(Social Network Service)를 멀리 하지 말고, 세상 뉴스를 듣고 이야기하자.

⑧ **젊은 세대**의 견해와 조언을 존중하자. 그리고 조언을 하되 비평하지 말고, 오늘 적용할 수 있는 지혜를 주자.

⑨ **옛날 그 시절**에라는 과거적인 표현을 사용하지 말자. 당신도 이 시대의 사람이다. 지금 현재 즐겁고 재미있는 인생을 이야기하자.

⑩ **긍정적**이고 명랑한 **사람**들과 어울리자. 아까운 시간을 낭비하지 말고, 긍정적이고 재미있는 사람과 사귀도록 하자.

⑪ **가족들**과 자주 어울리며 자식들과 함께 하자. 재력 유지, 사생활 유지(privacy), 서로 도움 되는 사람, 고독주의자가 아닌 사람과 만나자.

⑫ 배우자와 **공동의 취미**를 개발하여 함께 즐기자. 새로운 취미활동이나 봉사활동을 함께 하자.

⑬ 모임, 회식, 세례식, 결혼식 등과 같은 **초대에 적극적**으로 참여하자. 말은 적게 하고, 남의 말을 잘 경청하는 사람이 되자. 듣기 좋은 대화를 위한 소재를 개발하자.

⑭ **마음의 짐**을 내려놓자. 재산을 모으거나 지위를 얻는 것이 행복생활이라 믿고, 경쟁하지 말고, 마음의 모든 욕구의 짐을 내려놓자.

⑮ 노년의 세월은 빨리 지나간다. **시간**을 아끼자. 노년기의 시간은 남은 생명의 일부분이다. 금전보다 귀하게 생각하자.

⑯ 매사에 **감사하는 마음**을 체질화하여 살자. 세상에 살아있음을 감사하게 생각하고, 항상 모든 일에 감사함을 표하자. 이것이 성숙한 노년의 삶이다.

⑰ 몸이나 의복, 머리, 얼굴 등에 **청결한 모습**을 유지하자. 몸과 옷을 청결하게 하는 것은 노인이 갖추어야 할 기본예의이다. 불결한 것을 검소한 생활로 착각하는 사람이 있다. 결코 좋은 삶의 모습이 아니다.

⑱ 매일 적당한 **운동**을 하는 습관을 가지자. 나이가 들면 모든 신체 부위가 퇴화하고, 질병에 걸리기 쉽다. 퇴화를 억제할 수 있

는 유일한 방법이 운동이다. 규칙적으로 알맞은 운동을 하는 것이 중요하다.

⑲ **여행**을 가능한 많이 하도록 하자. 여행은 생활에 활력을 준다. 건강이 허용하는 한 가능하면 여행을 많이 함으로써 삶의 건조함을 막을 수 있다.

⑳ **칭찬**을 제일주의로 생활하자. 칭찬은 삶에 활력을 주며, 삶을 윤택하게 해 준다.

㉑ 늙어 가는 것을 불평하지 말며, 죽음에 대해 자주 말하지 말자. 항상 **학생**으로 계속 남아있도록 한다.

㉒ **친구와 가족**을 위해 시간과 노력을 투자하자. 지혜 중에 우정을 쌓으라는 충고가 가장 위대하다. 외로운 사람은 수명이 짧고 불행한 삶을 살게 된다.

㉓ 주변 사람들과 좋은 **인간관계**를 유지하자. 인간관계는 돈이나 명성, 성공, 물질적 풍요보다 정신적・육체적 건강과 행복에 많은 영향을 준다.

㉔ 행복한 사람의 **성격**을 가지도록 하자. 가장 행복한 사람은 외향적이고, 사교적이며, 낙천적이고, 융통성이 많은 사람이다.

㉕ 상대의 말에 눈과 귀를 기울이는 습관을 가지자. 눈을 맞추는 것(eye contact)은 애정, 관심, 열정을 가지고 **경청하는** 모습이므로 인간관계 개선에 도움이 된다.

㉖ 자신의 취미와 능력에 맞는 일을 하자. 자신의 **취미와 능력**에 **맞는 일을** 하면 행복감을 느끼게 되며, **행복감**은 생산성을 높여 준다.

㉗ 하루에 한 가지씩 즐거운 일거리를 만들자. 오늘 하루가 즐거

우면 평생이 즐거울 수 있다.

㉘ 노화에 따른 고통은 자연스럽게 수용하자. 늙는 것은 어쩔 수 없는 자연의 섭리이다.

㉙ 타인의 잘못은 관대하게 용서하자. 시비하면 할수록 마음이 먼저 불편해진다.

㉚ 많이 웃는 생활을 하자. 웃으면 심신이 즐겁고, 행복이 찾아온다.

(3) 깔끔한 노인으로 살자.

나이가 들어도 외모를 가꿀 뿐만 아니라 내면을 닦아 품격 있고, 다른 사람들이 존경하는 모습으로 남을 때, 노년의 삶이 더욱 가치 있게 된다. 허영과 허풍을 떠는 사람이 아니라 **언행이 바람직**하고, 원만한 **인간관계를 유지**하며, 용모도 단정하게 하고, **의복은 청결**하게 차려입고 사는 성숙된 노인으로 살자!

★ 노인의 깔끔한 십계명

① 깔끔한 노인	② 남에게 불편하지 않는 노인
③ 칭찬을 잘해 주는 노인	④ 긍정적이고 지혜로운 노인
⑤ 종교를 인정하는 노인	⑥ 취미 생활하는 노인
⑦ 운동하는 노인	⑧ 음식가리지 않는 노인
⑨ 세상 소식에 밝은 노인	⑩ 돈에 집착하지 않는 겸손한 노인

3. 웰 빙(well being)

웰 빙이란 어떠한 삶의 형태를 목적으로 하여야 할까?

웰 빙은 몸과 마음의 편안함과 행복을 추구하는 태도나 행동을 의미하는 것으로 건강과 행복감 모두 만족한 삶을 사는 것이다. 우리말로는 "**참살이**"라고 한다. 웰 빙은 5가지 구조의 삶을 지칭하는데 ① **즐거운 삶**, ② **몰입하는 삶**, ③ **좋은 삶**, ④ **의미와 보람 있는 삶**, ⑤ **만족스러운 삶**을 포함하는 **행복한 삶**을 의미한다.

웰 빙에는 몸의 건강도 포함된다. 대부분의 사람들은 **인생 전반기**에는 재산이나 명예, 지위, 권력을 얻기 위해 앞만 보고 정진하여 건강을 돌아볼 여유를 갖지 못한다. 그러나 **인생 후반기**에 이르러서는 건강을 회복하고, 행복한 삶을 추구할 필요가 있다. 그리고 행복하게 살려면 못 이룬 한(恨)이 있더라도 다 접어두고, 현재에 만족하는 **지족상락**(知足常樂)을 알고, 항상 즐겁고 행복하게 살아야 한다.

그렇다고 단순히 잘 먹고, 잘 입고, 잘 자고, 잘 노는 것만으로 **웰 빙**이 될 수 없다. 정신과 인품이 무르익어가는 노년이어야 한다. 노년의 **롤 모델**(role model)은 **향기 나는 삶, 덕 있는 삶, 지혜가 풍부한 삶, 마음이 인자한 삶, 욕심이 없는 삶**이다. **웰 빙**의 중점 사항은 정신적 풍요, 인자함, 포근함이 묻어나는 사랑과 용서의 미덕으로 넘치는 삶이다. 정신과 인품이 무르익어가는 노년이야말로 인생의 최고

봉이자 **웰 빙의 최적기**이다. 그러나 대부분의 사람들은 노년을 삭막하고, 쓸쓸하며 고독한 시기로 생각하기 쉽다. 흔히 노년을 절망과 슬픔에 빠져 보내는 시기로 알고 있다.

노년은 젊음에 비하면 몰골은 보잘 것 없으나 다른 사람에게 향기(香氣)를 나누어 줄 수 있는 **정신적 풍요**(행복감)와 **경륜**으로 쌓아올린 덕(德)을 가지고 있다. 그러므로 웰 빙을 실천하며 사는 노년의 삶은 육체적 건강과 정신적 풍요와 인품을 함께 갖추어 인자함과 포근함이 묻어나며, 사랑과 용서의 미덕이 넘쳐나는 즉, **사람답게, 아름답게**, 그리고 **행복하게** 삶을 사는 것이라 할 수 있다.

인생의 궁극적인 목적은 행복생활에 있으므로 행복생활에 대한 **목표와 실행계획**을 설정하고, **행복의 의미와 성격, 행복생활의 태도 기술, 사랑의 의미와 실천, 행복생활의 기본요건, 행복생활을 위한 지혜와 명언** 등에 대한 깨달음이 필요하다.

(1) 노년을 행복하게 만드는 태도

① 항상 **긍정적인 마음**으로 생활한다.
② 적은 일에도 **감사**하는 표현을 한다.
③ 언제나 **웃는 모습**으로 생활한다.
④ 과욕은 금물이다. **현실에 만족**하며 산다.
⑤ 자신과 배우자 **건강을 1순위**로 생각한다.
⑥ 수전노가 되지 말고, **소비하는 태도**를 갖는다.

⑦ **좋아하는 일**을 하며 생활한다.
⑧ **가까운 친구**와 함께 시간을 보낸다.
⑨ 상대를 **칭찬하는 태도**로 대화를 한다.
⑩ 명랑하고 **부드러운 언어**로 대화한다.
⑪ 말을 많이 하지 말고, **경청의 태도**를 갖는다.
⑫ 올바른 **가치관**을 가지고 생활한다.
⑬ **시간**이 돈보다 중요함을 알며 지낸다.
⑭ 순간에 떠오르는 **생각**을 **기록**하도록 한다.
⑮ 항상 **깨끗한 모습**으로 생활한다.
⑯ 저녁노을이 아름답듯이 인생을 **행복**으로 **마무리**한자.
⑰ 노년을 즐기는 것도 하나의 **습관**이요, **기술**이다.
⑱ **만족**과 **사랑**, **감사**는 노년에 갖는 하나의 **기술**이다.

(2) 캐서린 하킴 교수의 5훈

캐서린 하킴(Catherine Hakim) 교수는 노년이 지켜야 할 다섯 가지 교훈을 제시하였다.

첫째, 얼굴에 웃는 모습을 항상 유지하여야 한다.

늘 웃는 얼굴을 일부러라도 갖도록 노력하여야 한다. 나이 들어 **웃는 얼굴**을 만드는 것이야말로 가장 중요한 노년의 **매력 포인트**이다. 지하철 경로석에 앉은 노인들을 유심히 관찰해 보면 대부분의 노인들의 표정이 밝지 않은 것을 볼 수 있다.

둘째, 마음에 항상 여유를 가져라.

남을 가르치려 하지 말고, 나이 들어 세상사에 불평 · 불만이 많은 것은 흉하게 보인다. 마음에 들지 않고 불만스럽더라도 가르치려 하지 말고, **양보하며 웃으며** 넘기는 것이 좋다. 그래야 매력적인 노신사답다.

셋째, 품격(品格)을 유지하라.

하고 싶은 말이 있더라도 매우 긴요한 사항이 아니면 가능한 삼가하고, 행동도 그렇게 하여야 한다. 건널목을 무단 횡단하거나 신호등을 잘 지키지 않는 것이 노년의 특권이 아니다. **행동**에 대하여 **유의**하고, 잘 지켜야 한다. 음식도 알맞게 적당히 깔끔하게 섭취하고, 음주(飮酒) 후에는 말을 조심하라. 시기 절적한 유행을 외면하지 말고, 자기의 **외모**도 다듬고 **의복**도 깨끗하게 입으며 품격이 드러나도록 한다.

넷째, 자신의 마음에 사랑이 충만한 삶을 향유하라.

세상을 선한 눈으로 **사랑하는 마음**으로 바라보면 좋겠다. 그대와 나 모두가 존귀한 존재임을 깨닫고, 표정을 따뜻하게 한다. 언어가 부드러우면 좋다.

다섯째, 오늘 하루를 만끽하며 살아야 한다.

과거의 일을 돌아보지 말고, 미래도 걱정하지 말며, 최선을 다하여 오늘 하루만 즐겨 살자.

미국의 유일한 4선 대통령인 **루즈벨트**의 부인 **엘레나 여사**가 남편에게 "**아름다운 젊음은 우연한 자연 현상이겠지만, 아름다운 노년은 그 어느 누구도 빚을 수 없는 예술작품이다.**"라고 말했다고 한다.

어제까지는 역사이고, 내일은 미스터리(mystery)일 뿐 **오늘은 귀중한 선물**이다. 오늘이라는 현재에 충실하고, 만끽하여야 한다.

(3) 지혜로운 황혼의 삶(27훈)

① 누워있지 말고 끊임없이 움직여라! "**걸으면 살고, 누우면 죽는다**(步生臥死)."

② 하루에 한 가지 즐거운 일을 만들어라! 하루가 즐거우면 평생이 즐거워진다.

③ 마음에 들지 않아도 웃으며 받아들여라! 세상 모두가 내 뜻대로 되지는 않는다.

④ 자식에게 이래라 저래라 하지 말라! 효자라도 간섭하면 싫어한다.

⑤ 젊은이들과 어울려라! 젊은 기분이 유입되면 활력이 생겨난다.

⑥ 한번 한 소리는 두 번 이상 하지 말라! 말이 많으면 따돌림을 받는다.

⑦ 모여서 남을 흉보지 말라! 나이 값하는 어른만이 존경을 받는다.

⑧ 지혜롭게 처신하라! 선불리 행동하면 노망으로 오해받는다.

⑨ 나이가 들수록 체취가 나지 않게 자주 목욕을 하라! 그리해야 사람들이 나를 피하지 않는다.

⑩ 돈이 재산이 아니라 사람이 재산이다. 재산보다 인맥이 중요하다.

⑪ 좋은 책을 읽고 또 읽어라! 마음과 지혜가 풍요해지고, 치매가 예방된다.

⑫ 먼저 모범을 보여라! 그래야 젊은이들이 본을 받는다.

⑬ 주는 것에 인색하지 말라! "**되**"로 주면 "**말**"로 받는다.

⑭ 걱정은 단명의 주범이다. 걱정할 가치가 있는 일만 염려하라! 90%가 걱정과 무관하다.
⑮ 남의 잘못을 보지 말고 장점을 보고 칭찬하라!
⑯ 세상을 비관적으로 보지 말고, 밝은 눈으로 바라보라!
⑰ 지난날은 부도난 수표와 같다. 지난날에 집착하지 말라!
⑱ 나에게 욕한다고 속상해하지 말라! 참고 놔두면 스스로 먼저 죽는다.
⑲ 즐거운 마음으로 잠을 자라! 잠 속에서도 행복한 꿈을 꾼다.
⑳ 현명한 사람과 어울려라! 지혜를 얻을 수 있다.
㉑ 오늘 있었던 좋은 일만 기억하라! 그것이 **행복 노트**이다.
㉒ 작은 일에도 감사하라! 그것이 행복을 여는 열쇠가 된다.
㉓ 이 세상에 나의 것은 아무 것도 없다. 사는 동안 편안히 사용하고 떠날 준비를 하라!
㉔ 황혼의 인생에서는 재산, 지위 등 경쟁 관계에 대하여 마음의 짐을 내려놓아야 한다.
㉕ 추한 꼴을 보이지 않는 것이 자존심이다. 항상 청결하여야 한다.
㉖ 노년의 시간은 돈보다 귀한 생명의 일부이다. 친구와 어울리고, 취미 활동을 하라!
㉗ 노년은 인생을 음미할 시기이다. 허둥대거나 서두르지 말라!

4. 행복의 의미와 성격

행복의 의미는 무엇이며, 행복이 갖는 성격은 어떠할까?

(1) 행복의 의미

네이버 사전에서는 "**행복(happiness)이란 복된 좋은 운수라고도 하며, 생활에서 충분한 만족과 기쁨을 느끼어 흐뭇한 내면의 감정 상태**"로 정의하고 있다. 즉, **행복**이란 욕구가 충족되어 느끼는 **만족**이나 **긍정적 감정**을 말한다. **삼성경제연구소**에서는 "**행복이란 삶의 전반에 대한 만족과 긍정적 정서를 많이 경험하며 삶의 가치를 느끼는 정도를 의미한다.**"고 하였다. 이와 같이 **행복**은 객관적인 조건보다는 주관적인 마음의 상태에 의해 좌우되는 것으로, 마음 안에 있는 **무형적이고, 긍정적인 정서**에서 나온다.

행복은 무의식적 활동을 통해 얻어지는 것이 아니라, 자신이 선택하고 의도적으로 행할 때에만 얻을 수 있는 긍정적이고 적극적인 감정이다. 만족감이 충족될 때 분비되는 세로토닌, 엔돌핀이 행복과 관련된 물질이다. 쾌락주의자 **에피쿠로스학파**는 "**쾌락과 유쾌한 감정이 행복이요, 인생의 최고 목적지**"라고 하였다.

긍정심리학자 **마틴 셀리그만**(Martin Seligman, 1942~)은 다음 그림 [Ⅳ-2]와 같이 "**진정한 행복이란 성격의 강점을 일상에 발휘하면서 ① 즐거운 삶, ② 충실한 삶, ③ 의미 있는 삶이 어우러지는 것**"이라고 하였다. 그 중에서 **의미 있는 삶**이 가장 행복하다고 하였다.

이러한 행복은 사람들이 갖는 각자의 가치관에 따라 개념이 서로 다르다. 위의 **마틴 셀리그만**의 3가지 행복한 삶의 형태는 다음과 같다.

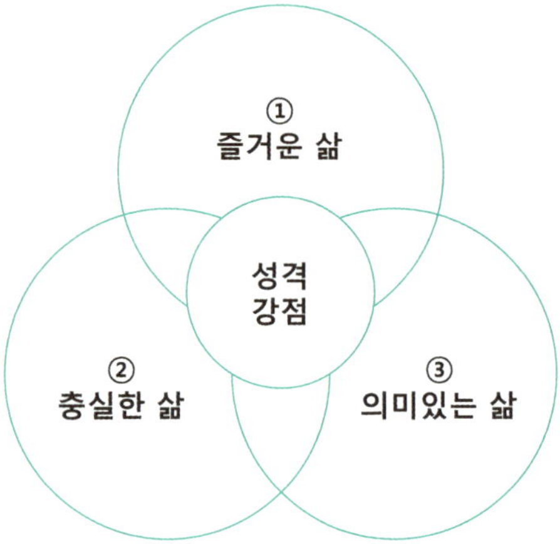

그림 [Ⅳ-2] 진정한 행복의 형태

① **즐거운 삶** - 자신의 삶에 만족하며 즐거워하는 **안락한 삶**을 행복으로 본다. 이를 위해서는 삶의 만족과 긍정적 정서에 대한 심리적 메커니즘을 이해하는 것이 중요하다.(**안락주의적 행복관**)

② **충실한 삶** - 자신의 일에 열정적으로 몰입함으로써 잠재 능력을 발휘하여 **자기실현**의 욕구를 충족하는 삶을 행복으로 본다.(**자기실현적 행복관**)

③ **의미 있는 삶** - 자기실현적 삶과 사회 공헌을 위한 삶을 함께 하는 것으로 지역 사회와 국가를 위해 공헌하고 있다는 가치와 의미 있는 삶을 행복으로 본다.(**사회 공헌적 행복관**)

행복은 모두가 열망하는 것이지만 자신의 행복 수준을 판단할 수 없는 무형물이다. 행복은 볼수도 없고, 만질수도 없는 마음의 상태와 관련된 다양한 성질의 것이다. 그러므로 행복은 절대적이 아니라 상대적 개념이라 할 수 있다. 예를 들면, 동일한 일을 하여도 행복하다고 느끼는 사람이 있는가 하면, 불행하다고 느끼는 사람도 있다. 같은 생활환경에서도 행복한 생활을 하고 있다고 느끼는 사람이 있는가 하면, 나는 왜 이렇게 불행하게 사는가? 하는 사람이 있다. 그러므로 **행복**은 외적 환경에서 오는 것이 아니라 **자기의 내적 마음에서 오는 것이라 할 수 있다.** 사람들은 서로 다른 행복의 기준을 가지고 있어 가치관에 따라 행복의 개념이 다르다.

이와 같이 **행복**이란 생활에서 충분한 만족과 기쁨을 느끼어 흐뭇함, 만족이나 기쁨을 나타내는 심리상태를 의미한다고 할 수 있다. **행복**은 인간의 정서적인 측면에서 오는 것이고, 주관적 감정이므로 사람마다 다를 수 있다. 꽃잎이 모여 꽃이 되고, 나무가 모여 숲이 되듯이 **행복**은 다음 그림 [Ⅳ-3]에서 보는 바와 같이 하나의 요소에 의해서만 이루어지는 것이 아니다. **성공**을 중심으로 **건강, 배우자, 재산, 일, 친구, 인간관계, 사랑, 즐거움, 기쁨**, 희열, 평온, 의미, 보람, 충실, 희망, 친절, 겸손, 관대, 신뢰, 취미, 배움, 봉사, 가치관, 의욕, 몰입, 재미 등의 **행복 요소**의 결합과 융합에 의하여 이루어지는 **만족한 긍정적인 감정 상태**가 행복이다. 반면에 **불행 요소**로는 분노, 질투, 슬픔, 후회, 탐욕, 교만, 분개, 죄의식, 열등감, 자기 연민, 거짓, 허영, 교만 등이 있다.

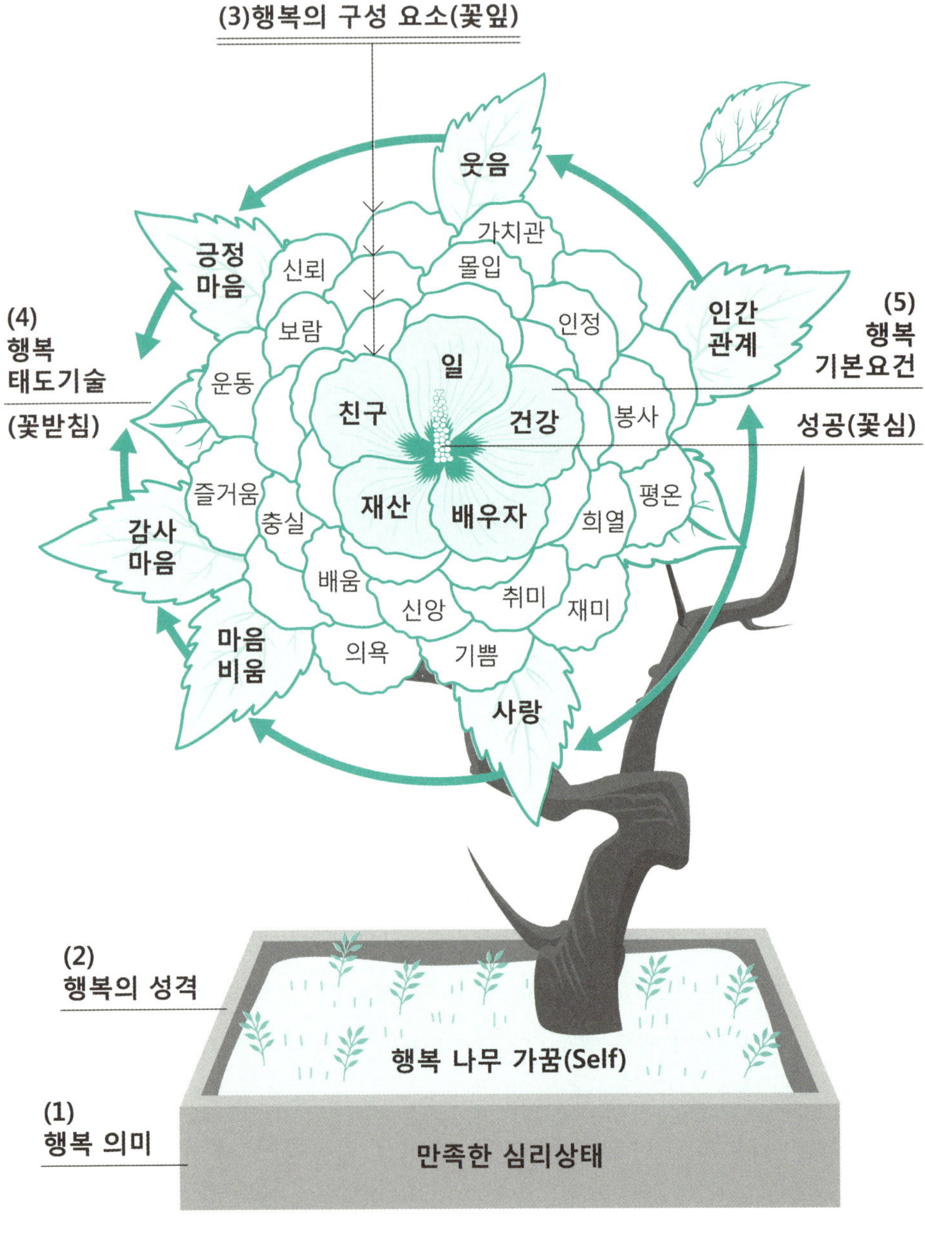
(3)행복의 구성 요소(꽃잎)
웃음
가치관
긍정 마음
신뢰
몰입
(4) 행복 태도기술
(꽃받침)
보람
인정
인간 관계
(5) 행복 기본요건
운동
일
친구
건강
봉사
성공(꽃심)
즐거움
충실
재산
배우자
평온
희열
감사 마음
배움
신앙
취미
재미
마음 비움
의욕
기쁨
사랑
(2) 행복의 성격
행복 나무 가꿈(Self)
(1) 행복 의미
만족한 심리상태

[Ⅳ-3] 행복한 마음의 꽃

그러므로 행복을 만드는 것은 자기 자신이며, **마음을 비우고, 웃음으로 생활하며, 현실을 긍정적으로 받아들이고, 사랑하며, 매사에 감사하는 태도로 살아가면 행복감을 자라게 할 수 있을 것이다.** 행복감은 우리의 삶에 있어서 종합 비타민과 같다. 인생의 행복과 불행은 재산, 지위, 명예, 권력 등의 그 자체에 있는 것이 아니라 그것들은 단지 행복을 위한 수단에 불과할 뿐이다. 행복에 대하여 어떤 생각과 태도를 갖느냐에 따라 인생의 행복이 결정된다.

행복은 부유하다고 해서 반드시 행복한 것도 아니다. 세계에서 가장 행복한 사람들은 세계에서 가장 못 사는 나라인 **부탄** 국민들(94%가 행복)이라 한다. 따라서 **행복**은 외적 조건에 달려 있는 것이 아니라 내적 조건 즉, **자기 마음**에 달려있다고 볼 수 있다. 어떤 사람이 항상 자신을 불행하다고 말한다면, 그 사람은 행복을 깨닫지 못하기 때문이다.

도스토예프스키(Dostoevskii, 1821~1881)는 "**행복이란 누가 주는 것이 아니라 스스로 찾아내는 것**"이라 하였다. 어떤 철학자는 "**파랑새(행복)를 찾기 위해 진종일 헤매었으나 결국 찾지 못하고 몸이 지쳐 집에 돌아와 보니 처마 밑에 있음을 발견하였다.**"고 말하였다. 이와 같이 행복은 외부환경이나 먼 곳에 있는 것이 아니고 가장 가까운 나의 마음 속에 만족할 줄 아는 마음가짐을 깨닫고, 스스로 찾아 만들어야 한다.

★ **인간 삶의 3형태**

인간의 삶은 과거 지향적인 삶, 미래 지향적인 삶, 현재 지향적인 삶과 같이 3형태로 분류할 수 있다.

① **과거 지향적인 삶** – 향수어린 과거에 집착한 나머지 현재나 미래를 생각한다면, **우울한 삶**을 살게 된다.
② **미래 지향적인 삶** – 미래의 목표에만 매진하는 야망에 찬 사람으로 자신과 주변에 스트레스를 주게 되며 **불행한 삶**을 살게 된다.
③ **현재 지향적인 삶** – 오늘 하루가 최고로 중요한 날임을 깨닫고, 즐겁게 사랑하며 **행복한 삶**을 살게 된다.

1 행복이란 무엇인가?

누구나 삶의 궁극적 목표는 행복이라 생각하고 있을 것이다. 그러나 행복이 무엇인지 모르고 사는 경우가 많다.

어떤 사람이 이를 알고 싶어 길을 떠났다.

① 땀을 흘리며 열심히 일하는 사람을 보고 행복이 무엇이냐고 물었다. 그는 "**행복하려고 열심히 일하고 있지만 아직 행복이 무엇인지 모르겠다.**"고 대답하였다.
② 행복을 알기 위해 노(老)철학 교수를 찾아서 "**행복생활을 하고 계십니까?**"하고 물었다. 그는 "**지금까지 그것을 알기 위해 계속 연구해왔으나 아직 찾지 못하고 있다.**"고 대답하였다.
③ 또 땀을 흘리며 열심히 일하는 사장에게 행복한지 물어보았다. 그는 "**행복한 삶을 살기 위해 열심히 사업을 하고 있지만 아직**

까지 행복이 무엇인지 모르겠다."고 대답하였다.

④ 다음은 재벌 회장을 찾아가 "**회장님! 산하 수 십 개 계열 기업을 가지고 계신데 행복하십니까?**"라고 물어보았다. 그의 대답은 "**그것을 알기 위해 평생 돈을 벌고 있으나 아직 행복하지 않다.**" 였다.

참으로 답답한 일이었다. 행복을 찾기 위해 많은 사람들을 만났지만 해답을 듣지 못하고 집으로 돌아오는 길이었다. 차가운 날씨에 지하철 입구에서 노숙하는 걸인을 만났다. 혹시나 싶어 행복을 아시냐고 물어보았다. 그의 대답은 간단했다. "**예! 알지요. 오늘 저녁 먹을 끼니와 잠잘 곳만 있으면 행복하지요!**"였다. 역시 행복은 저 멀리 있는 것이 아니고, 자기의 마음 속에 있음을 알게 되었다. **일체유심조**(一切唯心造)이다. 과욕을 버리고 매사에 감사하게 생각하면 행복감을 찾게 된다.

2 행복의 발견

행복의 의미를 다음과 같이 정리하여 표현할 수도 있다. 이를 종합하여 자기 자신만의 행복의 의미를 정립해 보자!

① 행복은 **자기만족**이다. 욕망을 낮추거나 버려야 한다.

② 행복은 스스로 움직이지 않기에 찾아오는 것이 아니라 **자신이 찾아가야 한다.**

③ 행복은 먼 곳에 있는 것이 아니고 가까운 **자기 마음속**에 있다.

④ 행복은 **내 마음 속**에 있으므로 자기 안에서 스스로 찾아야 한다.

⑤ 성공한 사람이 모두 행복한 것은 아니며, 행복한 사람이 모두 성공하는 것도 아니다.

⑥ 인간의 욕망은 무한하다. 그 **욕망**을 줄이거나 **절제**하지 않으면 행복을 찾기 어렵다.

⑦ **욕망**과 **성취**가 바람직한 **균형**을 이룰 때, 진정한 행복으로 가는 길이다.

⑧ **행복**은 배우고, 노력하며 연마하여야 누릴 수 있는 **기술**이다.

⑨ 인간의 욕망은 무한하여 그 충족이 어려워 언제나 불행을 느끼게 된다.

⑩ 자기 자신이 오직 만족을 느끼고(吾唯知足), 언제나 **감사하는 마음**이 행복생활을 만든다.

⑪ 인생의 최선의 목적은 행복생활이다.

⑫ 자기 자신만의 생각과 태도에서 벗어나야 비로소 행복을 맛볼 수 있다.

⑬ 행복은 눈에 보이지 않는 **무형체**로써 자기 스스로가 마음을 느끼고 만들어야 한다.

⑭ 행복은 부정적인 정서를 끊음과 동시에 **긍정적인 정서**로 전환할 때 얻을 수 있다.

⑮ **감사 체질**은 행복을 여는 어머니요, **마스터키**(master key)이다.

⑯ **삶의 목적의식**과 **사명감**을 가지고 살아갈 때, 행복생활을 맛볼 수 있다.

⑰ 인생은 구하는 것이 없게 될 때, 스스로 행복이 오게 되어 있다.

⑱ 행복은 재물도, 명예도, 지위도, 운명도 아니라 자기 노력에 의해 필요충분조건을 만족할 줄 아는 마음가짐이다.

⑲ 행복은 **심적 가치관**과 **자신의 마음**에 의해 영향을 받는다.

⑳ 행복생활과 성공 모두에 영향을 주는 가장 중요한 요소는 **인간관계**이며, 이에 좌우된다.

㉑ 행복은 **만족**이 **욕망**보다 클 때 얻을 수 있고, 욕망이 만족보다 크면 불행하다.

㉒ 인생의 행복과 불행은 행복에 대해 어떤 생각을 가지고 있느냐에 따라 결정된다.

㉓ 가장 **행복한 사람**은 현실에 만족하고, **감사하며 사는 사람**이다.

㉔ **행복**은 욕심의 수준을 낮출 때 찾아온다.

㉕ **행복**이란 누가 주는 것이 아니라 **스스로 찾아야** 하는 것이다.

㉖ **행복과 불행의 크기**는 처음부터 결정된 것이 아니며, 그것을 받아들이는 **사람의 마음**에 따라 결정된다.

㉗ 행복은 나는 행복한 사람, 나는 정말 행복한 사람이라는 셀프(self)로 노랫말을 반복하면 찾아온다.

㉘ 행복을 가까이 두고도 보지도, 찾지도 못하고 헤매며 찾지 못한다. **행복**은 **자기선택 사항**이고 **셀프**이다.

★ 나의 고백

행복은 먼 곳에 있지도 않고, 미래에 있지도 않고, 돈으로도 살 수 없으며 오직 내 마음 속에 있음을 깨닫게 되었다. 사람들 중에 볼 수만 있다면, 들을 수만 있다면, 다리가 건강하다면, 일어설 수만 있다면, 걸을 수만 있다면... 얼마나 행복할까 하면서 간절하게 기도하는 사람이 있다. 나는 이 모든 것을 다 가지고 있으면서도 행복을 느끼지 못하며 살아왔다. 이제부터 나의 삶에 날마다 감사하면서 만족하며 살아야 하겠다. 내가 얼마나 행복한 사람인지 날마다 깨달아야 하겠다.

우리나라 헌법 10조 1항에 모든 국민은 인간으로서 존엄과 가치를 가지며 **행복**을 **추구할 권리**를 가진다고 되어 있다.

(2) 행복의 성격

행복은 어디로부터 오는가? 사람들은 물질로부터 온다는 믿음을 많이 가지고 있다. 그러나 **행복**은 여러 가지 요소의 결합이며, 자기 자신의 내적 마음에서 이루어진다. 성공을 하여 부와 지위, 권력, 명예를 얻으면 행복할 것 같지만 행복하다고 말하기 어렵다. **행복은 외적 요인에 의해 찾아오는 것이 아니다. 자신의 마음에서 찾아야 한다.**

일체유심조(一切唯心造)라는 말과 같이 오직 자기 마음에서 얻어지는 것이다. 자기 마음 자세는 선택하고 조정할 수 있다. 결과적으로 행복과 불행도 자신의 마음에 달려있는 것이다.

행복의 성격은 실체가 없는 주관적인 개념으로 눈에 보이지 않지만 들판에 핀 꽃에서 향기가 나듯이 마음 속으로 스며드는 기**쁜 마음**을 의미한다. 유럽을 제패한 황제 **나폴레옹**은 "**죽을 때 내 인생에 행복한 날은 고작 6일밖에 없었다.**"고 하였다. 반면에, **헬렌 켈러**는 눈이 멀고 귀가 먹어 들을 수 없었지만 "**내 생애 행복하지 않은 날은 단 하루도 없었다.**"라고 하였다. 행복은 생각하고 느끼는 관점에 따라 달라짐을 알 수 있다.

행복은 절대적 기준이 있는 것이 아니라 스스로 자기 마음에서 만드는 것이다. 인간의 욕망은 무한하므로 무한한 욕망을 채울 수 없다. 따라서 "**허심무욕(虛心無欲)**하면 **도래행복(渡來幸福)**이다."라는 말과 같이 자기 마음을 비우고 욕심을 버리면 스스로 행복이 찾아온다. 또한 "**도인무구(到人無求)**하면 **내자행(來自幸)**이다."라는 말과 같이 사람이 구하는 것이 없는 수준에 도달하면 행복이 스스로 찾아온다.

링컨은 "**사람은 자신이 행복해지겠다고 결심한 의지만큼 행복해진다.**"고 하였다. 행복은 그렇게 되고자 하는 의지의 문제이다. 행복은 우연히 찾아오는 행운이 아니라 마음을 열고 욕심을 줄이며, 자기 마음을 통제(control)함으로써 얻어지는 것이다. 또한 행복생활은 영원한 것이 아니라 변하기 때문에 자기 노력에 의해서 유지·발전시킬 수 있다. 지혜의 왕 **솔로몬(Solomon)**의 말처럼 이 세상에 영원한 것은 아무것도 없다.

공자는 "**행복하고 지혜롭게 살기 위해서는 끊임없이 변화해야 한다.**"라고 말했다. 한번 행복했다고 해서 그것이 영원히 지속되지 않는다. 불행도 계속해서 불행한 것은 아니다. 이 세상에 잠깐만 행복하기를 바라는 사람은 아무도 없을 것이다. 그러므로 행복을 지속하기 위해서는 목표를 세워 관리하여야 하고, 행복을 찾기 위해서는 마음의 관리를 계속해야 할 것이다.

행복수준을 높이기 위해서는 성취 수준을 높이거나 욕망을 줄이는 방법이 있다. 그러므로 마음을 비우거나 욕망을 줄임으로써 행복수준을 높일 수 있다.

$$※\ 행복수준 = \frac{행복\ 영향요인(성취)}{욕망}$$

행복이 갖는 성격을 요약해 보면 다음과 같다.

① 행복은 우연히 찾아오는 것이 아니다.
② 성공하였다고 해서 반드시 행복한 것은 아니다.
③ 행복은 긍정적 생활에서 올 수 있다.
④ 행복은 감사하는 체질에서 얻을 수 있다.
⑤ 진정한 행복은 자기의 마음에서 이루어진다.
⑥ 행복은 부단한 노력과 변화에서 이루어진다.
⑦ 행복의 가장 **중요한** 영향요인은 **인간관계**와 **사랑**이다.
⑧ 행복은 무형체이며, 주관적이고 상대적이다.
⑨ 행복은 목표를 세우고, 실천하는 습관이 필요하다.
⑩ 행복은 자기가 선택해야만 얻을 수 있다.
⑪ 행복은 배워서 누릴 수 있는 기술이다.
⑫ 자신의 직무에 몰입하여 만족감이나 기대감에서 느낄 수 있다.

★ 사랑과 행복생활을 위한 자세

① 긍정적 사고
② 감사하는 마음
③ 환경에 순응
④ 이타적 자세
⑤ 양보와 타협
⑥ 장점만 바라봄
⑦ 공존하는 자세
⑧ 배려와 존중
⑨ 욕구를 줄임(버림의 미학)

(3) 행복한 사람과 불행한 사람

행복한 사람	불행한 사람
긍정적 정서	부정적 정서
만족, 기쁨, 즐거움, 사랑, 희열, 재미, 웃음, 평온, 관대함, 친절, 보람, 가치관, 인정, 희망, 긍정적 사고, 신뢰, 동정심 등을 느낌	슬픔, 분노, 질투, 탐욕, 후회, 교만, 분개, 자기연민, 죄의식, 열등감, 허영, 교만, 거짓, 괴로움, 부정적 사고, 불신, 공포, 우울 등을 느낌
• 웃으며 말하는 사람 • 일을 보람으로 아는 사람 • 감사하며 먹는 사람 • 남의 칭찬을 자주 하는 사람 • 남의 이야기를 잘 듣는 사람 • 남을 위해 기도하는 사람 • 고마웠던 일을 마음에 담는 사람 • 남이 잘 되는 것을 축복하는 사람 • 자기의 잘못을 뉘우치는 사람 • 차가 있음에도 걷는 사람 • 누구에게나 배우려는 사람 • 공과 사가 분명한 사람 • 하는 일을 긍지로 여기는 사람 • 겸손과 양보가 체질화된 사람 • 좋아하는 사람이 많은 사람 • 모든 것을 긍정적으로 생각하는 사람 • 항상 감사하는 마음으로 사는 사람 • 죽음을 당연한 것으로 생각하는 사람	• 투덜대며 말하는 사람 • 일을 의무로 아는 사람 • 불평하며 먹는 사람 • 자기 자랑을 자주 하는 사람 • 했던 말을 또 하는 사람 • 자기만을 위해 기도하는 사람 • 섭섭하였던 일만 마음에 두는 사람 • 남의 잘됨을 질투하는 사람 • 자신의 잘못을 모르는 사람 • 걸을 수 있는데 차를 타는 사람 • 자신을 만물박사로 주장하는 사람 • 공과 사를 구분 못하는 사람 • 할 일을 불만스럽게 여기는 사람 • 교만과 거만함이 체질화된 사람 • 미워하는 사람이 많은 사람 • 모든 것을 부정적으로 비판하는 사람 • 항상 불평과 불만으로 사는 사람 • 죽음을 끝이라 두려워하는 사람

행복한 사람	불행한 사람
• 자기보다 못한 사람과 비교하는 사람 • 행복은 자신의 마음에서 기인된다고 보는 사람 • 자신에게 엄격하고, 남에게는 부드러운 사람 • 가슴을 펴고 당당히 걷는 사람 • 할 일을 다 하고 천명(天命)을 기다리는 사람 • 좋았던 일들만 생각하는 사람 • 행복은 마음의 내면에 있다고 생각하는 사람 • 남의 약점을 보고 깨닫는 사람 • 남의 장점을 보고 본받으려는 사람 • 나보다 못한 사람을 생각하는 사람 • 자신의 장점을 자랑하는 사람 • 자신이 가진 것에 만족해하는 사람	• 자기보다 나은 사람과 비교하는 사람 • 불행은 외부 환경에서 기인된다고 보는 사람 • 자신에게 후하고, 남에게는 가혹한 사람 • 고개를 숙이고 걷는 사람 • 시작도 하지 않고 요행만을 기다리는 사람 • 나빴던 일들만 생각하는 사람 • 행복은 외부 환경에 있다고 생각하는 사람 • 남의 약점을 비난하는 사람 • 남의 장점을 보고 시기하는 사람 • 나보다 나은 사람과 비교하는 사람 • 자신의 단점을 한탄하는 사람 • 남이 가진 것을 부러워하는 사람

5. 행복생활의 태도기술

행복한 생활을 만들어 주는 태도 기술에는 어떤 것이 있을까?

행복생활은 외부에서 누군가가 만들어 주는 것이 아니라 긍정적인 인생관을 지니고 스스로 만들어 가야 하는 것이다. 행복은 무의식적으로 얻어지지 않고, 의도적으로 행할 때 얻어질 수 있는 적극적인 감정이며, 배워서 누릴 수 있는 기술이다.

행복생활을 위한 태도기술에는 그림 [Ⅳ-4] **행복생활 형성과정**에서 보는 바와 같이 ① **긍정적인 마음**에서 행복이 태어나며, ② **감사**가 행복생활을 이끌게 하며, ③ 욕구나 욕망을 절제하여 마**음을 비움**으로써 행복이 채워지며, ④ **성숙된 사랑**의 실천과 **웃음**이 행복을 만들어 낸다.

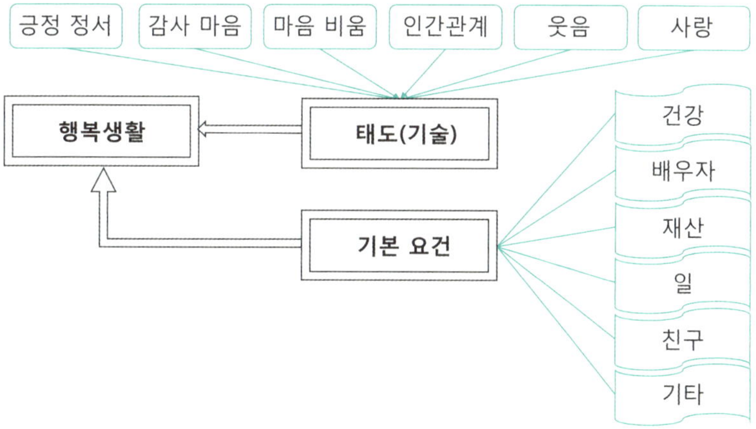

그림 [Ⅳ-4] 행복생활 형성과정

(1) 긍정적인 마음 자세

행복한 인생으로 살아가기 위해서는 모든 사항에 대해 올바르게 생각하는 **긍정적인 마음**(mind)이 중요하다. **긍정적인 마음**은 위기 상황 하에서도 위기를 기회로 생각하게 해 주고 상황에 적극적으로 대처하게 해 줌으로써 **행복한 상황**으로 바꾸어 줄 수도 있다. 긍정적인 생각을 하면 우리의 뇌에서는 희망적인 생각으로 이끌어 주는 **도파민**이 분비되기 때문에 좋은 결과를 얻을 수 있는 것이다. 즉, "**나는 할 수 있다.**"라는 긍정의 자세를 가지고 살아가는 사람은 일을 잘 해낼 수 있는데 필요한 에너지를 얻을 수 있고, 그 일을 해야만 하는 **동기부여**(motivation)가 될 수 있다. 그 결과 행복한 삶을 살 수 있게 되는 것이다. 즉, **긍정적인 정서**는 행복을 낳고, **부정적인 정서**는 불행을 가져온다.

행복과 불행은 처한 환경을 어떻게 보는 가에 따라 결정된다. 불행한 사람은 "Impossible"이라는 단어를 불가능으로 보지만, 행복한 사람은 "I'm possible"이라는 가능성으로 보게 된다. 이와 같이 **행복한 사람은 매사에 긍정적이다**. 행복과 성공은 긍정적인 생각에서 출발하는 경우가 많다. 긍정적인 요소가 **잠재능력**을 일깨우고, 무엇인가를 성취해낼 수 있게 해 주기 때문이다. 긍정적인 정서가 습관화된 사람은 행복의 기본 수준도 높다. 이러한 **긍정적인 정서**는 **낙관성**, **생활만족도**, 그리고 **감사하기**로 구성된다.

① 낙관성 - 주어진 상황이 언젠가는 좋아지리라는 믿음을 지니는 정도이다. 행복지수가 높은 사람은 낙관적이다.
② 생활만족도 - 자신의 생활을 통해 즐거움과 성취 보람을 느끼는 정도이다. 현재 자신의 생활에서 느끼는 심리적 만족이다.

행복생활을 원한다면 자기의 **긍정적인 정서**를 찾아내야 한다. **긍정적인 정서**(유쾌한 정서)에는 희망, 기쁨, 만족, 즐거움, 사랑, 평화,

친절, 겸손, 관대, 진실, 신뢰 등이 포함된다. 자신의 생활을 긍정적으로 보는 습관이 생긴 사람은 이 세상의 모든 것을 긍정적으로 보며 행복생활에 이르게 된다. 그러므로 이 세상에서 **가장 행복한 사람**은 모든 것을 긍정적으로 생각하는 사람이라 할 수 있다.

장미꽃은 아름답지만 가시를 가지고 있다. 장미꽃이 가지고 있는 가시를 두려워하고 크게 보는 사람이 있는가 하면, 가시는 보지 않고 아름다운 꽃만 보는 사람도 있다. 여기서 전자는 부정적인 생각을 가진 사람이고, 후자는 긍정적인 생각을 가진 사람으로 매사가 행복할 것이다. 이와 같이 **긍정적인 마음**은 행복감을 더욱 느끼게 해 줄 뿐만 아니라 긍정적인 마음에서부터 만족과 기쁨 등의 행복생활의 열매가 자라게 되는 것이다.

우리가 긍정적인 생각으로 세상을 바라보면 모든 것이 긍정적이고 행복해 보이나, 부정적으로 세상을 보면 모든 것이 부정적이고 불행해 보인다. 그러므로 이 세상에서 가장 행복한 사람은 모든 것을 긍정적으로 살아가는 사람이다.

(2) 감사하는 마음의 자세

인생후반기에 들어서면, 과거에 화려했던 시절의 명예와 권력 등은 뜬 구름처럼 지나가버린 허망한 물거품과 같다. 최선을 다해 성공은 하였으나 행복하다고 느끼는 사람은 별로 없다. 따라서 **성공**은 지금의 행복생활과는 별로 관계가 없다. 그렇다면 지금의 행복생활은 어디서 찾아야 할 것인가?

빌 헬름 웰러는 **"가장 행복한 사람들은 가장 많이 소유한 사람이 아니라 가장 많이 감사하는 사람이다."**라고 하였다. 삶에 감사하는 마음을 가지고 사는 것이 **행복한 삶의 원천**이다. 따라서 현재 자신의 현실에 대하여 감사하며, 현재 만나는 사람에게 감사하고, 현재 하는 일에 감사한다면 행복한 생활을 할 수 있을 것이다. 내 가족들, 친척들, 친구들, 내 주위의 모든 분들에게 항상 감사하는 마음과 매사에 감사하는 생활 태도를 가지도록 노력하여야 한다.

지금 현재 상황에서 행복해지려면 감사하는 마음을 가지는 태도를 배워야 할 것이다.

인도의 시성(詩聖) **타고르**는 **"감사의 분량이 곧 행복의 분량이다."**라고 하였으며, **아리스토텔레스**는 **"행복은 감사하는 사람의 것이다."**라고 하였다. **사도 바울**은 **"범사에 감사(appreciation)하라"**고 하였다. 행복은 먼 곳에 있는 것이 아니고, 가장 가까운 곳에 있다. 즉, 자기 마음속에 있다는 것이다. 매사에 **감사하는 마음**을 가진다면 행복을 찾을 수 있게 된다는 것이다. **존 헨리 박사**는 **"감사는 최고의 항암제요, 해독제요, 방부제이다."**라고 하였다. **탈무드**에서도 **"세상에서 가장 사랑받는 사람은 모든 사람을 칭찬하는 사람이요, 가장 행복한 사람은 감사하는 사람이다."**라고 말하고 있다. 한 연구에 의하면, 매일 감사하며 사는 사람들은 그렇지 않은 사람보다 평균 7년을 행복하게 더 오래 산다고 하였다.

진정으로 우리에게 행복을 가져다주는 것은 **감사**(感謝)라는 삶의 태도에 있다. 결과적으로 **"행복은 감사하는 마음에서 나온다."**라고 할 수 있다. 항상 기뻐하며, **감사**하면 우리 신체의 면역 체계를 강화시켜 주기도 한다. 인생에 있어서 가장 멋진 일은 모든 일에 **감사**하는 것이다. 이를 터득한 사람은 삶의 의미를 아는 사람이다. 감사하는 사람은 행복이라는 정상에 올라가 있다고 할 수 있다. 결론적으로 "**행복을 가져다는 주는 것은 감사**"라는 삶의 태도에 있다.

지혜로운 사람은 행복이 외부 환경에서 오는 것이 아니라 **감사하는 마음**에서 온다는 것을 알고 있다. 오늘 하루도 서로 감사하는 마음으로 산다면 반드시 행복이 찾아오게 될 것이다. 이와 같이 **감사지수**가 높은 사람은 **행복지수**도 높다. 반면, 감사지수가 낮은 사람은 개인주의, 이기주의, 교만한 사람, 불평 많은 사람에 해당된다.

감사는 **행복의 문**을 여는 **열쇠**요, **행복**의 **원천**이며, **행복**의 **마스터키**라 할 수 있다. **감사하는 마음**은 다음 그림 [Ⅳ-5]에서와 같이 **사랑하는 마음, 만족한 마음, 평화스러운 마음, 겸손한 마음, 안정적인 마음, 긍정적인 마음**을 가짐으로써 결과적으로 감사한 마음의 꽃을 피우게 된다.

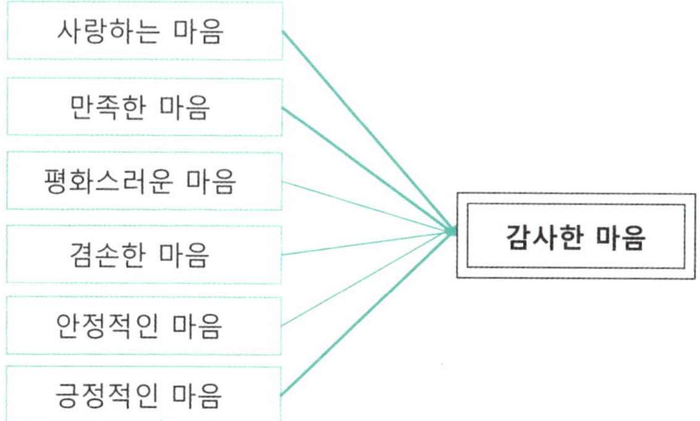

〈그림 Ⅳ-5〉 감사한 마음의 형성

스트레스 연구로 노벨 의학상을 받은 캐나다 몬트리올 대학교수 **한스 셀리에**(Hans Selye, 1907~1982)박사가 미국 하버드대학교에서 강연을 마치고 난 후, 한 학생으로부터 질문을 받았다. "**오늘날 스트레스 홍수시대에 스트레스**(stress)**를 받지 않으려면 어떻게 하나요? 한 말씀 해 주십시오!**" 그는 짧게 "**감사**(appreciation)"라고 하였다. 이는 감사가 스트레스의 명약이며, 작은 일이나 하찮은 일에도 감사하는 마음을 가지는 것이라는 의미이다. 종교인이 항상 감사하다는 기도를 드리는 것과 같이 나의 몸에도, 또 나와 같이 있는 사람에게도 언제나 감사한 마음을 가지는 것이 중요하다.

"감사는 쉽고도 어려운 문제이지만 항상 **감사**하며 사는 것이 곧 **행복**이다. 오늘 내가 존재함에 감사, 건강함에 감사, 일할 수 있음에 감사하면 행복감은 스스로 찾아올 것이다. 감사할 일이 없다고 생각할 수도 있으나 감사할 일은 무수히 많다. 아침에 눈을 떴다는 사실에 감사하며, 눈으로 볼 수 있어서 감사하고, 편안하게 숨 쉴 수 있음에 감사하며, 내가 원하는 곳에 걸어갈 수 있음에 감사하다. 나를 키워주신 부모님께 감사하며, 같이 사는 배우자와 자녀들에게 감사하며, 나와 함께 교류하는 친구들에게 감사하고, 나를 가르친 스승에게 감사하며, 나를 도와준 여러분에게 감사하고, 내가 살고 있는 국가와 사회에 감사하다. 이와 같이 산다면, 이것 모두가 나를 행복하게 만드는 것이 될 것이다."

"나에게 오늘이 있다는 것은 크나큰 선물이며, 이 선물을 감사하게 생각하고, 즐겁게 삶을 살아간다면 행복한 삶이 찾아 올 것이다.

건강한 신체가 있음에도 환경을 원망하는 사람이 있는가 하면, 두 팔과 두 다리가 없음에도 살아있음에 감사하는 사람이 있다. 결과적으로 감사한 마음을 가지므로 행복한 생활이 이루어진다. 감사한 마음으로 살다보면 어느 날이든지 행복하지 않는 날이 없게 된다."

행복은 결국 **긍정적 마음**에서 태어나고, **감사**를 먹고 자라며, **사랑**으로 완성된다는 진리를 가르쳐주고 있다. 매사에 감사하는 마음을 가지도록 훈련을 함으로써 감사가 체질화될 때 행복생활을 차지할 수 있다. 일상에 감사하며 살자! 삶에 감사하는 마음을 가지고, 매사에 임하는 것이 행복한 삶의 원천이다. 그러므로 감사한 마음을 체질화하여야 한다.

손이 절단된 한 환자는 "**병원에서 청소하는 분들이 정말 부러워요. 만약 저에게도 손이 있어서 일할 수 있다면 얼마나 감사할까요?**"라고 하였다고 한다. 건강한 것만으로도 감사한 일이다.

폐암에 걸린 환자는 "**세상에서 가장 쉬운 것이 숨 쉬는 것인 줄 알았는데, 폐암에 걸리고 보니 숨 쉬는 것이 가장 힘드네요!**"라고 하였다. 우리가 호흡할 수 있는 것도 감사한 일이다.

어느 날 **루즈벨트** 대통령 댁에 도둑이 들었다. 그러나 그는 도둑이 내 목숨을 노리지 않았고, 일부 물건만 훔쳐갔고, 내가 도둑이 아니란 점 때문에 도둑을 원망하지 않고, 오히려 감사하게 생각하였다.고 한다.

★ 실업가 스탠리 박사 이야기

미국의 실업가 **스탠리 탠** 박사는 1976년에 척추암 3기라는 진단을 받고 절망에 빠졌다. 척추암은 수술로도, 약물로도 치료가 어려운 병이었다. 사람들은 그가 죽을 거라고 생각하였다. 그러나 그는 몇 개월 후 일어나 출근하였다. 사람들이 깜작 놀라 병이 낫게 된 이유를 물었다. "아! 네! 하나님께 감사만 했습니다. 하나님! 병들게 된 것도 감사합니다. 죽게 되어도 감사합니다. 살려주시면 살고, 죽으라면 죽겠습니다. 매순간마다 감사하고 감사했더니 암세포가 없어지고 건강을 되찾게 되었습니다."라고 하였다.

※ 미국에는 약물치료법보다 **감사치유법**이 유행하고 있다고 한다.

(3) 마음을 비우는 자세

행복은 자기만족이기 때문에 자기 스스로가 만족하도록 만들어야 한다. 만족하려면 마음을 비우고 **욕구**를 줄여야 한다. 자기의 무한한 욕망을 절제하고 마음을 비울 때 행복은 서서히 찾아온다. 소박하고 욕심 없는 마음을 가진 사람이 행복한 사람이다. **소크라테스**는 "**원하는 것이 적을수록 행복에 가까이하고 있다.**"라고 하였다. 아무 것도 바라지 않는 것에 최고의 행복이 있다.

법정스님의 「버림의 미학」이라는 책에서는 "**복잡하게 살지 말고, 반드시 생활에 필요한 것 외는 하나하나 버리자! 많이 가지고 있다고 해서 행복한 것이 아니라 오히려 간단하고 단순하게 살면 행복감을 느끼게 된다.**"고 하였다. 스님은 난 화분을 선물로 받았더니 장마철에 비가 오면 실내로 들여야 하고, 햇볕이 나면 외출하다가도 밖으로 내어놓아야 하는 관리의 번거로움에서 이 깨달음을 얻었다고 한다. 사용하지 않는 물건을 버려 마음의 부담을 줄여 마음이 편안한 상태가 되면 하루하루를 행복하게 보낼 수 있다고 하였다. "**연 잎은 자신이 감당할 만한 빗방울만 싣고 있다가 그 이상이 되면 미련 없이 비워버린다.**"라고 하면서 그와 같은 자연의 섭리에 따라 지나친 물건은 버리라고 하였다. 이것은 욕망이나 충동에 의한 소비를 그만두고, 정말 필요한 양질의 물건을 사서 사용함으로써 욕망으로부터 **자유로운 삶**, 행복한 삶을 살자는 것이다. 소유한 물건 전체를 100으로 볼 때, "**80대 20**"이라는 말이 있다. 그 중 80%는 꼭 필요하지 않으며, 20%만 필요하다고 한다. 이와 같이 행복은 많은 소유에 있는 것이 아니라 마음과 태도를 어떻게 갖느냐에 달려있다. 마음을 비우고, 언제나 감사하며 긍정적인 마음으로 생활하는 것이 중요하다.

(4) 웃으면서 생활하는 자세

우리는 행복하기 때문에 웃는 것일까? 철학자 **윌리엄 제임스**(William James, 1842~1910) 교수는 "**우리는 행복해서 웃는 것이 아니라 웃기 때문에 행복하다.**"라고 하였다. 미소를 지으려고 노력하면 점차 자연스럽게 얼굴에 웃음이 가득하게 되고, 사람들과 쉽게 친숙해져 생각도 바뀌고 행복해질 수 있다고 한다. 스탠포드대학 교수인 **윌리엄 프라이**(William Fly) 박사는 "**웃음은 전염되며, 웃음은 감염된다.**"라고 하였다. 한 사람의 웃음이 다른 사람에게 전달되어 분위기를 환기시키고, 이어서 전체가 **행복한 분위기**를 만들어

준다.

웃음은 우리들의 건강에 도움을 주고, 지능을 향상시키고, 수명을 연장시키고, **대인관계**를 향상시켜준다. 활짝 웃으면 뇌에 엔돌핀과 같은 쾌감 호르몬이 나와서 행복감을 느끼게 해 주는 것이다. 한 번의 웃음소리가 그 인생을 유익하게 하고, 행복하게 만든다.

웃음은 사람과 사람을 가장 가깝게 만들어 주는 **촉매제**이다. 행복을 부르는 기분 좋은 소리가 웃음이다. 행복하려면 웃고 또 웃어라! **웃음은 행복의 필수 요소**이다. 웃음은 평생 건강을 보장한다하여 돈 안 드는 **의료보험**이라고도 한다.

웃음은 일소일소(一笑一少)하여 젊음을 지켜준다고 한다. 하루 10분씩만 웃으면 수명이 30년 연장된다고 한다. 웃음은 마음을 청결하게 해 주고 사람을 고결하게 만들어 준다. 승진하거나 **리더**(leader)가 되고 싶다면 **웃음의 달인**이 되어야 할 것이다. 웃으면 어디서나 중심인물이 되기 때문이다. 웃음은 지옥에서 탈출하여 지상천국을 만들어준다. 거래상담 시에 웃으면서 진행하면 계약의 성사비율이 33배 향상된다고 한다. 그러므로 "**웃음이 없는 사람은 판매업을 해서는 안 된다.**"고eh 한다. 웃음은 부작용이 없는 명약이다. 어디서든 잘 웃는 사람과 동행하면 자연스럽게 동화된다.

행복하게 생활하기 위해서는 항상 웃음을 유지하면서 생활하는 태도를 가지도록 노력하는 것이 중요하다. 웃음만으로도 나의 삶이 배(倍)로 행복해지기 때문이다. **웃는 사람**은 웃지 않는 사람에 비해 더욱 유쾌하고 매력적이며, 사교적이고 자신감 있는 **인간관계**를 이룰 수 있다.

(5) 기타 행복생활의 기술

칠십 대가 넘어서 돈이 부족하여도, 부자가 아니어도, 성공을 못 하였어도 행복하게 살아가는 비법은 다음과 같다.

① **분노를 참자** – 칠십 세가 넘어 버럭 화를 내는 건 건강에 백해무익(百害無益)하다. 어느 연구에 따르면, 화를 자주 내고, 분쟁을 많이 하는 사람일수록 수명이 짧아진다고 한다. 나이를 먹을수록 여유를 가지고 곱게 늙어야 대접을 받을 수 있다.

② **현재를 만족하자** – 현재 없는 것에 불만을 가지지 말고, 현재 있는 것에 만족하며 감사하게 생각하여야 한다. 더 많이 가진다고 해서 더욱 행복해지는 것도 아니다. 소유한 만큼만 만족하며 살면 된다. 소유의 노예가 되면 몸과 마음을 피곤하게 하여 불행하게 될 수도 있다.

③ **활동을 하자** – 나이가 들수록 방에만 있지 말고 산책을 하던, 운동을 하던 밖으로 나가 활동을 하여야 한다.

④ **사랑을 실천하자** – **사랑이야 말로 행복의 절대 조건이다.** 누군가를, 무엇인가를 사랑하면 행복해진다. 아무리 이기적인 사람도 사랑하는 동안은 이타적이 된다. 보고 싶고, 함께 있고 싶고, 무엇인가 주고 싶고, 대상을 위해 시간을 쓰고 싶어진다.

⑤ **현재에서 행복을 찾자** – 공자는 "**행복은 우리가 갖지 못한 것에 있는 것이 아니다. 지금 갖고 있는 것에 존재한다.**"라고 하였다.

미래 내가 가지기를 원하는 것에 초점을 두지 말고, 현재 가지고 있는 것에 감사하며 행복을 그것으로부터 찾아야 한다.

⑥ **사람과 어울리자** – 일반적으로 노인들이 불행을 느끼는 것은 어울릴 사람이 없어 소외되기 때문이다. 사회 참여율이 높고, 많은 사람들과 상호관계를 맺을수록 긍정적인 감정이 많이 생겨난다. 인간은 역시 혼자서는 살 수 없는 존재이며, 행복도 **인간관계** 속에서 느낄 수 있다. (**인간관계의 중요성**)

⑦ **축복의 말을 하자** – 어느 조사에 따르면, 자녀들이 가장 상처를 많이 받는 말은 "**네가 제대로 하는 게 뭐 있어?**"(43%)였고, 부모가 자녀들로부터 가장 상처받는 말은 "**나한테 해준 게 뭐 있어요?**"(73%), "**엄마, 아빠 때문에 창피해 죽겠어요.**"(47%)라는 말이라고 한다.

반대로 "가장 힘이 되는 말은 무엇인가?"라는 질문에 자녀들은 "**이 세상에서 네가 가장 소중하단다.**"였고, 부모들은 "**누구보다도 우리 부모님을 존경해요.**"라는 말이라고 한다. 또 남편들은 "**당신 밖에 없어요. 당신이 최고예요.**"라는 아내의 말을, 아내들은 "**당신을 만난 것이 가장 큰 축복이야.**"라는 남편의 말을 꼽았다.

상대를 인정하는 말이야말로 가장 힘이 되고, 듣고 싶은 말인 것이다. 그런 말은 듣는 사람뿐만 아니라 하는 사람도 행복하게 만든다. 사실, 우리가 축복의 말을 할 때는 스스로도 행복해져서 밝은 표정이 절로 나오기 마련이다.

⑧ **미운 사람을 만들지 말자** – 살다보면 미운 사람이 생기게 마련이다. 미움은 대부분 나와 가까이 있는 사람 속에서 생긴다. 미

운 사람을 보면, 마음이 편할 수가 없고 기분이 나빠진다. 지금 당신에게 잘못한 사람도 분명 변명할 기회가 있다. 입장을 바꾸어 역지사지(易地思之)하면서 그를 용서하라. 이 세상에 완벽한 사람은 한 명도 없다. 미움을 갖고 살면 자신도 불행해진다. 아무도 미워하는 삶이 없을 때, 우리는 마음이 편안해지고 행복해진다.

어느 장수(長壽) 노인에게 "**지금까지 미운 사람이 없었습니까?**"라고 물었더니 "**왜 없어 있지.**"라고 대답하였다. "**그러면 어떻게 했습니까?**" 라고 물었더니 "**그냥 가만 놔두니 제가 먼저 죽어버렸어!**"라고 대답하였다고 한다.

⑨ 서로 나누며 살자 - 주는 것이 받는 것보다 행복하다는 말이 있다. 남에게 무엇인가를 줄 때, 기쁨을 느껴보지 않은 사람은 없을 것이다. 사실 있는 사람이라고 다 나누는 것이 아니고, 없는 사람이라고 아무것도 못 나누는 것은 아니다. 중요한 것은 나눌 수 있는 마음이다. 나눔은 비단 물질에 관한 것만은 아니다. 시간을 나누고, 능력을 나누는 것과 마음을 나누는 것도 포함된다. 서로 나누면 상대가 기쁘고, 기뻐하는 상대를 보게 되면 본인도 행복해 질 것이다. (**봉사의 중요성**)

⑩ 작은 것에서 행복을 찾자 - 그리스 철학자 **에피쿠로스**(Epikuros, BC 341~BC270)는 "**작은 것에서 만족하지 못하는 사람은 그 어떤 것에도 만족하지 못한다.**"라고 하였다. 자그마한 것에서 행복을 찾도록 노력하여야 한다. (**마음의 비움**)

⑪ 가까이에서 행복을 찾자 - 행복이라는 파랑새를 찾기 위해 온 종일 헤매었으나 찾지 못하고 집에 돌아와 보니 처마 밑에 있음

을 알게 되었다는 말이 있다. 행복이 멀리 있는 것으로만 착각하고, 먼 곳만 바라보다가 얻지 못하고 만다. 행복은 돈이나 지위, 명예, 권력 등에 있는 것이 아니라 자기의 마음에서 찾아야 한다. 환경적 요건과 행복이 일치할 것으로 생각하는 것은 크나큰 오산이다. 그것은 불행으로 가는 지름길인 것이다.

⑫ 마음의 문을 활짝 열자 - 미국의 16대 대통령 링컨은 "**누구든지 행복해지려고 결심한 만큼 행복해질 수 있다.**"라고 하였다. 따라서 행복은 외부에서 오는 것이 아니라 마음속에서부터 향기가 번지듯이 퍼져나오는 것이다. 그러나 행복하려는 마음가짐으로 마음의 문을 활짝 열 준비가 필요하다. (**마음의 중요성**)

6. 사랑의 의미와 실천

사랑의 의미는 무엇이며 어떻게 실천하여야 할까?

아마도 이 세상의 대부분의 사람들은 **사랑**이라는 단어를 좋아할 것이다. 그리고 사랑한다는 말을 해보지 않은 사람도 없을 것이다. 그러나 그 의미에 대해서는 깊이 생각해 본 사람은 많지 않을 것이며, 또한 사랑을 실천한다는 것이 얼마나 어려운 것인지를 아는 사람도 많지 않을 것이다. 입으로 당신을 사랑하오! 라고만 하면 사랑인 줄로 착각하는 사람들이 많다. 이에 대해 고 **김수환**(金壽煥, 1922~2009) 추기경은 "**소리와 입으로 하는 사랑에는 향기가 없다.**" 라고 하였다.

사랑이란 무엇인가?에 대한 답을 한 마디로 정의하기는 어렵지만 사랑은 인간관계에서 비롯되는 가정이나 사회 속에서 경험할 수 있는 가장 행복하고 **오묘한 감정**이라 정의할 수 있다. **사랑**은 너와 나의 가슴을 훈훈하게 해주고, 삶의 의미와 보람을 느끼며 살아갈 수 있게 해 주는 힘이 된다. 사회의 모든 문제를 해결하고, **최고의 행복**을 가져다주는 것이 바로 **사랑**이다. **사랑**은 삶이 무의미한 것을 가장 소중한 것으로 바꾸어 주고, 불행을 행복으로 바꾸어 주는 **묘약**이다. **사랑**은 죽음까지도 예방해주는 위대한 힘을 가지고 있다. 행복한 사람은 단 한사람에게라도 사랑을 받는 사람이며, **가장 지혜로운 사람은 사랑을 깨달은 사람이다.**

(1) 사랑의 의미

에리히 프롬(Erich Fromm, 1900~1980)은 자신의 저서인 「사랑의 기술(The art of loving)」에서 "**사랑은 우연한 기회에 경험하게 되는 행운이 아니라 부단히 노력하여야 하고, 연마(硏磨)함으로써 얻어지는 기술이자 지식·지혜**"라고 하였다. 그는 사랑의 조건으로 ① **상대방에 대한 배려**, ② **자신의 행동에 대한 책임**, ③ **상대방의 인격을 존중하는 경애심**, ④ **상호 이해하고 반성하는 지성**이 있어야 한다고 하였다.

"**이 세상에 공짜는 없다.**"는 말과 같이 **사랑**도 성공과 행복과 마찬가지로 노력 없이 얻어지는 것이 아니다. **진실된 사랑**은 짜릿한 장밋빛 사랑(romantic love)이 아니라 상대방에 대한 이해를 바탕으로 인격과 개성을 존중하고, 상대방을 사랑하겠다는 뜨거운 열정, 결심, 인내, 노력, 헌신, 의지가 수반되는 완전한 사랑으로 실천하는 것이다.

(2) 사랑의 양면성

사랑은 행복감을 느끼게도 하지만, 질투, 좌절, 분노와 같은 부정적인 감정을 일으키기도 한다. 그러나 **진실된 사랑**을 위해서는 질투나 분노와 같은 부정적인 감정까지도 이해하고 수용하는 과정을 겪어야 하며, 이 과정에서 인내와 노력이 필요하게 되는 것이다. 이와 같이 **사랑**은 우리에게 안정감과 행복감을 주기도 하지만 그 사랑을 유지하기 위해서는 많은 인내와 노력을 필요로 한다.

(3) 성숙된 사랑의 실천

미국의 심리학자 **로버트 스턴버그**(Robert sternberg)는 사랑의 구성요소로 크게 ① **친밀감**, ② **열정**, ③ **헌신의지**를 제시하였고, 이 세 가지 요소가 상호 작용을 함으로써 여러 가지 유형의 사랑으로 나타난다고 하였다.

① 친밀감(intimacy) – 사랑의 정서적 측면으로 서로 가깝게 하는 **연결성**이다. 이것은 가장 가깝고, 편하며, 이해하고, 공유하며, 원활한 의사소통, 상대에 대한 관심, 배려, 존중 등을 내포하고 있다. 친밀감은 만남의 횟수와 함께하는 세월의 크기에 정비

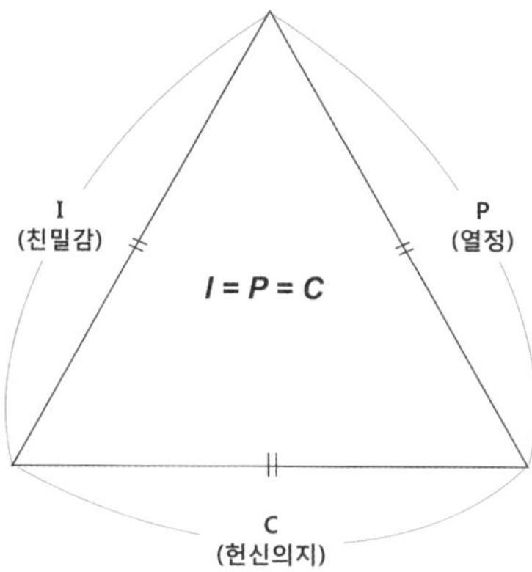

그림 [Ⅳ-6] 완전한 사랑

례하여 서서히 증가하지만, 이 시간동안 상호 노력하여야 한다. **사랑의 첫째 의무**는 상대의 말을 경청하는 자세이다(The first duty of love is listen). 이타주의로 상대방의 눈을 보며 경청하여야 한다.

② 열정(passion) – 사랑의 동기적인 측면으로 상대방을 향해 일어나는 강렬한 열정이다. 친밀감과 반대로 열정은 흐르는 세월에 반비례하여 강렬한 감정이 급속도로 냉각되므로 오래 지속되기 어렵다. 오늘날 이혼이 증가하는 세태도 이러한 열정의 냉각에서 오는 경우가 대부분으로 볼 수 있다. **열정의 냉각**을 방지하기 위해서는 무한한 **인내**와 **노력**으로 세월의 흐름에 비례하여 열정이 유지되도록 노력하여야 할 것이다. 인생 후반기에 접어들어 부부가 각자의 방에서 취침하거나 서로에 대해 무관심한 일상을 보내는 것은 바로 열정이 냉각되었기 때문이라 할 수 있다.

③ 헌신의지(commitment) – 상대방을 위해 자기의 목숨을 위탁, 수용, 헌신하겠다는 의지로, 사랑을 지키겠다는 **선택**이자 **책임**이라 할 수 있다. 이것은 결혼을 하는 동기와 결과에 대한 책임을 포함한다. **로버트 스턴버그**는 그림 [Ⅳ-6]에서와 같이 **친밀감, 열정, 헌신의지**이라는 사랑의 구성요소가 조화롭게 균형을 이루어 정삼각형을 이룰 때, "**완전한 사랑**", "**진실한 사랑**"이라고 하였고, 정삼각형이 되지 않으면 "**비(非) 사랑**", "**불완전한**

사랑"이라 하였다. 그리고 사람마다 삼각형의 모양이 다르게 나타날 수도 있다고 하였다.

완전한 사랑을 유지하려면 흐르는 세월에 따라 변화하려는 각 변을 계속 유지시키도록 **인내**하고, **노력**해야 한다. 그렇기 때문에 진실하고 완전한 사랑을 계속 유지하기란 인내와 노력이 필요한 어려운 기술이라 할 수 있다. 다음 그림 [Ⅳ-7]에서와 같이 사랑의 삼각형의 한 변이 결혼 초기에 10cm이었다고 가정했을 때, 결혼 후기에 이 길이가 20cm로 확대되었다면, 이를 "**성숙된 사랑**"이라 할 수 있다. 그러므로 **행복한 삶**을 위해서는 말로 "**사랑한다.**"는 것이 아니라 **성숙된 사랑**을 가꾸도록 사랑의 참 뜻을 이해하고, 이를 실천하려는 노력이 필요할 것이다.

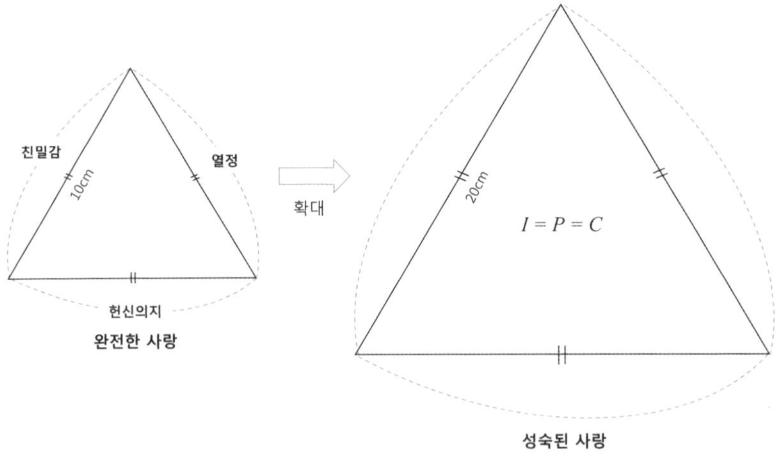

그림 [Ⅳ-7] 성숙된 사랑

★ 완전한 사랑의 실천

사랑은 받는(take) 것이 아니라 주는 것(give)이다.

어느 할아버지가 매일 아침에 요양병원에 가서 자기를 알아보지 못하는 아내와 아침 식사를 함께하는 세월이 5년이나 흘렀다. 아내는 몰라보지만 함께 식사를 하는 것만으로도 행복감을 느낀다고 하였다. 그 노인은 **친밀감**과 **열정**, 그리고 **헌신의지**를 가지고 완전한 사랑을 실천하고 있었다.

(4) 다양한 사랑의 유형

스턴버그는 사랑에 대한 **삼각대 이론**을 바탕으로 하여 사랑의 유형을 8가지 형태로 분류하였다. 나의 사랑은 어떤 형태인가 분석해 보고 더욱 성숙된 사랑을 위해 부족한 점을 찾아 노력할 필요가 있다.

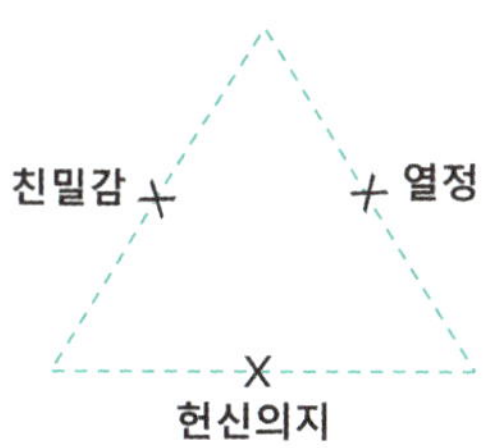

① 비사랑(non love) - 학교 친구와 직장 동료로 이성에 대해 별로 느낌이 없는 것으로 친밀감, 열정, 헌신 의지가 없다.

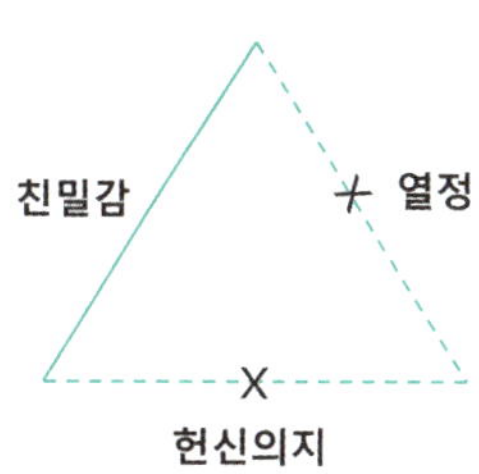

② 좋아하는 사랑(liking love) - 친밀감은 있으나 열정이나 책임의지가 없는 것으로 남녀공학대학에서 남녀 간에 느끼는 감정이다.

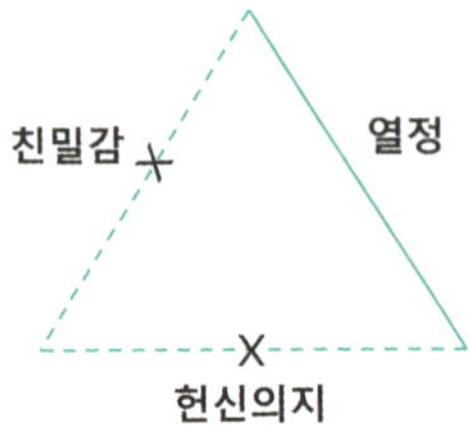

③ 짝사랑(infatuation) - 상대방의 의지와 관계없이 일방적으로 흥분된 열정으로 자신의 감정의 통제가 되지 않는 상태로 열정뿐이다.

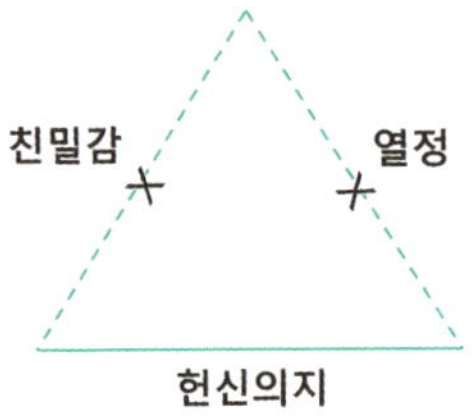

④ 공허한 사랑(empty love) - 친밀감이나 열정은 전혀 없으며, 상대방의 부와 명예를 보고 결혼하는 경우이다.

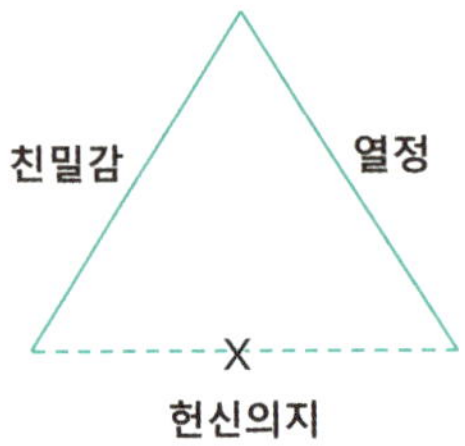

⑤ 낭만적 사랑(romantic love) - 친밀감과 열정은 있으나 책임의지가 전혀 없는 상태의 사랑으로 이혼이 다반사이다.

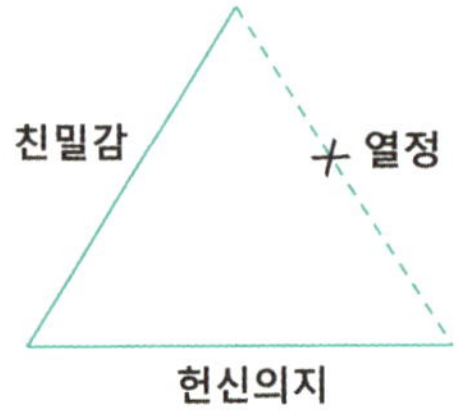

⑥ 동료적 사랑(companionate love) - 친밀감과 약속에 대한 책임은 있으나 열정은 냉각되어 없는 상태의 사랑이다. 직장 동료와 같은 관계라 할 수 있다.

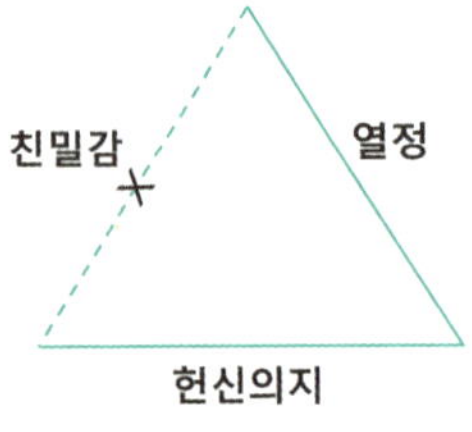

⑦ 허구적 사랑(fatuous love) - 열정과 약속이 어우러진 헐리우드식 사랑으로 쉽게 결혼하고 쉽게 이혼하게 되는 경우이다.

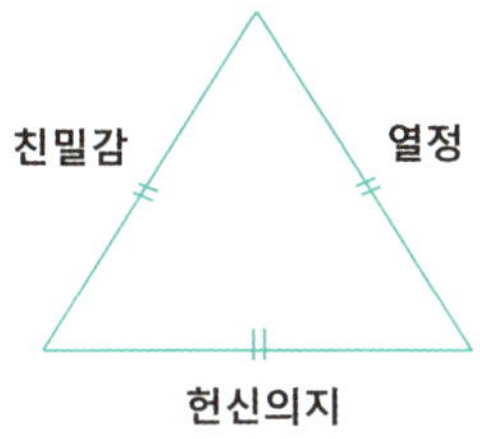

⑧ 완전한 사랑(consummate love) - 친밀감과 열정, 책임의지가 균형을 이루는 사랑으로 행복할 가능성이 가장 높은 사랑이다. 쌍방의 노력과 인내로써 이루어진다.

사랑은 받는 것으로 생각하기 쉬우나 쌍방이 주고받는 것(give and take)이다. 진실된 사랑, 완전한 사랑이란 상호존중과 신뢰, 보살핌과 상호 보완적 인식, 그리고 동반자적 의식을 갖는 것이다.

(5) 사랑과 좋아하는 것의 차이

일반적으로 사랑하는 것을 자기 중심적으로 좋아하는 것과 혼동하는 경우가 있다. **사랑하는 것**(love)과 **좋아하는 것**(like)의 뜻은 완전히 다르다. 좋아한다는 것은 상대방에 대해서는 관심이 없으며 자기중심적 **이기주의적**이다. 반면, 사랑한다는 것은 상대방 중심으로 나의 욕심을 버리는 **이타주의적**이다. 고양이가 생선을 좋아하는 것이지 사랑하는 것은 아니다. 꽃에 물을 주며 가꾸는 사람은 꽃을 사랑하는 사람이고, 꽃을 꺾어 자기의 욕구를 채우는 사람은 꽃을 좋아하는 사람이다.

사랑하는 것과 좋아하는 것의 차이를 들면 다음 표 [Ⅳ-3]과 같다.

표 [Ⅳ-3] 사랑하는 것과 좋아하는 것의 사례

사랑하는 것(love)	좋아하는 것(like)
• 언제나 동침하며 상대를 살핀다.	• 각 방에서 자는 것이 서로가 편하다.
• 상대가 행복하도록 노력한다.	• 나 자신이 행복하도록 요구한다.
• 나의 자리를 양보해 준다.	• 나의 옆 자리에 앉힌다.
• 걸음을 상대에 맞추어 준다.	• 앞서가며 따라오라 한다.
• 꽃에 물을 주며 가꾼다.	• 꽃을 보면 꺾어서 가져간다.
• 상대의 마음을 이해하려 한다.	• 나의 욕망을 충족하려 한다.
• 상대의 말을 경청하여 듣는다.	• 나의 의견을 고집하여 주장한다.
• 자기의 욕심을 포기한다.	• 자기 자신의 욕심을 챙긴다.
• 인내 · 노력 · 희생이 필요하다.	• 웃고, 즐기면 된다고 생각한다.
• 신념을 굳게 한다.	• 감정에 바탕을 둔다.
• 관심 · 열정 · 책임을 가진다.	• 자기 욕망 충족에 역점을 둔다.

참고 1 LOVE의 글자 의미

상대방이 말할 때, 열심히 경청하고, 마음의 문을 열고, 상대방을 존중하며, 사랑을 실천하는 것이 진정한 사랑이다. 사랑의 영문자 "LOVE"의 글자 의미를 살펴보면 사랑의 뜻을 이해할 수 있다.

① L(listen) : 사랑한다면 상대방의 이야기에 대해 **경청**하여야 한다.

② O(open) : 마음의 문을 활짝 열고, 솔직하게 상대와 **소통**하여야 한다.

③ V(value) : 상대를 소중히 여기고, 인정하며 **존중**하여야 한다.

④ E(express) : 사랑을 **표현**하거나 스킨십 등으로 사랑을 느끼게 하여야 한다.

참고 2 **사랑의 A B C D E F G**

① A(accept) : 상대방을 고치려하지 말고 있는 그대로 **받아들이라**는 것이다.

② B(believe) : 상대방을 신뢰하고, 하나 됨을 그대로 **믿으라**는 것이다.

③ C(care) : 상대방에 대해 관심을 가지고 책임지고 **돌보아야** 한다는 것이다.

④ D(desire) : 서로 **소망**을 가지고, 잘 되기를 위해 함께 동행하는 것이다.

⑤ E(erase) : 상대방의 약점이나 과실은 빨리 **잊어버리는** 것이다.

⑥ F(forgive) : 상대방의 실수나 잘못은 조건 없이 **용서**해 주는 것이다.

⑦ G(give) : 사랑은 받는 것(take)이 아니라 기쁨으로 **주는 것**(give)이다.

7. 행복생활의 기본 요건

행복생활에 이르는 가장 기본적이고 중요한 요건은 무엇일까?

가장 행복한 삶은 건강하고, 자기가 하는 일에 의미와 보람을 부여할 수 있는 삶이라 할 수 있다. 돈이 많으면 행복해질 것이라고 생각할 수 있으나 행복은 외부 환경에 있는 것이 아니라 마음가짐에 달려 있다는 점에서 돈만으로는 행복할 수는 없다.

그림 [Ⅳ-7]과 같이 첫째: **자기(가족) 건강**, 둘째: **배우자 생존**, 셋째: **적정 재산 보유**, 넷째: **하는 일의 보유**, 다섯째: **좋은 친구 사귐**이라는 5가지 기본 요건을 갖출 때 행복생활을 향유할 수 있다고 본다.

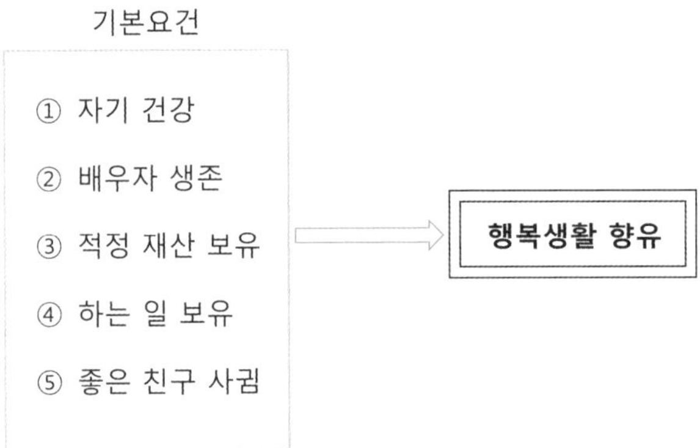

그림 [Ⅳ-7] 행복 생활의 기본 요건

괴테는 노년이 되면 **건강, 배우자, 돈, 일, 친구, 꿈** 등을 잃게 된다는 점에서 노년의 삶을 "**상실(喪失)의 삶**"이라 하였다. 이를 잃으면 4가지 고통인 **병고, 고독고, 빈고, 무위고**를 겪게 된다. 건강을 잃으면 **병고**(病苦)의 고통을 겪게 되고, 배우자를 잃거나 친구를 잃으면 **고독고**(孤獨苦)를 겪게 되며, 돈을 잃으면 **빈고**(貧苦)의 고통을 겪게 되고, 일을 잃게 되면 **무위고**(無爲苦)의 고통을 겪게 되는데 이것을 **인생의 4고**(四苦)라 한다. 인생의 4고를 겪으면 불행하게 되기 때문에 노년기로 접어들기 전에 행복생활을 할 수 있도록 5가지 행복요건을 유지하도록 철저한 준비와 노력을 기울여야 할 것이다.

(1) 건강의 중요성

노년기에 접어들면 **신외무물**(身外無物)이라, 몸 외에는 아무것도 필요 없다. 늙어서는 건강한 사람이 가장 부자요! 가장 행복한 사람이며, 가장 성공한 사람이고, 세상을 가장 잘 살아온 사람이다.

"**복 중에 가장 큰 복이 건강**"이라는 말도 있고, "**병든 부자보다 건강한 거지가 낫다.**"는 말도 있다. 젊어서는 재력을 쌓느라 건강을 해치고, 늙어서는 재력을 동원하여 건강을 회복시키려 한다. 필자도 6개월 병원 생활을 통하여 자신을 더욱 성숙시켰고, 새로운 삶의 동기를 갖게 되었다.

히포크라테스(Hippocrates)가 "**돈을 잃는 것은 조금 잃는 것이며, 명예를 잃는 것은 많이 잃는 것이요, 건강을 잃는 것은 전부를 잃는 것이다.**"라고 하였듯이 행복생활의 기본은 **건강**이다. 아파 보아야 건강의 가치를 알 수 있고, 늙어 보아야 시간의 가치를 알 수 있다. 우리의 건강은 삶의 원동력이다. **건강이 보장될 때, 성공도 행복도 쟁취할 수 있는 것이다.**

마하트마 간디는 "**인간의 첫째 의무는 자기 심신을 건강하게 하는 것이다.**"라고 하였다. 건강이 좋지 않으면 아무것도 할 수 없다. 한 연구 결과에 의하면 행복하면 더 건강하고, 건강하면 더욱 행복해진다고 한다.

애플사의 창업자로 세계적인 재벌로 성공한 **스티브 잡스**(Steve Jobs, 1955~2011)는 "**돈을 많이 주어도 자기 질병을 대신 아파 줄 사**

람은 없다."라고 하였다.

삼성그룹의 **이건희** 회장도 삼성을 세계적인 기업으로 성장시켜 놓고 질병으로 병상에 누운 지 5년이 지났으나 생사에 대한 소식이 없다가 2020년 10월 25일에 78세로 사망하였다. 그는 행복한 삶이었을까? 건강을 잃게 되면 모든 것이 끝나고, "**헛되고 헛되니 모든 것이 헛되도다!**"라고 한 **솔로몬**의 말이 마음을 저리게 한다.

행복한 삶을 영위하려면 자신의 건강은 물론이고, 가족이 함께 건강해야 가능하다. 남편이나 아내가 입원하여 병상 생활을 하는데 무관할 수 있겠는가? 필자가 림프종으로 삼성 서울병원에 6개월 동안 입원해 있을 때, 아내는 당뇨병 중증 환자임에도 불구하고 나의 생명과 함께 하겠다는 결심으로 열악한 보호자 침대를 계속 지켜 주었다. 그 때를 생각하면 지금도 가슴이 저려오곤 한다.

건강을 지키기 위해서는 규칙적인 **걷기 운동**이 무엇보다 중요하다. 서 있으면 앉고 싶고, 앉으면 눕고 싶은 일흔 나이에 누워 있으면 약해지고 병들기 마련이다. **동의보감(東醫寶鑑)**에 "**약(藥)보다는 식보(食補)요, 식보보다는 행보(行步)**"라 했다. 언제 어디서든 시간이 나면 걷는 것이 중요하다. **보생와사(步生臥死)**라는 말이 있다. **걸으면 살고, 누우면 죽는다**는 말이다. 인체에 있어서 다리는 자동차의 엔진 역할을 하기 때문에 걷지 못하면 끝장이고, 비참한 인생 종말을 맞게 된다.

건강은 예측 불허이다. **필자**는 가족력으로 보나 과음, 과식, 흡연, 음주하지 않는 평소 생활로 보나 건강하다고 생각하였다. 그러나 어느 순간 혈변(血便)으로 응급실에 입원하는 신세가 되었다. 이를 극복하기 위해 몸이 견뎌낼 수 있을 때까지 병원 복도에서 걷기를 계속하였을 뿐만 아니라 정신적으로도 살아야 한다는 생각 외에는 어떤 생각도 하지 않고 병마를 이겨내기 위해 노력하였다. 그 결과 6개월 만에 퇴원할 수 있었다. 이 시기를 잘 극복하고 지금 연구실에서 집필에 전념할 수 있게 되어 하나님께 감사드리고, **김석진** 교수님께 감사드리며, 아내와 형제 · 자매께 감사드리고, 아들에게도 감사하며, 위로와 격려를 보내주신 모든 분께 감사드린다. 지금도 아침에 일어나면 스트레칭을 하고, 낮에는 주로 걷기와 산책을 하기도 한다. 그리고 열정을 가지고 집필에 몰입하고 있다. 여러분도 건강을 위해 자기가 좋아하는 스포츠, 에어로빅, 등산, 요가 등을 규칙적으로 열심히 하고, 긍정적인 생각으로 행복한 하루를 보내시기를 바란다.

브라질 국보(國寶)로 지정된 축구황제 **펠레**(Pele, 1940~)는 젊었을 때는 운동장을 날아 다녔다. 나이가 들면서 돈은 많이 벌었으나 건강이 악화되어 지금은 잘 걷지도 못하고 우울증까지 앓고 있는 신세가 되었다고 한다. **건강**할 때 **사랑**도 있고, **행복**도 있고, 즐거움도 있을 수 있다. "**건강은 행복의 어머니이다.**"라는 말이 있다. 장수하는 노인들은 걸음걸이가 바르고 바람처럼 가볍게 걷는 것이 특징이라고 한다. 건강은 건강할 때 신경을 써야 한다. 노년의 인생을 행복하게 보내려면 **건강저축**이 최고이다. 돈 가방을 짊어지고 **요양병**

원의 특실에 입원한들 무슨 소용이 있겠는가? **재벌**이라도 건강하지 못하면 무슨 소용이 있겠는가? 천하를 잃어도 건강만 하면 행복하다할 수 있다.

건강한 삶을 위해 할 수 있는 운동 중 가장 이상적인 것은 **걷기**이다. 걷기 운동을 할 때 하루에 실현 가능한 목표를 정하여 하는 것이 좋다. 그 목표는 하루에 6,000보 이상이 좋다고 한다. 일본에서 65세 이상 노인을 대상으로 10년간 연구한 결과, 하루에 5,000보 이상 걸으면 치매, 심장질환, 뇌졸중을 예방할 수 있고, 7,000보 이상 걸으면 골다공증과 암을 예방할 수 있으며, 8,000보 이상 걸으면 고혈압, 당뇨병을 예방할 수 있는 것으로 나타났다. 그러므로 **걷기 운동**이 90% 이상의 만성질환에 대한 **예방약**이라고 할 수 있겠다.

(2) 배우자의 생존

우리 인생은 만남 속에 살고, 여러 가지 만남과 더불어 생활하고 있다. 인위적인 만남 중에서 부부의 만남처럼 소중한 만남은 없다고 생각된다. **부부**는 수많은 남녀 중에서 서로 사랑하는 남자와 여자가 만나 행복한 인생을 위해 탄생하게 되었으므로 이 세상에서 누구와도, 또 무엇과도 바꿀 수 없는 **가장 소중한 인연**이다. **서로 사랑하며, 존중하고, 신뢰하며, 언제나 그리워 하는 성숙된 부부 관계는 좋은 인간관계의 구심점**이 되기도 한다. 인생에 동행하는 사람이 있다는 것만으로도 참 행복한 일이다. 힘들 때, 기댈 수 있고, 아플 때 곁에 있어 줄 수 있다. 아무리 재미있는 이야기라도 들어줄 사람이 없다면 독백이 되고 만다. "**당신을 사랑합니다.**", "**당신이 있어 행복합니다.**"라는 말은 이 세상에서 가장 아름다운 말일 것이다.

부부는 함께 살기 위해 자기를 변화시켜 상대방에게 맞추어 양보할 자신이 있는가 하는 것이 중요하다. **진정한 사랑**은 화가 났을 때도 상대를 생각해 주는 마음이 있어야 한다. 가장 훌륭한 남편은 부인의 눈물을 닦아주는 남편이고, 훌륭한 아내는 남편의 친구이자 간호사인 아내이다. 부부란 "**사랑의 맹세**"를 굳게 하여 이루어졌다. **사랑**은 **생명의 활력소**이며, **행복의 원천**이고, **희망**과 **용기**와 **기쁨**을 주기 때문에 세상에서 사랑만큼 **아름다운 용어**는 없다고 생각된다.

결혼 예식을 할 때, 신랑과 신부는 주례로부터 "**신랑, 신부는 사랑하십니까?**"하는 혼인서약에서 "**예**"하며 답한다. 그럼에도 결혼 예식을 마친 그들이 모두 행복하게 산다고는 볼 수 없다. 행복은 커녕 오히려 상상하기 어려운 불행의 삶을 살 뿐 아니라 행복하게 살아야 할 노년이 오히려 고독과 소외감에서 괴로움으로 살아가는 경우가 많다. **우리나라**의 결혼 대비 **이혼율**은 47.4%로 **미국** 51%, **스웨덴** 48%에 이어 세계 3위에 들고 있다고 한다. 우리 사회에서 이혼이 부끄러운 것이 아니라 자연스러운 현상으로 받아들여지고 있는 것이 현실이다. 특히, **황혼 이혼**의 사례가 증가하고 있다고 한다. 그 이유가 무엇일까? 사랑을 모르는 사람이 상대를 바꾼다고 해서 행복해지는 것이 아니다. 모든 문제의 근원은 나 자신에게 있다. 일하기 싫은 사람이 직장을 바꾼다고 해결되지 않는 것과 같다. 내가 변하지 않고는 아무것도 변하는 것이 없다. 까마귀가 사람들의 사랑을 받을려면 울음소리를 바꾸지 않으면 아니되는 것과 같다.

결혼은 수천 마디의 달콤한 사랑의 말과 좋은 약속만으로 보장되는 것이 아니다. 남편과 아내라는 말은 단순히 육체적 결합만을 의미하는 것이 아니라 도덕적, 정신적, 진실된 사랑으로 함께 결합된 것을 함축하고 있다. 우리가 공기의 소중함을 인식하지 못하고 생활하듯이 부부의 소중함도 함께 살면서도 잘 모르다가 한쪽을 잃게 되면 그 소중함과 귀중함을 절실하게 깨닫게 된다. 가까우면서도 멀고, 멀면서도 가까운 사이가 부부이다. 또한 곁에 있어도 그리운 것이 부부이다. 상대가 나일 수 없고, 내가 상대방이 될 수 없음을 인정하고, **상대를 존중하여야 됨이 우주의 진리이다.**

부부란 젊을 때에는 **조언자**이며, **연인**이고, 중년이 되면 **친구**이고, 노년이 되면 **간호사**가 되어주는 관계이다. 서로 아끼고 사랑하며 살아도 짧고 짧은 허망한 세월인 것을 미워하고, 싸우며, 서로 저주하며 산다면 서로 마음의 상처만 남기고 말 것이다. 이것이 얼마나 불행한 일인가? 인생을 뜬 구름, 한줄기 바람, 이슬, 안개라 하였듯이 부부간에 사랑하며 살아도 짧은 시간인데 마음의 문을 굳게 닫고, 사랑하지 못하고, 이혼 운운하는 입장이라면 얼마나 슬픈 일인가? 두 사람이 서로 아끼고 사랑하며 살아도 허망한 세월인 것을…….

좋은 부부관계를 유지하기 위해서는 먼저 상대방의 이야기를 들어주고, 상대를 이해하려는 노력이 필요하다. **부부**는 서로의 말을 가로막지 말고, 상대방의 이야기를 **경청**하는 방법을 실천하여야 한다. 상대를 이해하려고 노력하는 것은 원만한 **의사소통**을 위한 마음가짐이며, 좋은 관계를 유지하기 위한 중요한 자세이고, 사랑의 기초이다. **사랑하는 사람이 언제나 나의 곁에 영원히 있는 것은 아니므로 지금 사랑한다는 말을 하고, 나의 앞에 있을 때 잘하도록 하자!**

사랑이라는 숭고하고 엄숙한 용어를 모독해서는 안 된다. 재벌 2, 3세와 스타들의 이혼이 일상화되고, 자랑스럽게 생각하는 경우가 있다. 이것은 사랑에 대한 크나큰 모독이다. 고 **김수환** 추기경은 **"사랑이 머리에서 가슴으로 내려오는데 70년이다 걸렸다."**는 엄숙한 말로 사랑을 표현하였다. 수많은 남녀 속에서 맺어진 고귀한 인연을 내 목숨 다하는 그 날까지 그 사랑을 지키고 실천하기 위해서는 사랑의 그 엄숙한 의미를 깨달을 필요가 있다. **가장 지혜로운 사람은 사랑을 깨달은 사람이라고 한다. 진정한 사랑**은 **이해와 관용, 포용, 동화, 부드러운 대화, 열정, 책임이 선행되어야 한다고 한다.** 사랑하는 일이 세상에서 가장 쉬운 일인 줄 알고 있으나 세상에서 가장 어려운 일이다.

사랑한다는 말은 하기 쉽지만 실천은 매우 어렵다. 진정한 사랑은 자기희생이 따라야하며 표현과 동시에 행동으로 실천하여야 한다. 이 세상에서 가장 행복한 사람은 좋은 남편과 좋은 아내를 만나는 사람이라고 한다. 100세 철학자 김형석 교수는 **"젊은 날로 돌아가고 싶지 않다."**고 하였다. 그 때는 행복이 무엇인지 몰랐다고 하면서 인생을 되돌릴 수 있다면 65세~75세로 돌아가고 싶다고 하였다. 그 때가 **삶의 황금기로 행복이 무엇인지, 어떻게 살아야 하는지에 대해 알게 되었다고 하였다.** 그리고 그는 **"사랑할 대상이 있다는 그 자체가 행복이다. 상대가 살아있다는 것만으로도 행복한 삶이다"**라고 하였다.

부부란 인생의 동반자이자 동행자이다. 같은 방향으로 가는 것이 아니라 같은 마음으로 함께 사는 것이다.

좋은 동반자와 함께라면 그 존재만으로도 행복하기 때문에 먼 길을 가장 빨리 행복하게 가는 방법은 좋은 동반자와 함께 가는 것이다.

좋은 동반자를 만나는 비결은 내가 먼저 좋은 동반자가 되어 주는 것이다. **좋은 동반자의 조건은 공감(共感)이다.**

이 세상에 영원한 것은 없다. 사랑하는 사람이 영원히 내 곁에 있으리라 생각할 수 없다. **회자정리**(會者定離)라는 말처럼 언젠가 헤어지게 되어 있으며, 세월 앞에 그 무엇도 영원할 수는 없다. 다시 보지 못할 날이 오기 전에 후회 없게 **성숙된 사랑**으로 승화시켜 사랑을 준다면 사랑의 깊이만큼 행복한 삶이 될 것이다. 특히 **남편**은 아내의 말을 잘 들어줌과 동시에 함께 의논하며 결정하도록 하자! 아름다운 부부, **행복한 부부**란 상호 간에 **"참, 잘했어요!"**, **"고마워요!"**, **"당신 덕분에 행복해요!"**, **"감사해요!"**, **"미안해요!"**, **"사랑해요!"**하는 말을 자주 사용하여 생활화하며 사는 것이다. 이 말들은 마음과 마음을 이어주는 아름다운 말이다.

인생 최대의 행복은 **부(富)도, 지위도, 권력도, 명예도 아니며, 부부간 사랑을 나누며 사는 것이다.** 건강하게 오래 살고 싶다면 끊임없이 사랑하자! 사랑만큼 귀중한 보약은 없다. **성숙된 사랑**의 심오한 의미를 살펴보고 **실천**에 옮기는 것이 후회를 줄이고 행복해 지는 것이다.

헤르만 헤세(Hermann Hesse, 1877~1962)는 "**사랑받는 것이 행복이 아니라 사랑하는 것이 행복이다.**"라고 하였다.

따라서 **이기주의**로 받는 것(take)이 아니라 **이타주의**로 주는 것(give)이 행복이다 할 수 있다.

상대를 위해 헌신하고자 하는 마음이 없다면 참된 사랑이 아니다. 사람의 삶 중에 희생하는 삶만큼 숭고한 삶은 없다. 마치 **비누**와 같은 마음으로 상대를 사랑하여야 **참 사랑**이다. 남편이나 아내가 서로에게 져주는 것이 이기는 것이다. 이것은 사장한테 이겨서 실직당하거나, 고객한테 이겨서 사업이 망하는 것과 같은 원리이다. 인생의 **삶을 여행**이라 한다면, 어떤 풍경, 환경보다 **동반자**가 중요하다. 먼 길은 좋은 동반자가 있을 때 **행복한 여행**이 될 수 있기 때문이다. **사랑**은 고귀한 생명체이며, 헌신의 선물이며, **행복의 주요 조건**이다. 그리고 부부를 비롯하여 모든 **인간관계**의 **연결고리**도 오직 **사랑**이라 할 수 있다.

사례 1 노(老) 외교관의 황혼 이혼

평생을 해외에서 홀로 생활하며 직무를 충실히 수행하여 외교관에서 **대사**로 성공하여 정년을 맞게 되었다. 이제 그는 조용히 아내와 함께 행복한 노년을 보내기로 하고, 행복의 꿈을 꾸며 귀국하였다. 어느 날 아내가 진수성찬을 그에게 대접하였다. 마음속으로 "**이것이 바로 행복이구나**"하며 감격에 취해있는 순간 아내는 드릴 말씀이 있다고 하였다. "**젊었을 때, 아이들 키우느라 고생을 혼자 하였고, 늙어서 이제 당신 시집을 살아야 하니 내 인생이 무엇이냐? 이혼을 해 달라**"라고 간청하였다. 아내의 이혼 요구를 거절할 수 없어 결국 황혼 이혼을 당하고, 그는 홀로 지리산 산골 외딴 집으로 들어가 개를 키우며 살고 있다. 과연 **행복한 삶**이라고 할 수 있을까? 노인 천국으로 알려진 일본에서는 남자들이 정년퇴직이 다가오면 이혼당할까봐 두려워 한다고 한다.

사례 2 톨스토이의 일생

톨스토이는 러시아의 대문호이자, 예언가이며, 종교개혁자, 성인이다. 그는 1828년 8월 28일 러시아 백작의 차남으로 태어났으나 그의 어머니는 출생 2년이 못되어 돌아가시고, 아버지 역시 그가 7살에 타계하였다. 어린 시절에 부모 없이 남의 손에서 고아로 자랐고, 한때 재산도 없고, 직위도 없었으며 방황하기도 하였다. 1862년(34세)에 모스크바 의사의 딸인 소피아(18세)와 결혼하여 아들 5명, 딸 4명을 두었다.

그는 「전쟁과 평화」, 「안나 카레리나」, 「참회록」, 「인형의 집」, 「부활」, 「인생론(행복의 발견)」 등 많은 저서를 남겼다. 하지만 그의 업적에 비해 그의 삶은 행복하지 못했다. 9명의 자녀 모두가 난폭하고, 낭비벽이 심해 재정적으로 감당하기 어려웠으며, 말년에는 아내 소피아의 질투와 증오심 때문에 힘들게 보냈다. 소피아는 자살기도를 하였으며, 이에 참지 못한 톨스토이는 1910년 10월 28일에 아내에게 편지를 남겨놓고 친구와 딸 샤샤와 함께 집을 떠나고 말았다.

기차를 타고 정처 없이 가고 있었으나 심한 폐렴 증세를 보여 무명의 시골역장의 침대에서 객사하고 말았다. 그는 행복을 추구하였으나 불행한 죽음을 맞이하게 된 것이다. 그렇게 해서 1910년 11월 1일 세계적 대문호 톨스토이는 82세의 나이에 객지에서 쓸쓸하게 눈을 감고 말았다. 행복은 모두가 다 원하는 것이지만 대문호도 행복을 찾지 못하고, 불행한 죽음을 맞이하였다. 이와 같이 행복을 얻기란 결코 쉬운 일이 아니다.

1 행복한 가정을 만드는 방법

가 잔소리를 하지 말자.

나폴레옹 3세 부부는 행복과 부, 권력, 명예, 미모, 사랑, 존경 등의 요소를 갖추고 있었다. 그러나 부인 **유지니**의 잔소리라는 치명적 결함 앞에서는 아무리 사랑한다고 해도 부부 관계를 유지할 수 없었다. 또한 **톨스토이**는 재산만 원하는 아내와 더 이상 살 수 없어 눈 내리는 겨울 밤 아내로부터 도망치게 되었고, 어느 이름 없는 시골 기차 역사에서 폐렴으로 불행하게 객사하고 말았다. 이것은 톨스토이의 부인 **소피아**의 잔소리와 불평, 히스테리를 부린 결과이다. **링컨**의 생애를 비극으로 만든 것도 부인 **메리토드**의 끊임없는 잔소리였다. 그녀는 항상 불만을 터뜨리고 남편의 자세, 생김새와 걸음걸이 등이 마음에 들지 않아 계속해서 남편을 비난했었다. 그녀는 끝내 정신 이상자가 되고 말았다.

이상과 같이 나폴레옹의 영부인 **유지니** 황후, 톨스토이의 공작부인 **소피아**와 링컨의 영부인 **메리토드**의 잔소리로 인해 얻은 결과는 자신의 인생을 비극으로 만드는 것이었다.

[나] 상대방을 바꾸려 하지 말자.

영국의 소설가로서 재무장관과 총리를 역임한 **디즈데일리**(Disraeli, 1804~1881)는 "**살아가면서 바보 같은 짓을 저지를지도 모르지만 사랑 때문에 결혼하는 미련한 짓은 결코 하지 않겠다.**"고 하였다. 그는 35세까지 독신으로 지내다가 자신보다 15세 연상인 미망인 **매리 앤**에게 청혼하여 결혼하였다. 그가 결혼한 부유한 미망인은 젊지도, 아름답지도 않았고, 똑똑하지도 않았다. 그녀가 바보처럼 굴거나 정신없는 행동을 하더라도 그는 절대로 나무라지 않았다. **매리 앤**은 30년 동안 끊임없이 자신의 **남편을 자랑**하고, **칭찬**하고, **존경**했다. 친구들에게 "**남편이 잘 해줘서 내 인생은 행복의 연속이다.**"라고 말했다.

다른 사람과의 관계에 있어서 상대가 나의 행복 추구 방식을 억지로 바꾸려 하지 않는다면 나 자신도 상대의 행복 추구 방식을 인정해 주어야 한다.

★ 성경 고린도전서 이혼에 대하여

- 고린도전서 7장 3절에 "남편은 그 아내에 대한 의무를 다하고, 아내도 그 남편에게 그렇게 할지라."
- 7장 10절에 "여자는 남편에게 갈라서지 말고, 만일 갈라섰으면 그대로 지내든지 다시 그 남편과 화합하든지 하라! 그리고 남편도 아내를 버리지 말라."는 말씀이 있다.

다 상대를 비난하지 말고 존중하자.

행복한 가정을 꾸리고 싶다면 상대를 비난하지 말자. 결혼의 달콤한 꿈이 이혼이라는 바위에 부딪혀 깨지는 이유 중 하나가 바로 상대방의 가슴에 상처를 주는 비난이다. 서로 간에 갈등이 생기는 이유는 사랑의 의미를 깨닫지 못하고 이기주의적으로 나의 욕망만 충족하려했던 나의 잘못이라 할 수 있다. 내가 먼저 변하여 진실된 **사랑을 실천**하여야 하며, **상대방을 존중**하고, **인정하여야 한다.**

행복한 부부는 미남과 미녀여서가 아니라 상호협력, 노력하는 마음가짐과 사랑의 실천에 의해 이루어진다.

라 상대방을 진심으로 칭찬해 주자.

남자들은 여자들이 잘 차려입고 예쁘게 보이려고 하는 **노력을 칭찬해야 한다.** 98세 할머니에게 돌아가시기 이전에 찍은 사진을 보여드렸더니 "**내가 무슨 옷을 입고 있었니?**"라고 물었다고 한다. 또한 그녀는 죽게 되면 어떤 옷을 입혀달라고도 요구하였다. 아내가 남편을 통해 행복을 맛보고자 한다면 그건 남편이 자신에게 헌신하고 있고, 자신을 칭찬해 준다고 느낄 때이다. 그러므로 **행복한 가정을 꾸미고 싶다면 진심으로 칭찬해 주자.**

마 작은 일에도 관심을 가지자.

여자들은 **생일**이나 **기념일**에 **상당한 의미를 부여한다.** 가정불화가 생기는 원인은 대부분 사소한 일에 있다. 아침에 남편이 출근할 때 아내가 손을 흔들어 배웅해 주는 간단한 일만으로도 이혼을 피할 수 있을 것이다.

행복한 가정을 꾸리고자 한다면 작은 일에도 관심을 보여야 한다.

결혼의 성공 여부는 맞는 사람을 만나는 것이 아니라 **잘 적응할 능력을 배양하는데 있다.** 즉, 양보와 배려로 하나가 될 때 부부는 행복하게 살아갈 수 있다.

바 최소한의 예의를 지키자.

배우자를 신중하게 선택하는 것도 물론 중요하지만 결혼 후에는 배우자에 대한 **예절**을 지켜야 한다. 결혼 생활에서 예의란 자동차의 윤활유와 같은 역할을 한다. 야채 가게를 여는 사람 중 70%가 사업에 실패하지만 결혼에서는 70%의 남녀가 성공한다는 말이 있는 것처럼 결혼에서 성공할 가능성은 다른 어떤 사업에서 성공할 가능성보다도 높다.

아내를 만족시키고 행복한 가정을 갖는 것이 남자에게 사업보다 중요한 일이지만, 결혼 생활을 성공으로 만들기 위해 사업처럼 진지하게 고민하거나 진심으로 노력하지는 않는다.

남편은 아내의 눈가에 입을 맞추기만 하면 아내는 모든 일을 눈감아 주고, 아내의 입술에 가볍게 입술을 대기만 해도 입을 꼭 다물게 된다.

행복한 가정을 꾸리고 싶다면 예의를 갖추자.

사 결혼의 성적 측면을 이해하자.

미셸 와이너-데이비스(Michele Weiner-Davis) 박사는 "**미국에서 일어나는 이혼의 중요 사유 중 하나는 성생활의 부조화**"라고 단언하였다.

결혼 생활의 실패 원인으로

① **성적 부조화**, ② **여가 활용에 관한 의견 불일치**, ③ **경제적 곤란**, ④ **심신의 이상** 순으로 나타났다. 이와 같이 성적 부조화는 행복생활을 침몰시키는 가장 중요한 원인이다.

버터필드 박사는 "**행복한 결혼은 운으로 되는 법이 없다. 정교하고 신중하게 계획되어야 하므로 행복한 결혼은 건축물과 같다.**"고 하였다. 그러므로 행복한 가정을 꾸미고 싶다면 여러가지 측면에 관심을 가지고 지식을 얻도록 하여야 한다.

★ 세상에서 가장 아름다운 것

어느 화가가 세상에서 가장 아름다운 것을 화폭에 담고 싶어 여행을 하면서 만나는 사람들에게 물어보았다.

처음 교회 목사님을 만나 "이 세상에서 가장 아름다운 것이 무엇입니까?"하고 물었다. 목사님은 "**믿음**"이라고 하였다.

다음에는 지나가는 군인을 만나 물었다. 군인은 "**평화**"라고 하였다.
예식장 앞에서 신혼부부에게 물었다. "**사랑**"이라고 답하였다. 이 세 가지 모두 그림으로 그릴 수 없었다.

포기하고 힘없이 집으로 돌아왔다. 집에 돌아오니 아이들이 "아빠!" 하며 반갑게 맞이하여 주었고, 아내는 남편을 신뢰한다며 반겨주었다. 화가는 깨달았다. 가정이 이 세상에서 웃음(평화)과 사랑과 믿음을 갖춘 가장 아름다운 곳이란 것을... 그 후, 그는 사랑스런 가족의 그림을 그렸다.

★ 행복을 위해 남편이 지킬 일

① 아내의 생일이나 결혼기념일을 기억하여 꽃을 사다 준다.
② 생활비 외에 아내가 재량껏 쓸 수 있는 돈을 준다.
③ 아내가 화내거나 짜증낼 때 옆에서 잘 도와준다.
④ 여가 시간의 반 정도는 아내와 함께 보낸다.
⑤ 아내에게 칭찬을 하고, 다른 사람과 비교하지 않는다.
⑥ 아내의 사생활에 대해 질투하지 않는다.
⑦ 기회가 있을 때 아내에게 칭찬과 존경심을 보인다.
⑧ 작은 일에도 아내에게 고맙다는 말을 한다.
⑨ 좋은 남편과 아버지로서 넓은 아량과 포용하는 마음으로 사랑한다.

★ 행복을 위해 아내가 지킬 일

① 남편이 하는 사업이나 직업에 대해 간섭하지 않는다.
② 아내는 화목한 가정을 위해 최선을 다한다.
③ 남편을 다른 남성과 비교해 비난하지 않는다.
④ 시댁 식구들과 친하게 지내기 위해 열심히 노력한다.
⑤ 남편이 좋아하는 취미활동을 배워 함께 즐긴다.
⑥ 시간이 허락한다면, 남편과 함께 지적인 대화를 나눈다.
⑦ 옷을 고를 때 남편의 취향을 고려하여 산다.
⑧ 남편에게 항상 존경하고, 감사하게 생각하여야 한다.

2 행복한 부부관계 대처방법

① 애정을 담아 **스킨십**을 매일 1회 이상 한다.

② 부부가 **함께 할 일**을 한 가지씩 찾아서 한다.

③ 퇴근 후 재미있는 주제로 **대화**를 나누도록 한다.

④ 일주일에 한 번씩 두 사람만의 **데이트 시간**을 가진다.

⑤ 하루에 한 번씩 진심을 담아 **칭찬하고 감사**한다.

⑥ 부부 상호 간에 이해하고 **배려와 신념**으로 존중한다.

⑦ 집안 청소와 같은 **가사 노동**을 분담하여 돕는다.

⑧ 작은 일이라도 **의사소통**으로 관계를 원활히 한다.

⑨ 상대방의 **말과 행동**이 마음에 들지 않아도 **수용**한다.

⑩ 상대방이 멀리하는 느낌이 들면 **시간의 자율성**에 대해 논의한다.

⑪ **이혼**에 대한 **금기정신**을 가지도록 노력한다.

⑫ 부부가 함께하는 시간과 따로 보내는 시간을 잘 조정한다.

★ 이혼이 우려되는 징조

① 의견이 다르면 심한 욕설이 나온다.

② 상대방에 대한 비난을 한다.

③ 상대방을 멸시한다.

④ 상대방의 의견을 들으려 하지 않는다.

⑤ 걸핏하면 화를 낸다.

(3) 적정 재산의 보유

자본주의 사회에서 **생계유지**를 위한 **적정 재산**이 없다면, 먹고 살 수 없으며 노후에 겪는 인생 사고(四苦) 중 **빈고**(貧苦)를 겪게 된다. 그러나 돈이 많다고 더욱 행복해지는 것도 아니다. 돈이 많을수록 관리를 위한 스트레스를 받게 되고 2세들의 재산 다툼이 생길 경우에는 오히려 불행해질 수도 있다. 재물을 삶의 목표로 삼는 자들은 백만장자가 이 세상에서 가장 행복한 사람이라고 생각할 것이다. 그러나 현실은 그렇지 않다.

어느 재벌 회장을 찾아가 "**지금 생활이 행복하십니까?**"라고 물어보았다. 그 회장이 답하기를 "**행복해지기 위해 열심히 노력해 기업을 성공시켰으나 아직 행복감은 느끼지 못하고, 노조의 파업, 갑질 비난, 국민에게 사과하는 등 오히려 불행하기만 하다.**"고 답하였다. 이와같이 행복한 삶을 위해서 반드시 많은 재산이 필요한 것은 아닌 것 같다. 식생활을 할 수 있고, 1년에 한두 번 여행할 수 있으며, 친구들을 만나 식사를 나눌 수 있고, 자식에게 손 내밀지 않으며, 손자 · 손녀에게 세뱃돈을 줄 수 있고, 병원 입원비 등을 해결할 수 있을 정도의 **적정 재산**만 있다면 **행복생활의 유지 조건**으로 충분하다고 볼 수 있을 것이다.

따라서 **인생 전반기**에 **성공하**거나 **연금** 등을 넣어 **노후 대책**을 미리 준비해놓음으로써 인생 후반기에 빈고(貧苦)를 겪지 않고, **행복생활**을 할 수 있으리라 생각된다.

인생 후반기에 접어들어 돈을 모으기 위해 많은 시간과 노력을 투입하거나 돈을 모을 줄만 알고 한번 손에 들어가면 쓸 줄 모르는 **수전노**(守錢奴)가 되어서는 아니된다. 자기 자신이 **노년이 되었다고 생각되면**, 돈을 벌 때가 아니라 **소비하여야 할 시기이다.** 노후에 들어서 돈이 없으면 생활이 어려울 뿐만 아니라 가족 간에 불화가 생기고, 돈 때문에 발생한 갈등으로 불행해지는 경우가 많다. 하지만 **돈은 행복의 주요 요소이기는 하지만 절대적 요소는 아니다.** 돈이 많은 사람도 불행해질 수 있기 때문이다. 행복은 순간적인 즐거움보다는 지속적이며 오래가는 만족을 느낄 수 있어야 한다.

톨스토이는 "**부자가 되었을 때 잃게 되는 것들을 모두 알게 된다면, 부자가 되기 위해 노력을 하거나 꿈을 꾸지 않을 것이다.**"라고 하였다.

캐나다의 동남부 클론다이크 금광(金鑛)에서 수년 전에 유서가 적힌 메모지가 발견되었다. 그 내용은 "**금이 쏟아져 나와 우리는 금을 캐는데 몰입하여 많은 눈이 오는 줄도 모르고 금만 캤다. 폭설에 갇혀 식량이 떨어져 많은 금덩어리는 옆에 두고 죽어가고 있다.**"였다. 평생 쓰고도 남을 금덩어리였지만 그 금덩어리가 자신들을 죽음으로 이끌어 간 것이다.

(4) 일(배움·봉사)의 보유

인생 후반기를 60세부터 90세까지로 본다면, 30년은 결코 짧은 기간이 아니다. 하지만 노년은 점점 **의욕**과 **열정**을 상실하게 되는 시기라 할 수 있다. 그러나 세계 역사상 최대 업적의 58%가 60세 이상의 노인에 의하여 성취되었다고 한다. 이와 같이 노년에도 훌륭한 일을 할 수 있을 뿐만 아니라 하는 일이 없으면 **무위고**(無爲苦)로서 큰 고통을 겪게 될 수도 있다. 하고 싶은 **일은 스스로에게 기쁨을 줄 뿐만 아니라 가족에게도 기쁨을 주며, 사회발전에도 기여할 수 있다.** 세상을 떠날 때까지 삶을 지탱해 주는 것은 **사랑**과 **일**이라 할 수 있다. 독일 철학자 **칸트**(Kant, 1724~1804)는 **"행복의 첫째 조건은 할 일이 있어야 한다."**고 하였다. 일에는 가사 노동을 비롯하여 배움, 봉사 활동, 취미 활동, 집필 활동, 건강관리 활동, 재능 기부 등 많은 예를 찾을 수 있다.

우리나라도 이제 고령사회(65세 이상 인구가 총 인구 수의 14% 이상)에서 초고령 사회(20% 이상)로 접어들게 되었다. 60세 이상의 노인이 25세 이하의 젊은이 보다 훨씬 많은 편이다. 한 연구결과에 의하면, 직장에서 일 함으로써 가장 큰 행복을 느낀 사람들은 60대인 것으로 나타났다. 60~69세의 노인 93%는 일을 할 때 가장 행복하다고 답하였으며, 40%는 70세까지 일을 하고 싶다고 하였다. 노후에 일을 하면 생활에 활기가 넘치고, 나날이 즐거워진다. 하는 일이 있을 때 나태하지 않고 삶의 보람을 느끼며 건강도 유지할 수 있다. **65세 넘는 노년층**이 쉽게 일할 수 있는 **직종**으로 **소매업, 관리직, 홍보, 농업, 정치, 기술, 연예, 언론계** 등을 들 수 있다. 정년퇴임을 하고 휴식하고 노는 것이 좋을 것 같지만 얼마 지나면 무슨 일이든 할 수 있는 일이 있을 때 행복하다고 믿게 될 것이다. **아리스토텔레스**는 **"일하는 궁극적 목적은 행복을 체험하기 위해서이다."**라고 하였다.

99세에 타계한 **럿셀**은 **"좋아하고 할 수 있는 일이야 말로 행복의 원천이다."**라고 했으며, **"나는 일을 하다가 죽고 싶다."**라고까지 하였다. 미국의 **워런 버핏**은 **"죽을 때까지 삶을 지탱해 주는 것은 사랑과 일이다."**라고 하였다. 진정 행복한 사람이라면, 하고 싶은 일을 열심히 하고 그 결과 성취한 기쁨을 통해 행복감을 느끼는 것이다.

톨스토이는 **"노동은 행복이다. 노동에서 해방되는 것이야 말로 가장 큰 불행이다."**라고 하였다.

장수(長壽) 과학자 **박상철** 전남대 석좌교수는 **"노화는 죽기 위한 과정이 아니라 살아남기 위해 최선을 다하는 과정이다."**라고 하면서 노화를 긍정적으로 보고, 당당하게 늙음을 맞이해야 한다고 하였다. 그는 당당한 노년을 위해 다음과 같은 **"골드 인생 3원칙"**을 제안하였다.

첫째 : **항상 무엇이든지 일을 하자.**
자신이 좋아할 수 있는 것을 찾아 일이든 취미든 적극적으로 수행하자.

둘째 : **자신의 능력을 봉사하자.**
사회에 봉사하거나 기부하며 베풀자. 나이가 먹었다고 받으려고 하지 말고, 무엇인가 주려고 노력하면 당당한 노년이 된다.

셋째 : **무엇이든지 배우자.**

은퇴 후 30년 이상을 적극적으로 사회에 참여하며 살고 싶다면 사회, 문화, 과학 등 모든 분야에서 배움을 계속하여야 한다.

아침에 일어나 오늘의 할 일을 생각하는 사람은 **행복한 사람**이다. 하고 싶은 일을 하면서 삶의 의미를 찾아야 할 것이다. 주요한 **일**에는 **배움**과 **봉사**활동 등이 있다.

1 배움과 행복

평생 배워도 끝이 없는 것이 학문이다. 30대에 노벨 물리상을 수상한 학자가 60대에 개최된 심포지엄에 참석하여 소회하는 말이 생각난다. "**30대에 노벨상을 수상하고, 60대 될 때까지 쉬지 않고 연구하고 배웠으나 이제 깨닫는 것은 아는 것이 거의 없다.**"는 것이라고 하였다.

항상 학생의 마음으로 인생을 살아가는 것이 중요하다. 인간 행동 중에서 배운다는 행동처럼 희망적이고, 의욕적이며, 미래적이고, 생산적인 것은 없다. **가장 현명한 사람은 항상 배우려고 하는 사람이라 한다.** 나는 아직 어떤 분야에 대해 부족하고, 미흡하다고 생각하면 부지런히 배우게 된다. **배움**은 부단히 전진하고 탐구하는 태도인 **향상의 의지**에 목적이 있다. 배움의 활동을 위해서는 왕성한 활동 능력이 필요하며, 의지가 있을 때 부단히 배우게 된다. 이와 같이 **배움의 정신**은 **겸손의 정신**이요, **향상의 정신**이며, **활동의 정신**이다.

노후 인생 후반기도 마지막 황금기이다. **배움**에는 **정년**이 없다는 말과 같이 쉬지 않고 배워야 한다. 특히 정보의 홍수와 4차 산업혁명을 맞이한 오늘날의 사회는 너무 빠른 속도로 모든 것이 변화하고 있다. 컴퓨터, 스마트폰, 외국어, 건강 상식, 한자, 서예, 요가, 무용, 노래, 단전호흡 등 배울 것은 무수히 많다. 쉬지 않고 배우면 몸은 늙을지라도 영혼은 늙지 않으며, **배우는 순간 몰입으로 행복감을 느끼게 될 것이다.** 미국 하버드대학교에서 실시한 한 연구 결과에 따르면 **캠퍼스(배움)와 더불어 생활하는 사람이 장수한다고 한다** (Long life is staying at school). 또한 노년의 꿈의 실현으로 행복한 삶을 살 수 있다.

2 봉사와 행복

노벨문학상을 수상한 프랑스의 대문호 **아나톨 프랑스**(Anatole France, 1844~1924)는 "**이 세상에 참다운 행복은 남에게서 받는 것이 아니라 내가 남에게 주는 것이다.**"라고 하였다. 사람은 자기가 행복할수록 그 행복을 남에게 나눠주려고 하는 존재이다.

미국의 **록펠러**(Rockefeller, 1839~1937)는 33세에 백만장자가 되었고, 43세에 미국에서 가장 큰 회사를 소유하였으며, 53세에 억만장자가 되었다. 그러나 그는 한 번도 행복하지 않았다고 고백했다. 억만 장자가 되었음에도 그 동안 돈을 모으는 데 몰입하여 누적된 스트레스가 원인이 되어 **55세에 스트레스성 소화불량 및 우울증 증상을 보였다.** 최후 검진을 받기 위해 휠체어를 타고 병원에 들어갈 때, 로비에 걸린 액자 속의 "**주는 자가 받는 자보다 복이 있다.**"라는 글귀가 눈에 들어왔다. 그 글을 보는 순간 전율이 생기고 눈물이 흐르며 생각에 잠겼다. 잠시 후 그의 귀에 입원비 문제로 다투는 소리가 들렸다. 한 소녀의 어머니가 딸을 입원시켜 달라고 울면서 애원하였지만 병원 관계자는 입원비가 없으면 입원이 불가하다고 말하고 있는 것이었다.

록펠러는 비서를 시켜 무기명(無記名)으로 병원비를 지불하게 하였다. 얼마 후 그 소녀가 기적적으로 회복되었다는 소식을 듣고, 소녀의 모습을 본 그가 얼마나 기뻤던지 삶이 이렇게 행복한 것인지 몰랐다고 그의 자서전에서 기록하고 있다. 그 일을 계기로 그는 나눔의 삶을 살기로 작정하였고, 그와 동시에 신기하게도 그의 질병도 사라졌다. 그 후 그는 **봉사활동**을 시작하였고, **장학재단**을 설립하여 가난한 사람들을 위해 자기의 전 재산을 기부하였다. 그는 인생 전반기인 **55세까지**는 재산을 모으기 위해 쫓기며 **불행**하게 살아왔으나 **후반기** 43**년**은 행복하게 **봉사**와 **나눔**을 실천하며 98세까지 행복하게 살았다.

봉사하는 사람들이 한결같이 하는 말은 "**봉사는 남을 위해서가 아니라 자기 자신을 위해서 필요한 일이라고 한다.**" 왜냐하면 봉사를 하면 행복해지기 때문이다. **톨스토이**는 "**봉사활동을 통해 자기를 완성시킬 수 있다.**"라고 말하기도 하였다. 또한 **행복**은 타인을 행복하게 해 주려는 노력에 대한 **부산물**(副産物)이라고도 한다. 세상에서 가장 존귀한 것은 남을 위해 봉사하고, 결코 보답을 바라지 않는 것이라 한다. 자기 희생을 통해 공헌할 줄 아는 사람은 비누와 같은 사람이다. **봉사 활동**은 **자발성, 무보수성, 공익성, 지속성, 생활성** 등의 특성을 가지며, **마음의 평화, 자기만족, 지역 사회 기여** 등의 만족을 얻게 된다. 그 외 **자긍심**과 자신의 **존재감**도 가지게 해 주며, **행복지수**를 높여 주기도 한다.

우리가 사회에서 봉사할 기회는 많다. 거리에 청소를 돕거나 분리 수거를 잘 하거나, 사회복지관에서 노인을 돕거나, 요양원에서 어른들의 사소한 말동무가 되어 주는 것 등 약간의 시간과 에너지를 제공만 한다면 많은 봉사의 기회가 있다. 그 외 재능 기부로 남을 도와준다면 삶에서 큰 행복감을 느낄 수 있게 될 것이다. 필자도 앞으로 봉사할 기회를 적극적으로 찾아보려고 한다. **빌 게이츠**는 제2의 인생은 돈을 쓰는 것이라고 하여 2000년에 **빌 & 멜린다 게이츠 재단**(Bill & Melinda Gates Foundation)을 설립해 기부 사업을 전개하여 **세계 최대의 기부자**로 활동하고 있다.

(5) 좋은 친구를 많이 사귐

우리 인생은 만남의 연속이라 할 수 있다. 독일 문학가 **한스 카롯사**가 "**인생은 너와 나의 만남이다.**"라고 말하였듯이 인간은 만남의 존재이다. 친구를 보면 자신을 안다는 말처럼 **제2의 자기 자신**과 같은 친구를 만나 인생을 함께 한다면 인생이 더욱 행복하고 풍성해질 것이다.

그러나 좋은 친구를 찾기란 쉽지 않다. 젊었을 때는 순수한 감정으로 친구가 되지만 노년이 되면 이해관계를 계산하거나 복잡한 감정으로 판단하게 되는 경향이 있어 친구를 만나기가 쉽지 않다. 성경 말씀에 "**구하라! 그리하면 너희에게 주실 것이요, 찾으라! 그리하면 찾아낼 것이요, 문을 두드리라! 그리하면 너희에게 열릴 것이다.**"라고 한 것처럼 좋은 친구를 만나기 위해 계속적으로 노력해야 할 것이다.

좋은 친구가 되기 위해서는 상대의 말을 **경청**하는 **겸손**함, 상대의 감정을 **칭찬**해 주는 마음, 상대에게 **양보**하는 마음이 있어야 한다. 겸손함은 친구를 머물게 하고, 칭찬은 친구를 가깝게 하며, 넓은 관용은 친구를 따르게 한다. 아름다운 장미가 가시를 가지고 있는 것처럼 사람은 누구나 장점과 단점을 가지고 있다. 장점은 칭찬해 주며, 단점은 도와주고, 부족은 채워주며, 허물은 덮어주고, 비밀은 지켜주며, 실수는 감춰주고, 능력은 인정해 준다면 좋은 친구 관계가 유지될 수 있을 것이다. 이와 함께 다양한 분야에 대한 **지식**과 **정보**, 그리고 **지혜**를 가지고 있어 이를 상대에게 나누어 줄 수 있는 **멘토**(mentor)나 **롤 모델**(role model)이 된다면 상대는 나와 만나는 것이 재미있고, 편하고, 더욱 유익할 것이다. 그러므로 나 자신이 좋은 친구가 되기 위해서 스스로 먼저 반성하고 노력하여야 할 것이다.

한편, **내가 만나야 할 친구**는 마음을 주는데 **겸손**하고 **계산하지 않으며**, 조건과 부담 없이 한결같이 대하여 주는 **마음 편한 사람**이면 좋다. 그리고 활기차고 **명랑한 사람**, 정보를 전달해 줄 수 있는 사람, 누구든지 도와주려고 하는 사람, 자주 만날 수 있고 **취미가 같**

은 사람, 건강관리를 잘 하고 **낙천적인 사람, 유머 감각이 풍부한 사람, 마음이 젊은 사람**, 현명하고 **순수한 사람**이면 더욱 좋을 것이다.

학창 시절에 세 명의 친구를 가지면 성공한 사람이라는 말을 의아하게 생각했었다. 그러나 노년기에 접어들어 깨닫게 된 것은 진정한 친구 한명을 사귀는 것도 어려운 일일 뿐만 아니라 단점이 없는 친구를 사귀려 한다면 평생 친구를 가질 수 없다는 것이다. 간사한 사람에게는 친구가 따르지 않고, 자기만 생각하는 사람에겐 사랑이 따르지 않고, 비교하는 사람에겐 만족(행복)이 따르지 않는다. **사람을 얻는 것은 행복을 얻는 것이요, 사람을 잃는 것은 행복을 잃는 것임을 명심하고**, 가까이 있는 **소중한 친구**를 잃지 않도록 서로 소통하며, 안부 인사를 자주 나누도록 해야겠다.

노년에 친구가 많다는 것은 큰 행복이자 가장 큰 선물이다. 인생 전반기에는 따스한 햇볕을 받으며 친구와 함께 걸을 수 있음이 행복인 것을 깨닫지 못했다. 모든 소소한 일상이 행복인 것을, 친구와 마주보고 웃을 수 있음이 행복인 것을 미처 몰랐던 것이다. 친구를 많이 만나며 살자! 얼마 남지 않은 세월인데 누구를 원망하며 살지 말고, 사랑하는 마음으로, 감사하는 마음으로 살다가 가자! 만나면 언젠가는 헤어진다는 회자정리(會者定離)라는 말처럼 이 세상에 영원한 만남은 존재하지 않기 때문이다.

1 친구의 의미와 우정

우리를 행복하게 만드는 것은 무엇인가? 이 세상은 혼자 살아가는 것이 아니라 인연과 연분 속에서 더불어 살아가는 것이다. 우리를 **행복**하고 **건강**하게 만드는 것은 부와 명예가 아니라 좋은 **인간관계**이다. 이러한 **인간관계** 중에서도 부부와 가족, 좋은 친구와의 관계로부터 **개인 행복의** 99%가 영향을 받는다고 한다.

부부는 **평생 동반자**이지만 "**친구는 인생의 동반자**"이다. 서로 돕고, 격려하고, 행복하게 사는 방법 중 하나가 친구를 가지는 것이다. 인생의 여정에서 서로 대화할 수 있고, 말이 통하고, 생각이 같고, 눈 빛 하나로 마음을 읽어주는 친구가 있다면 그것만으로 행복한 것이다. 특히 배우자와 사별(死別)하여 혼자가 된 경우에는 인생 사고(四苦) 중 하나인 **고독고**(孤獨苦)로 인하여 크나큰 고통을 겪게 된다. 그러나 이 때 내 옆에 있는 **좋은 친구**는 배우자의 빈자리를 크게 채워줄 수 있을 것이다. 그러므로 배우자와의 만남 다음에는 친구와의 만남이 으뜸이 아닐 수 없다.

진실하고 강한 우정을 쌓는 사람이 건강하고, 아름답고, 행복하게 살며 행복한 인생을 살아간다. 참된 친구가 있을 때, 외로움을 느끼지 않고 행복한 생활을 영위할 수 있고, 좋은 친구와 함께라면 아무리 먼 길이라도 재미있고 즐겁게 갈 수 있을 것이다. 변함없는 우정을 지닌 친구가 있다면 나이가 들어도 외롭지 않고 행복한 삶을 사는데 활력이 될 것이다. 그러므로 **좋은 친구** 한 사람을 만나는 것이 인생에 다시 없는 **축복**이며 **행운**이다.

좋은 친구는 지위가 높은 친구가 아니라 인생의 동반자이며 대화가 통하는 친구이다. 그리스 철학자 **에피쿠로스**는 **"한 사람이 평생을 행복하게 살아가기 위해 필요한 것 가운데 가장 위대한 지혜는 친구를 갖는 것이다."**라고 하였다. 이와같이 친구를 가지는 것은 행복생활의 5대 요건 중 하나이다.

친구(Friend)가 가지는 의미는 ① F(Free) : 서로 자유롭고, ② R(Remember) : 기억에 남으며, ③ I(Idea) : 생각나게 하고, ④ E(Enjoy) : 함께 즐길 수 있고, ⑤ N(Need) : 필요할 때 옆에 있어 주고, ⑥ D(Depend) : 의지하는 존재라는 의미를 내포하고 있다.

프랑스의 자연주의 화가 **밀레**(Jean François Millet, 1814~1875)의 그림이 잘 팔리지 않았을 때 그의 친구 **루소**가 다른 사람에게 그의 그림을 가져가 팔아주었다. 그러나 **루소**가 죽은 후 어느 날 **밀레**가 **루소**의 집을 방문해 보니 자신의 그림이 **루소** 집에 걸려 있었다. 이것을 본 **밀레**는 루소의 우정에 큰 감동을 받았다고 한다. 이처럼 **친구**는 인생의 **소중한 자원이자 복**이고, 한 사람이 평생을 행복하게 살아가기 위해 필요한 것 중 가장 위대한 것이라 할 수 있다. 또한 **친구**는 신이 인간에게 준 선물 중 가장 **아름다운 선물**이기도 하다.

성공은 친구를 만들고, **역경**은 친구를 시험한다. **아리스토텔레스**는 **"불행은 누가 친구가 아닌지를 보여준다."**고 하였다. 옛말에 급하고 어려울 때 친구, **급란지붕**(急難之朋)이 참 친구이며, 술 먹고 밥 먹을 때 호형호제 하는 친구인 **주식형제**(酒食兄弟)는 천 명이 있으나 진정한 친구가 아니라 하였다. 나 자신은 친구들에게 **급란지붕**인지 다시 한 번 반성해 보아야 하겠다.

추사 **김정희**(秋史 金正喜, 1786~1856) 선생이 제주도로 귀양 갔을 때 그 많던 친구들은 다 어디로 갔는지 찾아주는 이가 없었다. 그러나 예전에 중국에 사절로 함께 간 **이상적**(李尙迪, 1804~1865)이라는 친구는 그에게 소식을 전해주었고, 많은 책을 구입하여 제주도로 보내주곤 하였다. **추사**는 그의 우정 덕분에 육체적・정신적으로 큰 위로와 감동을 받았다. 그 우정에 감사하며 한 폭의 그림으로 답례하였는데 그 그림이 유명한 **세한도**(歲寒圖)이다. 세한도에는 날씨가 차가워진 후에야 **소나무의 푸르름**과 **정조**를 알 수 있다는 뜻이 담겨져 있다고 한다.

김정희와 **이상적**의 관계처럼 **급란지붕**은 다음과 같은 친구가 아닐까 한다.

① 시냇물처럼 언제나 따뜻한 마음 한 줄기가 고요하게 가슴으로 흐르는 사람
② 늘 함께 있고 싶고, 좋은 소식을 먼저 알리고 싶은 사람
③ 언제나 가슴 한 구석에 말없이 잔잔한 그리움이 밀려오는 사람
④ 카톡이나마 잊지않고 보내주며, 안부를 묻고 서로 그리워하는 사람
⑤ 마음을 담아 걱정해 주는 진실한 눈빛이 아픈 마음을 적셔

주는 사람

⑥ 마음이 아프고 괴로울 때, 상담하고 의지하고 싶은 사람

⑦ 멀리 있어도 마음으로 의지하고, 인생의 동반자 같은 사람

⑧ 내가 실수하더라도 언짢은 표정을 짓지 않는 사람

⑨ 언제나 진실된 충고와 위로를 해 주는 사람

⑩ 작은 물건이라도 즐겁게 나누어 쓸 수 있는 사람

2 친구의 중요성

인생 전반기에 성공하여 많은 돈과 건강을 가졌다고 해도 마냥 행복한 것은 아니다. 지위가 높아도 스스로 몰락하여 불행한 삶을 사는 사람들을 흔히 볼 수 있다. 물은 어떤 그릇에 담느냐에 따라 그 모양이 달라지지만 **사람**은 부모와 자식, **친구**, 스승 등과의 만남과 관계 속에서 그 **운명**이 결정된다. **운명**은 타고 나는 것이 아니라 **인간관계**를 통한 선택일 뿐이다. 부와 지위가 정점에 있던 사람들도 좋은 만남과 관계가 없다면 고독한 말년을 보내며 불행하게 살 수도 있다. 인생에 있어 **5가지 부자**는 **돈, 시간, 친구, 취미와 건강**을 가진 사람이라고도 할 수 있다. 그 중에서도 **친구 부자**가 인생 후반기를 넉넉하게 해 줄 **진짜 부자**라 할 수 있을 것이다. 아무리 돈이 많고, 권력이 있어도 주위에 마음을 의지할 친구가 없다면 불행한 인생이라 할 수 있기 때문이다.

오늘날 상상도 못한 첨단 기술이 발전한 **4차 산업혁명의 시대**라 하지만 우리는 여전히 인생의 행복을 위해 인생을 함께할 친구를

만들고 **행복의 공동체**를 이루며 살아야 하는 기술과 전략이 필요한 **우(友)테크의 시대**에 살고 있다. 백년도 못사는 짧은 인생임에도 천 년을 살 것처럼 욕심내지 말고, **"빈손으로 왔다가 빈손으로 가는 인생"**을 즐기면서 함께 웃으면서 즐겁게 **동행할 친구를 만들자!** 친구는 인생의 동반자이기 때문에 친구가 없다면 고독고의 외로움을 막을 방법이 없다. 그러나 노년의 동반자가 되는 친구를 가진 사람은 친구와 대화하는 목소리가 소년과 같고, 표정은 기쁨과 행복감이 차고 넘치는 것과 같다고 한다.

미국인 7,000명을 대상으로 흡연, 음주, 일하는 스타일, 사회적 지위, 경제 상황, 인간관계 등이 장수에 미치는 영향에 대하여 9년간 추적 조사한 하버드 대학의 연구 결과, **장수한 사람들**의 공통점은 **친구의 수(數)**였다고 한다. 친구의 수가 적을수록 쉽게 병에 걸리고, 일찍 사망하는 사람이 많은 것으로 나타났다. 반면, **친구의 수**가 많을수록 희로애락(喜怒哀樂)을 함께 나누어 **스트레스**가 줄며, **건강한 삶**을 유지할 수 있었다는 것이다. 특히 황혼기에 이별이 점점 많아져가는 고적한 인생길에 동행하는 친구가 있어야 행복한 삶을 사는데 활력이 될 수 있을 것이다. 이와 같이 **좋은 친구**가 많은 사람들은 **장수**할 뿐만 아니라 **행복지수**도 높게 살아간다고 하니 노년을 함께 보낼 수 있는 친구는 많을수록 좋다고 할 수 있겠다.

그리스 철학자 **에피쿠로스**가 **"행복은 친구가 있는 자만이 누릴 수 있는 특권이다."**라고 한 것처럼 문제가 생겼을 때, 논의할 수 있고, 고통도 이야기할 수 있는 친구, 기쁠 때도, 마음이 아플 때도, 의지하고 싶은 친구가 있다면 어떤 것보다 소중한 자산일 것이다. **친구**가 내 옆에 있음은 **은혜**요, **감사**요, **행복**이다. 나이 들어가면서 **친구**는 더욱 귀중한 **자산**이요, 삶에 활력을 주는 **원기소**이다. 젊은 날의 우정도 아름답지만 황혼기까지 동행하는 우정이라면 얼마나 아름다울까? 노년기의 가장 큰 적은 고독과 소외이니 노년기를 행복하게 보낼 좋은 친구를 많이 만들어 두자!

사례 3 진정한 친구(나성룡과 이대로)

당신은 진정한 친구를 한 사람이라도 가지고 있나요?

조선시대 **광해군**(光海君, 1575~1641) 때 **나성룡**(羅星龍)이라는 젊은이가 교수형을 당하게 되었다. 효자였던 그가 집에 돌아가 연로하신 부모님께 마지막 인사를 하게 해 달라고 간청하였다. 그러나 좋지 않은 선례를 남기게 될까 봐 그의 간청은 허락되지 않았다. 다른 사형수들도 부모님께 작별 인사를 하고 오겠다고 하고 도망가는 문제가 발생할 수 있기 때문이다.

이 때 **나성룡**의 친구 **이대로**(李大路)가 보증을 서겠다고 나타났다.

"전하! 제가 그의 귀환을 보증하겠습니다. 보내주십시요!"

"만약 나성룡이 돌아오지 않으면 어떻게 하겠느냐?"는 물음에 **이대로**는 "친구를 잘 못 사귄 죄로 제가 교수형을 받겠습니다."라고 하였다.

광해군은 어이가 없다는 듯이 웃으면서 "나성룡은 죽을 목숨인데 부모가 보내겠느냐? 너는 지금 만용을 부리고 있다."라고 말하였다.

"전하! 저는 나성룡의 친구가 되기를 간절히 바랐습니다. 제 목숨을 걸고 부탁드리오니 부디 허락하여 주십시오!"

광해군은 어쩔 수 없이 허락했다. **이대로**는 **나성룡** 대신에 감옥에 갇혔다. 그 후 교수형 집행 날짜가 다가왔으나 **나성룡**은 나타나지 않았고

이대로가 죽게 되었다.

처형대로 **이대로**가 끌려나왔다. 그의 목에 밧줄이 걸리자 **이대로**의 친척들은 울부짖기 시작했다. 그들은 **나성룡**을 욕하며 저주를 퍼부었다. 그러나 이대로는 밧줄을 목에 걸고는 "나의 친구 나성룡을 욕하지 마십시오!"라고 하였다.

그 순간 집행관은 **광해군**을 바라보았다. **광해군**은 주먹을 쥐고 엄지 손가락을 아래로 내렸다. 그 때, 멀리서 누군가가 고함을 지르며 말을 타고 달려오고 있었다. "오는 길에 배가 풍랑을 만나 겨우 살아왔습니다. 늦어서 죄송합니다. 이제 친구 **이대로**를 풀어주십시오! 사형수는 저입니다."라고 **나성룡**이 말하였다.

두 사람은 서로 끌어안고 작별을 고했다. **나성룡**이 말했다. "나의 소중한 친구 이대로! 저 세상에 가서도 자네를 잊지 않겠네!"

그 관경을 본 사람들 사이에 탄식이 흘러나왔다. 교수형 밧줄이 **이대로**의 목에서 **나성룡**의 목으로 바뀌어 걸렸고, 교수형이 집행되려는 찰라 **광해군**은 사형 집행을 중지시켰다.

광해군은 "부럽구나! 내 모든 것을 다 내어놓고라도 너희 두 사람의 **우정**을 내가 가지고 싶구나!"라고 말했다. **광해군**은 두 사람을 말없이 바라보다가 큰 소리로 말했다.

"**왕의 권위로 결정하노라. 저 두 사람을 모두 방면토록 하라! 비록 죄를 지었으나 저 두 사람이 조선의 청년이라는 사실이 자랑스럽도다.**"

이 광경을 본 사형 집행장에 모였던 원로대신들과 조선 백성들이 그때서야 모두 환호성을 지르며 두 사람의 방면을 기뻐했다.

우리 주변에 자기 목숨과 바꿀 수 있는 우정이 존재할 수 있을까요?

사례 4 우정과 신뢰(허목과 송시열)

조선후기 현종(顯宗, 1641~1674) 때 **남인**(南人)의 영수이자 우의정(右議政)이었던 **미수 허목**(眉叟 許穆, 1595~1682)과 **서**인(西人)의 영수였던 **우암 송시열**(尤庵 宋時烈, 1607~1689)의 이야기이다. 이 두 사람은 **노론**(老論)과 **소론**(少論)으로 나누어져 서로 원수 같이 반목질시(反目嫉視)하던 사이였다.

그러던 중 **우암**이 병을 앓게 되었다. 견디기 힘든 배앓이를 하였는데, 명의들을 불러 치료해도 소용이 없었다. 우암은 의학에도 해박한 **미수**가 혹 자신의 병을 고칠 수 있을지도 모른다고 생각한 끝에 아들을 보내 **미수**에게 처방전을 부탁하였다. 그런데 미수의 처방전은 의외로 간단하였다. 그것은 바로 **독약**이기도 한 **부자탕**이었다. **우암**은 의심 없이 미수의 처방대로 **부자탕**을 다려서 먹었다. 그 후 며칠 동안을 끙끙 앓고 난 후 씻은 듯이 병이 낫게 되었다. 독(毒)약인 줄 알면서도 의심하지 않고 **미수**를 믿었던 **우암**도 대단하지만 상대가 믿지 않을 줄 알면서도 과감한 처방을 해 준 **미수**도 대단한 사람이었다.

두 사람은 정치적으로는 다툼과 대립을 하였지만 서로의 훌륭한 점은 인정하고 믿어주는 성품과 아량을 지녔던 것이다.

"아무도 신뢰하지 않는 자는 누구의 신뢰도 받지 못한다."는 **제롬 플레트너**의 말처럼 서로 의견은 달리하지만 상대의 능력을 인정하고, 신뢰하는 열린 자세가 세상을 아름답게 하지 않을까요?

3 좋은 친구를 사귀는 자세

삶이 즐거운 것은 **친구**가 있기 때문이요, 세상이 아름다운 것은 **사랑**이 있기 때문이다. 좋은 친구가 많은 사람들은 오래 살 수 있을 뿐 아니라 **행복지수**도 높다. 좋은 친구들과 함께라면 아무리 먼 길이라도 즐겁게 갈 수 있다. 나이가 들어가면서 **친구**는 좋은 **자산**이요, 삶에 있어서 활력을 주는 **원기소**이다.

가능하면 **행복한 친구**를 만나자. 행복한 친구를 만나면 상대 친구에게 **행복감이** 15% **전파**된다고 하고, 친구의 친구에게는 10% 전파된다고 한다. 사람은 어떤 친구를 만나느냐에 따라 삶이 달라진다. 나이가 들어감에 따라 여건과 마음이 같은 친구를 만나기란 참으로 어렵다. 친구를 사귐에 있어서 좋은 사람을 찾지 말고, 좋은 친구가 되어주며 먼저 베푸는 것이 우선되어야 할 것이다. 현명한 사람은 옷깃만 스쳐도 그 인연을 잘 살려 친구로 만든다.

좋은 친구를 만나고 싶으면 내가 먼저 좋은 친구가 되어야 한다. 헤어질 때 만나고 싶은 사람, 함께 있으면 즐거운 사람, 상대에게 유익한 사람, 재미있는 친구가 먼저 되어 주어야 한다. 아름다운 장미에 가시가 있듯이 단점이 없는 사람은 존재하지 않는다. 상대의 입장에 처하기 전까지는 절대 그 사람을 욕하거나 책망해서는 안 된다.

상대방을 만나는 동안 좋은 관계를 유지하기 위해서는 진실한 마음으로 대하여 자기에 대한 신뢰감을 충분히 심어줘야 한다. 나를 도와 주려하는 자는 나에게 빚진 게 있어서 그런 것이 아니라 진정한 친구로 생각하기 때문이다. **카톡을 보내는 것도 할 일이 없어서가 아니라 마음 속에 항상 나를 생각하고 있기 때문이다.**

엎질러진 물을 다시 담을 수 없다는 뜻인 **복수불반분**(覆水不返盆)이란 말처럼 흘러간 세월은 다시 오지 않는다. **행복한 여생**을 꿈꾸며 **좋은 친구**를 만들어 항상 만나고 싶은 친구로 사귀자! 다시 못 만날 날이 언제 올지 모른다. 떠난 후에 후회하지 말고, 내가 먼저 친구와 잘 지내도록 노력하자! 그러나 아무리 좋은 친구라 하더라도 영원히 함께 갈 수 없다. **회자정리**란 말과 같이 내가 먼저 갈 수도 있고, 친구가 먼저 갈 수도 있으니 어느 땐가 홀로서기를 각오하여야 한다.

★ 오무(五無) 인간은 친구로 삼지 마라.

무정, 무례, 무식, 무도, 무능한 사람은 친구로 삼지 말라!

① 무정(無情) – 인간미, 사랑, 눈물이 없는 사람
② 무례(無禮) – 양보와 관용이 없는 사람
③ 무식(無識) – 사고방식, 이해심, 인격 수준이 낮은 사람
④ 무도(無道) – 도의심이 없이 제 멋대로인 사람
⑤ 무능(無能) – 능력과 적극성, 힘이 없는 사람

내가 먼저 오유인간(五有人間)이 되어야 친구가 찾아온다.

8. 웰 다잉(well dying)

누구에게나 필연적인 죽음을 어떻게 맞이하여야 할까?

인간의 노화는 그 어떤 의술로도 막을 수 없고, 죽지않으려해도 죽게 되고, 죽지 못해 살려해도 결국은 죽게 된다. 죽음은 피할 수 없는 사항이므로 준비하지 않을 수 없다.

죽음은 우리 인생의 꿈과 희망, 사랑 등 모든 것이 끝나는 순간이다. 필연적인 죽음에 대하여 잘 준비한 사람에게는 죽음도 축복이며 기쁨이라 할 수 있다. 이와 같이 행복한 죽음을 맞이하는 것을 **웰 다잉**(well dying)이라 한다.

노년의 삶은 자신의 인생을 마무리하는 단계이기 때문에 죽음을 준비하는 기간이기도 하다. 죽음을 너무 두려워하는 것도 문제이지만 당장 죽어도 여한이 없다고 하는 경박한 태도는 더 큰 문제이다. 일본의 **소노아야꼬**는 "**죽음이 오늘이라도 찾아오면 힘을 다해 열심히 죽을 것**"이라고 하였다. **소크라테스**는 "**죽음은 인간이 받을 수 있는 최고의 축복이다.**"라고도 하였다.

죽음은 인생을 마무리하는 단계로 삶의 연장선상에서 경건하게 생각하여야 한다. 병에 걸리면 열심히 투병하고, 죽을 준비도 하며, 부름을 받으면 "**네!**" **하고 떠날 준비를 하여야 한다**. 추하게 죽는 것이 아니라 **행복한 죽음, 아름다운 죽음, 준비된 죽음, 완전한 죽음을 맞이하는 것이 웰 다잉**이다. 그러므로 행복한 노년을 보내기 위해서는 때가 되면 죽음을 맞이하는 자세, 행복한 마음으로 **죽음을 수용하는 자세, 죽음을 준비하는 자세**를 가져야 할 것이다. 이러한 고차원의 인생관이 노년기의 삶에서 중요하며, 인생관의 존재 여부가 삶의 질을 확연하게 바꾸어 놓는다.

노년기에는 **신에 대한 긍정적인 사고**가 자리 잡게 되고, 그에 대한 심오한 깨달음을 얻기 위해 부단히 노력해야 하는 시기로, 잉여 시간은 존재하지 않기에 시간은 인간에게 성실할 것을 요구한다. 이러한 **노년의 시기**에 있는 사람은 **비움**과 **내려놓기**를 준비하여야 한다. 가족도, 친구도, 재물도, 의욕도 어느 순간에 자신도 모르는 사이에 떠나가게 되는 것이 **노년의 숙명**이다. 그러므로 순수하게 잃어버림을 받아들여야 한다. 이와 같이 **웰 다잉**은 본인이 **죽음의 당연성**을 인식하고, 죽기 전에 **유언장 작성, 장례절차 준비, 유산 상속** 등의 절차 등을 포괄적으로 준비한 다음에 임종을 맞는 **행복한 죽음**을 의미한다.

(1) 행복한 죽음의 수용과 신앙생활

이 세상에 태어난 모든 생물체는 언젠가 죽음을 맞게 되어 있다. 지혜의 왕 **솔로몬**이 "**이것 또한 저 멀리 지나 갈 것이다**(This too shall pass away)."라고 한 것처럼 죽음을 맞게 되는 것은 가장 공평한 자연의 원리이므로 예외는 있을 수 없다. 죽지 않는 사람은 아무도 존재하지 않는다. **죽음**은 이 세상을 살아가는데 중요한 수단인 **육체의 마지막 과정**이다.

나의 사랑하는 가족과 친구들이 이미 이 세상을 많이 떠났다. 생각하면 애석하고 슬픔이 앞서지만 멀지 않은 날에 나도 뒤따라 갈 것이라고 생각하니 위안이 되기도 한다. 인생은 자연에 순응하고, 자연의 원리에 따라 기쁜 마음으로 가야한다. 대부분의 사람들은 다른 사람의 죽음을 생각하면서도 자신의 죽음에 대해서는 생각하지 않는 경향이 있다. **죽음**이란 나와는 무관한 것이며, 재산, 지위, 명예 등이 죽음으로부터 나를 보호해 줄 수도 있을 것이라고 생각하며 살아서는 아니된다. 그것들은 죽음 앞에서 아무 쓸모없는 것들이다. 단지 죽음 앞에서 우리가 할 수 있는 일은 **죽음에 순응**하는 것뿐이다. 이와 같이 죽음만큼 가장 확실한 공식은 없으며 예외는 있을 수 없다.

사람은 누구나 죽는다는 분명한 사실을 알고 있음에도 불구하고 사람들은 죽음을 왜 두려워할까? 왜냐하면 인간은 자신이 언제 죽을지? 어디서 죽을지, 어떻게 죽을지를 예측할 수 없고, 또한 죽음 후에 어떻게 될 것인지에 대해 두렵기 때문이다. 이러한 **죽음을 당연히 수용**하고, **행복한 죽음**을 맞이하기 위해서는 **죽음**에 대한 **소망**(所望)이 있어야 한다.

노년의 꿈이 있다면 **내세**(來世)에 대한 **소망**일 것이다. 죽음에 대한 소망을 가지고 행복한 죽음을 맞이하게 되는 데 필요한 것이 **신앙**이라 할 수 있다. **신앙생활**이란 자신의 한계를 알고, 더 근본적인 것에 귀의하고 의지하는 것이다. 신앙생활을 하는 그들은 겸손하고, 오만하지 않으며, 남을 편하게 해 주는 심성을 가지고 있다.

신앙생활의 근본은 "나는 왜 태어났고, 왜 사는 것이며, 우리는 어디로 가는가?" 그것을 이해시켜주고, 연관성을 밝혀주기 위한 것이다. 모든 **종교의 본질**은 **영원성**과 **신성성**에 기초를 두고 있으며, 그 밑바닥에는 오직 하나의 영원한 계시가 흐르고 있다.

톨스토이는 "**신앙이 없는 사람은 근본적으로 동물적인 삶을 살고 있다.**"라고 하였다.

종교를 가진 사람들이 종교가 없는 사람들보다 더 행복하다고 느끼고 산다고 한다. 기독교의 경우 성가대에 참여하여 찬송을 부르는 사람이 그렇지 않은 사람보다 7년 더 오래 산다는 연구 결과가 있다. 그 이유는 이러한 활동이 **내세**에 대한 **소망**을 갖게 해주며 마음이 편안하고 행복한 생활을 할 수 있게 해 주기 때문으로 생각된다. 그러므로 꿈을 잃지 않고, 죽음을 두려움 없이 맞이하기 위해서는 **신앙생활**을 갖는 것이 중요하다.

각 종교는 영원한 행복을 느낄 수 있게 해 주고, 현세도 중요하지만 **내세**에 대한 **소망**을 갖게 해준다. **종교**가 지향하는 **근본 목표**는 **영원한 행복**을 추구하는 것이다. 종교를 인간이 만들어 낼 때 "죽음이 두려워 만들었다."는 말이 있다. 종교생활은 삶의 의미와 목적을 추구하기 때문에 인간생활의 행복에 중요한 영향을 미친다. **고 차동엽 신부**의 「무지개 원리」에서는 "**하나님을 공경하고, 그 분과 올바른 관계를 맺는 것이 전부이고, 가장 중요한 것이고, 이것이 없이는 진정한 행복이 없다.**"고 이야기하고 있다.

(2) 행복한 죽음을 위한 준비사항

웰 다잉이란 노년의 인생을 마무리하는 단계로 **죽음을 준비하는 단계**이다. 죽음을 삶의 연장선상에서 경건하게 생각하여야 한다. **죽음**은 인생의 마무리이므로 마무리를 잘 하는 사람이 진정 인생을 잘 산 사람이라 할 수 있다. 죽지 않고 영원히 살 것처럼 생각하니 많은 욕심이 생기지만 언젠가 죽는다는 것을 깨닫게 되는 순간 많은 돈과 재물의 욕심이 필요 없게 된다. 우리 모두는 지구의 여행을 끝내고 하늘에 돌아가게 된다. 여행이 즐거우려면 짐이 가벼워야하고, 돌아갈 곳이 있어야 한다. 돌아갈 그 곳이 **신앙생활**이다. 그러므로 죽음을 생각하며 사는 사람이 행복한 삶을 살 수 있다.

인생은 얼마나 오래 사느냐보다 어떻게 행복하게 사느냐가 더 중요하다. 오늘을 건강하게, 즐겁게, 긍정적으로, 감사하게 살면서 행복한 죽음을 위해 다음 사항에 대한 결정과 준비를 해 둔다면, 죽음도 행복이며 기쁨이 될 것이다.

[1] 죽음의 계획을 세워 실행한다.

죽음이 두려운 것이 아니라 피할 수 없는 인생 과정임을 인지하고, 수용할 수 있는 **영적 준비**를 한다. 편안한 마음과 행복한 마음으로 죽음을 맞이할 수 있어야 한다.

[2] 죽음을 맞기 전에 자신의 건강관리를 잘 한다.

건강관리는 자기 자신의 책임이다. 건강하지 못하면 자기의 고통은 물론이고, 배우자, 자녀 등 가족에게 큰 고통을 주게 되므로 자기의 건강관리는 본인의 의무이자 책임이다.

3 죽음의 형태를 가족과 함께 논의하여 결정한다.

자연사로 할 것인가? **안락사**로 할 것인가? **존엄사**로 할 것인가?를 결정한다. **자연사**는 육체가 건강하지 못해 자연히 사망하는 경우이고, **안락사**는 환자의 고통을 덜어주기 위해 약물 등을 사용하여 생명을 인위적으로 종결시키고, 의도적으로 죽음을 유도하는 행위이다. **존엄사**는 회복이 불가능할 때 사망하는 사람의 존엄성 확보를 목적으로 환자의 연명치료중단의 자기결정권을 인정하는 것이다. 자연사를 선택하면 평온한 죽음을 맞을 수 있다.

4 재산과 소지물품에 대하여 정리해둔다.

사후에 자녀들 간의 유산분쟁은 참으로 비참하고, 안타깝고, 마음 아픈 일이다. 그러므로 죽음 전에 정리를 해 둔다든지 아니면 **유언장**을 작성하여 정리해 두어야 한다. 재산 외에도 자녀들이 소지하였으면 하는 주요 물품들에 대하여 분쟁이 발생하지 않게 정리하고, 그 외 물품들도 미리 정리하여 주위를 깨끗하게 정리해 두는 것이 좋다.

5 주변에 관계있는 사람들과 관계를 정리한다.

한번 꼭 만나고픈 친구나 은혜를 입은 사람과 만나 인사를 하고, 관계를 정리하고, 사과해야 할 사람이나 용서해야 할 사람이 있으면 기쁜 마음으로 정리를 한다.

6 사후 필요한 사항들을 구체적으로 정리해둔다.

죽음이 두려운 것이 아니라 피할 수 없는 인생 과정임을 인지하고, 수용할 수 있는 **영적 준비**를 한다. 준비해둠으로써 편안한 마음과 행복한 마음으로 죽음을 맞이할 수 있게 된다.

① **빈소** - 빈소를 어떤 곳에 하면 결정해 놓고, 장례식에 대비한 보험 가입 등을 하여 자녀들에게 부담을 주지 않게 한다.

② **장례식 순서** - 자신이 원하는 장례식의 절차와 순서를 결정하여 자녀들에게 전해준다.

③ **장례 방법** - 매장(埋葬), 화장(火葬), 수목장(樹木葬), 산골장(散骨場) 등 원하는 방법을 결정하여 준비해 둔다.

④ **영정사진** - 본인의 영정사진을 제작하여 준비해 둔다.

⑤ **매장자리와 방법** - 매장 자리를 미리 정하여 구체적으로 제시해 주고, 매장 방법에 대하여도 요구사항이 있으면 구체적으로 제시해 준다.

⑥ **부고장과 초청자 명단** - 참여 여부와 관계없이 본인의 죽음을 알리고 싶은 사람의 명단을 작성해 주고, 부고장의 양식도 결정해 놓는다.

⑦ **묘비내용 작성** - 인생 삶을 정리하는 마음을 묘비에 새겨두도록 작성하여 자녀들에게 맡긴다.

⑧ **유언장 작성** - 직접 가족과 논의하지 못한 내용이 있으면 **유언장**을 공증인에게 의뢰하여 작성 받아 전달하게 위임해주거나, 직접 작성한 **유언장**은 **사서증서**(私署證書)이므로 반드시 공증

인(公證人)으로부터 **인증**을 받아두어야 시비가 없다.

⑨ **죽음에 대한 알 권리** - 인간의 기본적인 권리이며, 환자와 가족, 의사 간에 신뢰관계를 형성하게 해 준다. 환자에게 남은 일생을 정리하게 해 준다.

(3) 회자정리와 행복한 노년

인생은 만남에서 시작하여 만남 속에서 생활하고 있다. 그러나 그 만남은 영원한 것이 아니고 회자정리(會者定離)라는 말처럼 반드시 헤어지게 되어 있다. **만남**은 **기쁨**이고 **행복**이지만 **이별**은 **슬픔**이고, 괴로움이며 **인생무상**(人生無常)이다. 특히 죽음은 다시 만날 수 없는 영원한 헤어짐이다. 영원히 떠난다는 것은 참으로 슬프고 괴로운 일이다. 가까이 지냈던 친구들이 떠나는 것을 보면, 나에게도 죽음이 가까워온다고 생각할 수도 있다. 그러나 아직까지 많은 생이 남았다고 생각하고 하루를 행복하게 보내도록 해야 할 것이다.

언젠가는 떠날 것이라는 사실을 받아들이고 그것에 대한 준비를 하면서 살아야 한다. 필자도 병원 생활을 하면서 나에게도 죽음이 찾아오고 있음을 예감하게 되었다. 그러나 내일 죽더라도 태연하게 행복한 죽음을 맞이할 마음가짐과 준비가 필요함을 인식하면서 본서를 집필할 각오를 하고 추진하게 되었다. 그리고 현재 모든 것을 정리하는 과정 중에 있다.

특히 내가 사랑하는 사람도 항상 내 곁에 있다고 볼 수 없다. 부부가 동시에 이 세상을 떠날 수 없기 때문에 언젠가 한 사람이 먼저 세상을 떠나면서 헤어지게 된다. 이 사실을 생각하면 지금 바로 "**당신을 사랑합니다.**"라는 말을 함과 동시에 사는 동안 **성숙한 사랑**으로 보답하겠다는 다짐이 필요하다. 사랑하는 사람이 이 세상을 먼저 떠난다고 생각하면 가슴이 저려온다. 그 텅 빈 마음을 어떻게 감당할 것인지 눈 앞이 캄캄하다. 후회한들 무슨 소용이 있으리오. 살아있는 이 순간에 잘해야지 하며 마음을 다잡아 본다.

세상을 떠난 후 매일 산소에 가서 커피 한잔 타 놓고 눈물 흘리며 차디찬 상석에 입을 맞춘들 무슨 의미가 있겠소? 어리석고 부질없는 짓이 아니겠소? 지금이라도 손을 잡고, 눈을 마주보며, 포옹하고, "**당신을 진실로 사랑하오! 지금까지 함께 살아주어서 고맙소! 당신 덕분에 행복했습니다.**"라고 하면서 기쁨을 나누리라! 죽음을 생각하며 사는 사람이 행복한 삶을 살 수 있듯이 언젠가 피할 수 없는 죽음을 인식하고, 오늘 하루의 중요성을 되새기면서 기쁨과 행복한 시간을 보내도록 해야겠다고 다짐해본다. 결과적으로 행복한 노년이란 무엇인가? 우아하게 늙고(well aging), 행복하게 삶을 살고(well being), 행복한 죽음(well dying)을 맞이하는 것이 아닐까?

(4) 죽음 앞에서 후회하는 말

호주에 사는 한 여성이 은행에 취업하였다. 처음에는 좋은 직장이라 생각하고, 자랑스럽게 생각했으나 매일 똑같은 단순한 업무를 반복하니 무의미하다는 생각이 들었다. 그리하여 직장을 그만두고 꿈을 찾기 위하여 영국으로 여행을 떠났다. 영국 여행 중에 여행 경비를 충당하기 위해 노인 전문 요양병원에서 병간호를 하였다. 그녀는 얼마 후 호주에 돌아와 노인 돌보는 일을 시작하게 되었다.

그녀는 죽음 직전에 있는 노인들이 평생을 살면서 후회하는 말들을 노트에 적어 정리하였다. 대부분 공통되는 **다섯 가지 후회**가 있었는데 그에 대한 일화를 책으로 출간하여 베스트셀러(bestseller)가 되었다. 그 다섯 가지 후회하는 말들은 다음과 같다. 이것은 죽음을 맞이하여 후회하지 않도록 이 말들을 마음에 새기고 있어야 할 것이다.

① 내 자신에게 정직하지 못했다. – 나의 삶을 보여주기 식 삶을 살았다.
② 가족과 시간을 더 많이 보냈어야 했다. – 어느 날 보니 애들은 이미 다 성장하였고, 배우자와의 관계는 서먹해져 있었다. 애플사의 스티브잡스의 마지막 말에도 이와 같은 말이 있다.
③ 내 감정을 주위에 솔직하게 표현하지 못했다. – 마음을 터놓지 못하고, 꾹 누르며 살았다. "사랑한다."고도 말 못하고, 용서 구하여야할 사람에게 용서받지도 못하였다.
④ 친구들과 연락하며 살았어야 했다. – 보고 싶은 친구를 꼭 한번 보았으면 좋겠다. 그러나 지금은 만나 볼 수도 없다.
⑤ 행복은 결국 나의 선택 사항이었다. – **행복은 저절로 찾아오는 것도 아니고, 내 스스로가 찾으려고 노력하여야 했었다. 그러나 노력하지 못했음이 후회스럽다.**

유 언 장

작성인 : 주민번호 :

주 소 :

소 속 :

연락처 : 집 / 핸드폰

본인이 사망하게 되면 배우자를 비롯하여 직계가족을 포함한 5명 이상이 개봉하여 이 문서가 제시하는 데로 처리하여 주시기를 바랍니다.

1. 배우자에게 하고 싶은 말:
2. 자녀들에게 하고 싶은 말 :
3. 소유하고 있는 재산에 대하여 :
4. 내가 하던 일에 대하여 :
5. 내 자신에 대하여 :
   ① 장례에 관하여 부탁할 말
   ② 주변 사람들에게 드리고 싶은 말

20××년 월 일

서명인(유언자) (인)

이 외에도 **죽을 때 후회하는 말들**은 다음과 같았다.

① 베풀지 못한 것에 대한 후회
② 참지 못한 것에 대한 후회
③ 좀 더 행복하게 살지 못한 후회
④ **"사랑한다, 고맙다."**고 말 못한 후회.
⑤ 조금만 겸손했더라면 하는 후회
⑥ 친절하지 못한 후회
⑦ 죽도록 일하지 않았으면 하는 후회
⑧ 장례식에 대해 준비하지 못한 후회
⑨ 건강을 소중하게 생각하지 못한 후회
⑩ 신의 가르침을 받아들였더라면 하는 후회 등이었다.

(5) 요양병원의 생활 실상

오늘날의 **요양원**과 **요양병원**은 옛날의 고려장과 같은 역할을 하고 있다. 그 곳은 자기가 가고 싶다고 해서 가는 곳도 아니고, 자기가 가기 싫다고 해서 가지 않는 곳도 아니다. 늙고 병들고 정신이 혼미해지면 갈 곳은 그 곳밖에 없다. 나이가 들어 서서히 정신이 혼미해지고, 치매가 찾아오거나 신체 활동이 어렵게 되면 누구나 가는 곳이 되고 있다. 수많은 노인들이 창살 없는 감옥에서 의미 없는 삶을 하루하루 연명하고 있는 실정인 것이다. 결국 자식, 아내, 남편이 있건 말건 간에 본인이 원하던, 원하지 않던, 돈이 있던, 돈이 없던, 잘 살았던, 못 살았던, 명예와 지위를 가졌던, 갖지 못했던 대부분이

요양원이나 요양병원에서 생의 마지막을 보내게 된다. 그들도 자신의 말로(末路)가 그렇게 될 줄은 전혀 예측하지 못하였을 것이다. 결코 남의 이야기로만 치부할 수 없다.

많은 재산을 두고, 많은 돈을 가지고간들 무슨 소용이 있으랴? 그곳에 가기 전에 내가 정신을 가지고 사는 동안에라도 돈을 아끼지 말고, 먹고 싶은 것을 사먹고, 가고 싶은 곳에 가보고, 보고 싶은 것을 보고, 하고 싶은 것을 하면서 좋은 친구들과 즐겁고 행복한 하루를 살다가야지! 하는 생각이 든다.

영원히 살 것처럼 생각하나 언젠가 죽는다는 것을 깨닫는 순간 많은 돈도, 재물도, 욕심도 필요 없게 된다. 그러므로 **죽음이 다가오고 있다는 사실을 인식하며 사는 사람이 행복한 삶을 살 수 있을 것이다. 중요한 것은 얼마나 오래 사느냐가 아니라 어떻게 행복하게 사느냐가 노년기 삶의 목적이다.**

죽음 앞에는 누구도 예외가 될 수 없다. 내가 지금 살고 있는 집은 나의 영원한 집이 될 수 없으며, 얼마동안 머무르다가 언젠가는 떠나야하는 하숙집에 불과하다. 천 년, 만 년 살 것처럼 발버둥 치며 살다 예고 없이 부르면 가야할 인생! 갈 준비도 못하고 빈손으로 떠나가야만 하는 **공수거**(空手去)라 생각하면 인생무상이다. 대부분의 사람들이 인생 전반기에 성공을 위해 앞만 바라보며 열심히 살다보니 삶을 즐기지 못하고, 인생 후반기를 맞게 되어 친구들과 어울려 즐기고, 가보지 못한 여행도 가면서 즐겁게 살려고 하지만...... 내일을 기약할 수 없다.

오늘이 내 생애 마지막 날이라 생각하고, 요양원(요양병원)에 입원하기 전에 후회 없는 오늘 하루를 보내는 것이 가장 중요하다.

찬란하였던 과거는 이미 지난날이고, 미래는 기약할 수 없으니 오직 존재하는 것은 오늘 현재뿐이다. 현재 주어진 시간을 즐겁게 행복하고 의미 있게 후회 없는 삶을 사는 것이 중요하다.

★ 우리나라의 웰 다잉법 제정

옛말에 잘 죽는 것도 오복의 하나이며, 고종명(考終命)이라고도 하였다. 1997년 2명의 의사들이 환자 부인의 요청으로 희망이 없는 환자에게 생명연장치료를 중단해서 처벌 받은 뒤, 18년 만인 2017년 8월 4일에 우리나라에 **웰 다잉법**이 시행되었다.

의법에서는 인간으로서 지녀야 할 품위를 지키면서 죽을 권리를 보장하는 법으로 **웰 다잉법**을 제정하였고, 이 법은 인간으로서 최소한의 품위와 가치 있는 죽음을 위해 환자 스스로 선택할 수 있는 기회를 제공하고 있다.

제5부. 행복생활 교훈 · 지혜 · 명언

CONTENTS

1. 행복생활을 위한 교훈

행복 생활에 도움되는 교훈들에 대하여 음미해보자!

교훈 1 나무꾼과 노인의 사연(행복)

나무꾼이 짐을 지고 내려올 때면, 한 노인이 양지 바른 곳에 앉아 그 나무꾼을 쳐다보고 있었다. 하루는 나무꾼을 불러 "조금만 더 가면 광산이 있어! 구리가 나는 곳이 있다네!" 하며 알려주었다. 나무꾼이 그 곳을 찾아 갔더니 진짜로 구리 광산이 있었다. 나무꾼은 그 곳에서 구리를 캐어 시장에 팔았다. 그 후 노인은 그보다 옆으로 조금만 더 가면 금광이 있다고 알려주었다. 나무꾼은 구리와 금을 캐서 시장에 팔아 생계유지는 물론 많은 돈을 벌어 큰 부자가 되었다. 그러나 그는 매우 바쁜 나머지 그 노인에 대한 생각은 잊어버리고 일만 하면서 늙어 갔다. 문득 노인이 생각이 나서 그가 항상 있었던 곳을 다시 찾아가보았더니 그 노인은 조금도 늙지 않고 행복해 보였다. **"저는 어르신 덕분에 큰 부자가 되어 이젠 무엇인가로 보답을 해드리고 싶은데 무엇인지 말씀해 주십시오. 남루한 옷을 입고 길가에 거적을 깔고 앉아 있으시면서 금이 있는 곳을 직접 가서 캐지 않으시고 어찌하여 저에게 그 곳을 가르쳐 주신 겁니까?"**하고 나무꾼이 노인에게 물었다. 노인은 **"나는 햇빛만으로도 행복하다."**라고 하였다.

이와 같이 행복은 절대적 개념이 아니고, 상대적 개념이며, 주관적이고, 자기 마음속에 있다. 행복은 자기 자신이 만든다. 자신이 들고 있는 무거운 짐을 내려놓으면 행복해 질 수 있고, 자기의 욕심을 버리고 마음을 비우면 행복해 질 수 있음을 이 이야기가 우리에게 말해주고 있다.

교훈 2 거상과 어부의 이야기(행복)

거상(巨商)은 거액의 재산을 모아 큰 부자가 되었으나 조금도 행복하지 않았다. 사업규모에 만족하지 않고 쉴 새 없이 일만했기 때문이다. 거상이 배를 타고 가다가 해변에 누워 일광욕을 즐기는 한 어부(漁夫)를 만났다. 그 옆에 있는 배 한척에는 대어(大魚)가 가득했다.

거상이 어부에게 물었다. "**몇 시간 일해야 이렇게 많은 물고기를 잡을 수 있습니까?**" 어부는 "**잠깐이면 잡을 수 있습니다.**"하고 대답하였다. "**그럼 왜 고기를 계속 잡지 않고 일광욕을 하고 있나요?**" 하고 거상이 물었다. "**그렇게 많이 잡아서 뭐 하게요? 저는 물고기를 잡고 난 후, 일광욕을 하고 집에 가서 점심을 먹고 아이들과 놀다가 낮잠을 자기도 하고, 친구들과 만나 술도 한잔 하고, 좋아하는 기타도 치고 하루를 보냅니다.**"하고 어부는 말했다. 거상은 어부에게 "**물고기를 많이 잡아 팔고 돈을 벌어 큰 배를 구입하여 더 많은 고기를 잡으면 선원들을 고용하여 많은 돈을 벌 수 있고, 10년 쯤 하면 얼마든지 친구들과 놀 수 있을 테고......**"하면서 조언을 하였다. 그러나 어부는 현재 만족의 기쁨을 누리며 즐겁고 의미 있게 살고 있다고 자부하고 있었다.

거상은 계속해서 꿈을 키우기 위해 쉴 새 없이 일만하여야 했기에 만족을 느끼지 못하였다. 이와 같이 **부의 크기가 행복의 절대적 조건이 아닌 것이다.** 삶의 행복은 삶에 만족하느냐, 하지 못하느냐에 달려있다.

교훈 3 노년의 인생사에 대한 느낌

새벽에 일찍 일어나 강가에 가보니 가방이 하나 있었다. 열어보니 돌만 가득 차 있었다. 심심한 차에 돌을 하나, 둘 강물에 던졌다. 강물은 유유히 흘러가고, 먼 동이 트기 시작했다. 막 해가 돋기 시작했다. 집어든 돌이 환한 빛이 나기 시작했다. 알고보니 귀한 **다이아몬드 광석**이었다. 그러나 남은 것은 마지막 돌 하나뿐이었다. 던진 것은 강물에 다 흘러가 버렸다.

우리 인생사가 바로 이와 같음을 느끼게 된다. 귀하고 **귀한 70년**을 귀한 줄도 모르고 다 흘려보냈다. 남은 시간이 10년, 5년, 1년이 될지 모르지만 다이아몬드처럼 귀중하게 생각된다. 이제라도 **하루**를 귀하게 생각하고, 최고로 즐겁고 **행복하게** 보내야 할 것이다.

교훈 4 아름답게 사는 방법 (물 같이 살자)

가장 아름다운 인생은 물처럼 사는 삶, **산성약수**(上善若水)의 삶이다. 이것은 지극히 착한 것은 물과 같다는 뜻으로, 만물을 이롭게 하면서 다투지 않고 흘러가듯 살아라는 뜻이다.

물은 **변화와 적응의 천재**다. 둥근 그릇에 담으면 둥근 그릇을 채우고, 모난 그릇에 담으면 모난 그릇에 적응한다. 물은 더러운 것을 깨끗이 씻어주고, 생명의 원천이다. 우리 몸의 70%가 물로 구성되어 있다. 우리는 물처럼 남을 이롭게 하고 만물을 정화해야 한다.

물은 앞을 가로막는 장애물이 있으면 돌아가고, 때로는 땅 속으로 서서히 스며들고, 때로는 높은 둑이 있으면 조용히 넘쳐흘러간다. 지혜로운 사람은 남과 다투지 않는다. **맹자**는 "**인자무적**(仁者無敵)"이라고 말했다. 즉, "**인자하고 착한 사람에게는 적이 없다. 웃는 얼굴에 침을 뱉지 못한다.**"는 뜻이기도 하다.

우리는 **물의 유연성**을 배워야 한다. 물은 위로 올라가려고 하지 않는 겸손의 미덕을 가지고 있다. 따라서 노자는 "**물을 본받고 물을 배우라.**"고 하였다. 물은 인간의 위대한 스승이며, 심오한 지혜를 가르친다.

교훈 5 물이 갖는 7덕(노자)

아름다운 인생(well aging)은 물처럼 사는 것(上善若水)이라고 하였으니 모두들 물과 같은 내공으로 아름다운 선악경지에 이르시길! **노자**(老子)는 "**인간수양**(人間修養)**의 근본을 물이 가진 일곱 가지 덕목**(水有 七德)**에서 찾아야 한다.**"라고 하였다.

① **겸손** - 낮은 곳으로 흐르는 것

② **지혜** - 막히면 돌아가는 것

③ **포용력** - 구정물도 받아주는 것

④ **융통성** - 어떤 그릇에나 담을 수 있는 것

⑤ **인내** - 바위도 뚫는 끈기가 있는 것

⑥ **용기** - 장엄한 폭포처럼 투신하는 것

⑦ **대의** - 유유히 흘러 바다를 이루는 것

그 외 마른 땅을 적시어 식물을 살게 해 준다는 **봉사**의 덕목도 있다.

교훈 6 사귀어야 할 친구

행복한 친구를 만나야 한다. 행복한 친구를 만나면 상대 친구에게 행복감이 15% 전파된다고 한다. 주어진 여생을 멋지게 엮어가는 **위대한 지혜**는 **우정**(友情)이다. 행복은 친구가 있는 사람만이 누릴 수 있는 특권이다. 나이가 들어가면서 사귀어야 할 친구 대상은 다음과 같다.

① 행복하게 사는 친구
② 건강관리에 철저한 친구
③ 유머 감각이 풍부한 친구
④ 성격이 낙천적인 친구
⑤ 취미가 같거나 다양한 친구
⑥ 마음이 열정적인 젊은 친구
⑦ 언제든지 만날 수 있는 친구
⑧ 봉사활동을 하는 친구
⑨ 학창시절에 사귄 옛 친구
⑩ 카카오톡을 주고받는 친구
⑪ 희망적인 생각을 갖는 친구
⑫ 내 이야기를 잘 들어주는 친구
⑬ 감사가 체질화된 친구
⑭ 언제나 밝게 웃는 친구
⑮ 긍정적인 정서를 가진 친구

교훈 7 인간의 욕망과 행복 관계

인간은 무한한 욕망의 소유자로 인간이 가지고 있는 욕구에는 식욕, 성욕, 소유욕, 명예욕, 권력욕, 인정욕 등 많은 욕구를 가지고 있다. "**행복은 욕망이 충족될 때 나타나는 결과이다.**" 그러나 무한한 욕망을 충족하기란 쉬운 일이 아니기 때문에 불행과 고통이 따른다.

허무주의자 **쇼펜하우어**는 "**욕망은 끊임없이 분출되므로 행복한 날이 거의 없다.**"고 하였다. 그러므로 행복을 찾기 위해서는 무한한 욕망을 절제하고 줄여야 하며 마음을 비워야 한다. 마치 연 잎이 감당할만한 빗물만 채우고 그 이상이면 미련 없이 버리는 것처럼 마음을 비우면 비운만큼 행복이 채워질 것이다. 또한 한번 행복했다고 해서 그것이 영원한 것도 아니다. 마찬가지로 이 순간 불행하다고 영원히 불행한 것도 아니다.

솔로몬 왕의 "**이것 또한 저 멀리 지나갈 것이다**(This too shall pass away)."라는 말처럼 이 세상에 영원한 것은 없다. **행복은 물처럼 흘러간다.** 어느 철학자는 84세까지 살았으나 내 인생에 행복했던 날은 고작 20일에 불과하다고 하였다. 따라서 **행복**도 계속 **유지 · 관리**하여야 한다. 행복하려면 고통과 불만족 속에서도 마음을 비우고, 감사하는 마음을 찾아야 한다. **감사를 느낄 때 행복에 이르게 된다.** 과욕을 버리고 매사에 감사하다고 생각하고 **오유지족**(吾唯知足)이라는 말처럼 스스로 만족을 느낄 때에 비로소 행복이 찾아온다.

교훈 8 스티브 잡스의 마지막 말 (Steve Job's last word)

애플사의 창립자인 **스티브 잡스**는 성공의 표본인 부와 명예를 쟁취하여 세상 사람들로부터 성공한 사람이라 칭송을 받았으나 췌장암에 걸려 병상에 눕게 되었다. 다음은 그가 마지막으로 남긴 말로, 그의 말을 회상하며 깨달음을 얻을 필요가 있다.

"타인의 눈에는 내 인생은 **성공의 상징**이었다. 일터를 떠나면 내 삶에 즐거움이 많지 않았다. 병들어 누워 있는 순간 나는 깨닫는다. 사회적 **인정과 부(富)**는 **죽음 앞에 의미가 없다**는 것을……. 생을 유지할 정도의 부를 쌓고, 부와 무관한 것을 추구했더라면 하는 것을 깨닫는다. 끝없이 부를 추구한 것은 비뚤어진 자신을 만들었다. 그 부를 나는 가져갈 수 없다. 내가 그토록 자랑스럽게 여겼던 **주위의 갈채와 막대한 부**는 임박한 죽음 앞에서 그 **빛을 잃었고**, 그 **의미도 상실**되었다.

어두운 병상에 누워 생명의 보조 장치에서 나오는 푸른빛과 윙윙거리는 기계 소리를 듣노라면 죽음의 사자가 가까이 오는 느낌이다. **이제야 깨닫는 것은 평생 배 굶지 않을 정도의 부만 축적하며, 더 이상 돈 버는 일 외에 관심을 가졌어야 한다는 사실이다.** 그것은 **인간관계와 취미생활**일 수도 있다. 평생에 내가 벌어들인 재산은 가져갈 수도 없다. 내가 가져갈 수 있는 것은 사랑으로 점철된 옛 추억뿐이다. 어떤 것이 세상에서 **가장 비싼 침대**일까? 그것은 **병상**이다.

운전기사를 고용하면 차를 운전할 수 있고, 직원을 고용하면 돈을 벌게 할 수 있지만 **돈을 아무리 많이 주더라도 나를 대신하여 아파 줄 사람은 없다.** 물질은 잃어버리면 되찾을 수 있지만, 절대 되찾을 수 없는 것이 하나 있으니 바로 **생명(건강)**이다. 수술실에 들어가면서 "**건강한 삶의 지침서**"를 읽지 못한 것이 후회스럽다.

당신도 현재 인생의 어느 시점에 이르렀던지 언젠가는 막을 내리는 순간을 맞이하게 될 것이다. **가족을 위한 사랑과 부부간의 사랑,** 그리고 이웃을 향한 사랑을 귀하게 여기세요!

당신 자신을 잘 돌봐주십시요!(Treat your self well)."

교훈 9 1,000억 짜리 CEO의 특강(건강)

1,000억의 재산을 보유한 회장을 초청하여 특강을 하게 되었다. 회장은 학생들에게 다음과 같이 말했다. "**내 재산이 1,000억 정도 된다는 사실을 알기에 내가 1,000억을 모으게 된 배경을 말씀드리겠습니다.**"

1,000억을 보유하고 유지하기 위해서는 관리를 잘해야 합니다. 1,000억의 마지막 0이 바로 **관리**입니다. 관리를 잘못하면 0이 없어져 100억으로 줄어듭니다. 다음은 **노력** 없이는 100억을 모을 수가 없습니다. 피나는 노력에 의해서 100억을 모았습니다. 다음의 0은 **능력**입니다. 능력이 있었기 때문에 10억을 모을 수 있었지요? 능력이 없었다면 1억 밖에 모을 수 없었을 것입니다. 그러나 마지막 1억은 건강이 있었기에 가능했습니다.

1,000억에서 1을 지우면 어떻게 되나요? 0원이 되어 버립니다. 성공을 위해서는 **능력**과 **노력**, **관리**가 중요하지만 **건강**과 **가족**이 없었다면 바로 실패한 인생이 되어버리는 것입니다. **건강을 잃으면 아무 소용이 없습니다.** 여러분은 **건강**과 **사랑**이 늘 함께하는 생활을 하시기 바랍니다.

교훈 10 친구로 만드는 교훈

① 상대방의 **이름**을 **기억**하여 그가 인정받는다는 느낌을 들게 한다.
② 상대방을 **존경**하는 **마음**을 갖고 있음을 느끼게 한다.
③ 상대방을 위해 시간과 정력, **이타심**, **노력** 등을 가져야 한다.
④ 상대방의 전화를 받을 때, 활기차고 **적극적인 태도**로 받아야 한다.
⑤ 상대방을 대할 때, 미소로 **좋은 인품**과 **매력**을 보여준다.
⑥ 먼저 손을 내밀고 악수를 청하는 **적극성**을 보여준다.
⑦ 상대방에게 **관심**을 가지고 먼저 호감을 보내야 한다.
⑧ 상대방의 말을 **경청**하고, 수용, 이해, 인정, 지지하고 **공감**한다.
⑨ 상대방에게 힘과 용기를 주고, **사랑**과 **애정**이 담긴 말을 한다.
⑩ 솔직한 생각과 **감정**을 **표현**하고, 진실이 전달되어 신뢰하게 한다.
⑪ **유머와 위트**로 즐거움과 행복을 느끼게 하고 **웃음**으로 대한다.
⑫ 상대방의 길흉사에 참여하여 **축하** 또는 **위로**의 마음을 전한다.
⑬ 상대방의 행동에 잘못이 있더라도 **이해**와 **용서**를 해 준다.

교훈 11 나이별 별칭

60세	• **회갑**(回甲), **환갑**(還甲) - 태어난 간지의 해가 다시 돌아왔음을 뜻함, 60년 만에 돌아옴(12×5=60)
61세	• **망칠**(望七) - 칠십을 바라보는 나이
70세	• **고희**(古稀) - 옛날에는 평균 수명이 짧아 61세의 환갑에 큰 잔치를 연 것을 볼 때, 옛날 삶에는 드물게 많은 나이였음
71세	• **망팔**(望八) - 팔십을 바라보는 나이
77세	• **희수**(喜壽) - '희(喜)'를 초서로 쓰면 '칠(七)+칠(七)'이 되기 때문에 77세의 별칭으로 씀
80세	• **산수**(傘壽) - '산(傘)'을 파자(破字)하면 '팔(八)+십(十)'이 되기 때문에 80세의 별칭으로 씀.
81세	• **망구**(望九) - 아흔을 바라보는 나이
88세	• **미수**(米壽) - '쌀 미(米)'를 파자하면 '팔(八)+팔(八)'이 되어 이를 합치면 88이 되기 때문에 88세의 별칭으로 씀.
90세	• **졸수**(卒壽) - '졸(卒)'은 초서(草書)로 쓰면 '아홉 구(九)'와 '열 십(十)'을 세로로 합한 모양이 되기 때문에 90세의 별칭으로 씀
91세	• **망백**(望百) - 백세를 바라보는 나이
99세	• **백수**(白壽) - '백(白)'은 '일백 백(百)'에서 '한 일(一)'을 뺀 것으로, 100－1＝99가 되기 때문에 100세의 별칭으로 씀
100세	• **상수**(上壽) - 최고로 높은 나이

※ 10대 충년(沖年), 15세 지학(志學), 20세 약관(弱冠), 30세 이립(而立), 40세 불혹(不惑)

2. 행복생활을 위한 지혜

행복생활에 도움되는 몇 가지 지혜에 대하여 알아보자!

지혜 1 건강하게 사는 지혜

행복은 **건강**의 나무 위에 피는 꽃이고, 행복의 뿌리는 **인간관계**이기도 하다. 건강을 위해 박용철 정신과 의사는 세로토닌 분비를 생활 속에서 실천하는 것을 주장하였다.

① **걷기 운동을 지속적으로 하자** - 운동의 가장 이상적인 방법은 걷기이다. 하루에 실행 가능한 목표(6,000보 이상)를 정하여 걷는 것이 좋다.

② **음식을 오래 씹으며 소식 다작하자** - 음식을 먹을 때, 여러 가지 맛을 천천히 음미한다.

③ **매사에 감사하는 마음으로 생활하자** - 감사하게 생각하면 세로토닌을 분비시킨다. 감사한 마음은 자신의 몸과 스스로에 대해 긍정적 마인드를 가지게 해 준다.

④ **원한이 있으면 용서하고 살자** - 원한을 갖는 것보다 용서함으로써 자유로워질 수 있고, 건강을 유지할 수 있다.

⑤ **상대방을 직접 만나 대화하자** - 상대방에게 할 이야기가 있을 때는 직접 만나 효과적으로 의사소통을 하게 되면 스트레스를 다스릴 수 있다.

장수촌의 장수 노인에게 **미운 친구**는 어떻게 했느냐고 물어보았다. "아무 소리하지 않고 가만히 두니까 알아서 먼저 죽어주데!" 깊은 뜻이 있는 말이다.

지혜 2 노인들의 삶의 형태

① **노선**(老仙) - 신선처럼 생활한다. 사랑도, 미움도, 탐욕도 벗어 버리고, 욕심을 버리며 무심히 자연에 따라 산다.

② **노학**(老鶴) - 늙어서 학처럼 생활한다. 마음의 여유를 가지고 자연 산천의 경치를 유람하며, 검소하고, 베풀 줄 알며 산다. 학술 논문, 저술 등을 펴내기도 한다.

③ **노동**(老童) - 늙어서 동심으로 생활한다. 청소년처럼 학구열을 가지고, 사회교육원, 대학의 평생교육원, 복지관, 노인대학 등에서 한문, 서예, 외국어, 정치경제, 컴퓨터, 동영상 제작 등을 배우며 산다. 학우들과 식사와 여행도 하며 즐긴다.

④ **노옹**(老翁) - 늙은 할아버지, 할머니로 생활한다. 집에서 손자와 손녀들을 봐주고, 가사를 도우면서 산다. 시간이 나면 가끔 노인정에 나가 식사와 오락을 즐기기도 하고, 인간 4고 중 무위고의 고통을 겪으며, 때때로 자식들과 따로 살고 싶은 생각을 많이 한다.

⑤ **노광**(老狂) - 미친 사람처럼 노욕으로 생활한다. 능력과 관계없이 감투욕이 많아 어떤 자리든 "○○장"이라하면 하고 싶어 하고, 돈이 생기는 곳이라면 파리처럼 여기 저기 달라붙는다. 수전노(守錢奴)에 해당된다.

⑥ **노고**(老孤) - 배우자를 잃고, 외롭게 생활한다. 부부 중 한 사람을 떠나보내고, 친구도 없이 혼자 노년 고통 중에 가장 괴로운 고독고(孤獨苦)를 겪으며 생활한다.

⑦ **노궁**(老窮) - 늙어서 수중에 돈 한 푼 없이 어렵게 생활한다. 아침에 며느리 눈치 보며 한술 먹고, 집을 나와 공원에 가서 줄을 서서 점심을 얻어먹는다. 석양이 내리면 집에 들어와 밥 한술 먹고 골방에 들어가 잔다. 인생 4고중 빈고(貧苦)의 고통을 겪는다.

⑧ **노추**(老醜) - 늙어서 추한 모습으로 생활한다. 늙어서 병이 들어 다른 사람의 도움으로 살거나 못 죽어서 사는 가련한 노인으로 인생 4고 중 병고(病苦)의 고통을 겪으며, 구취, 체취, 의취 등이 있을 뿐만 아니라 용모 관리를 하지 못해 그 행색이 추하다.

⑨ **화노**(華老) - 멋있는 노인으로, 될수록 많이 걷고, 움직이면서 언행을 무겁게 하고, 자기관리를 잘하는 사람으로, 베푸는 노인, 배려하는 노인, 건강한 노인의 모습이다.

나는 어떤 노년 생활의 형태로 살 것인지 생각해 보자! 인생은 자기 스스로가 생각한 인생 설계에 따라 자신이 연출하는 자작극의 삶을 사는 것이 아닐까? 위의 **노선, 노학, 노동, 화노는 웰 에이징의 롤 모델**이다.

지혜 3 행과 불행의 성격

행복 전도사로 불리는 하버드대학교의 **탈 벤 샤하르** 교수는 **"우리 주변에서 일어나는 많은 일은 우리의 힘으로 어쩔 수 없는 불가항력의 것들이 대부분이다."**라고 하였다. 이 세상에는 절대적으로 좋은 일도 나쁘기만 한 일도 없다. 나쁜 일이 좋은 결과를 불러오기도 한다. 즉, **전화위복**(轉禍爲福)이 될 수도 있다. 반면, 좋은 일이 생기면 안 좋은 일이 따라오기도 한다. 지금 처한 상황이 불행하다고 해서 비관하거나 두려워할 필요는 없다. 행복과 불행은 번갈아가면서 오게 되어있다.

지혜 4 인생은 새옹지마

인생에 벌어진 사건에 대해 일희일비할 필요가 없다. 인생은 다가올 일을 한치 앞도 내다보지 못하는 존재이기 때문에 그것이 나에게 진짜 손해가 될지 이득이 될지 알 수 없기 때문이다. **새옹지마**(塞翁之馬)처럼 삶의 어떤 기쁨이 이후 고통이 될 수도 있고, 고통의 사건이 이후 즐거움으로 변하기도 하기 때문이다.

새옹지마라는 이야기는 중국 북방 변방에 있던 새옹이라는 한 노인의 이야기이다. 노인은 힘들게 돈을 마련하여 말 한필을 사오게 되었다. 며칠 후 그 말은 도망을 가버렸다. 노인은 절망에 젖어 괴로워했다. 한 달 후, 도망갔던 말은 다른 말 한 마리를 데리고 돌아왔다. 노인은 만족하며 기분이 좋았다. 노인의 아들이 기분 좋아하며, 말을 탔으나 그만 낙마하여 다리가 부러지는 부상을 당했다. 그러나 아들은 그 부상으로 인해 북방 오랑캐와의 전쟁에 징집되지 않을 수 있었고, 생명을 구할 수 있었다. 어떤 것이 좋고, 나쁜지 우리는 알 수 없는 **인생무상**(人生無常)이라고 할 수 있다.

지혜 5 미국의 제16대 대통령 링컨

링컨 대통령은 "**사람은 행복하기로 마음먹은 만큼만 행복하다.**"라고 하였다. 즉, 행복은 자기의 마음에 달려있다는 말이다. "나는 행복해"라는 긍정적인 마음을 가지고 있는 사람은 그만큼 행복감을 느낀다. 이와 같이 행복한 사람들은 항상 마음 자체가 긍정적이어서 "**난 할 수 있어**", "**난 잘 될 거야**", "**난 행복해**"라는 생각을 가진다. **행복한 사람들**은 항상 밝고, **긍정적인 마음**으로 살아가는 반면, **부정적인 사람들**은 항상 불평, 불만, 불행을 느끼고 살아간다.

지혜 6 다리 밑에서 노숙하는 두 걸인

어느 다리 밑에 살고 있던 두 걸인이 있었다. 한 사람은 다리가 있어서 비를 피하며 살 수 있어서 감사하다는 **긍정적인 마음**을 가지고 있었고, 다른 한 사람은 이렇게 살아서 무엇 하겠느냐며 **비관적인 마음**을 지니고 불평하면서 지냈다.

어느 날, 앞 사람은 다리를 건설한 사람 이름이 다리 기둥에 새겨져 있는 것을 보고, 우리를 이렇게 다리 밑에서 살 수 있게 해 주었으니 정말 감사하다고 생각하였다. 그는 나도 이와 같은 사람이 되고 싶다는 마음을 가졌다. 그러나 다른 사람은 불평하였다. 그로부터 30년이 지난 후 앞 사람은 건설 회사를 운영하는 부자가 되었고, 큰 다리를 건설 하였으며, 자기의 이름을 다리 이름 아래에 새기고 행복한 마음을 느꼈다. 이것이 **긍정 마인드를 가진 삶의 결과이다.**

지혜 7 비움의 지혜 얻음

불행의 고통을 느끼는 어느 한 여인이 유명한 스님을 찾아 상담을 받기로 하고 방문하였다. 그 스님은 바쁜 듯이 큰 가방을 들고 나오면서 "**이 가방을 좀 들고 있게! 화단에서 볼일 좀 보고 나올 테니**" 하고 부탁하였다. 그러나 한참 있어도 스님은 나타나지 않았다. 그녀는 그 가방을 드는 게 처음에는 힘들지 않았지만 점점 무거움을 느끼게 되었고, 나중에는 고통스럽기까지 했다. 인내하며 기다리던 중 스님이 나타났다. "**스님! 가방이 무거워 힘들었습니다.**"라고 그녀는 이야기했다. 그 때 스님은 "**여태껏 그 가방을 들고 있었단 말이요. 무거우면 내려놓으면 될 것을…**" 하고 말하였다.

여기서 "**과욕은 줄이고, 적당하게 조정하면 행복할 수 있다.**"는 스님으로부터 지혜를 얻을 수 있었다.

지혜 8 욕구와 행복의 관계

어느 날 알렉산더 대왕이 막사에서 한없이 울고 있었다. 부하들이 그 이유를 물었더니 **"이제 더는 정복할 땅이 없어서 울고 있다."**고 하였다. 이와 같이 인간의 욕구는 한계가 없다. 욕구가 욕구로만 이어지면 행복할 수 없다.

지금 내가 얼마나 가지고 있느냐가 중요한 것이 아니고 같은 상황이라도 어떻게 생각하느냐에 따라 행복과 불행이 달라지는 것이다. **평생 욕구 불만**으로 불행하게 살 것이 아니라 **현재를 만족하며** 감사하게 사는데서 **행복**을 찾아야 한다.

지혜 9 사랑을 위해 지켜야 할 마음

사랑은 ① 믿음을 가지고 상대를 대하여야 한다.
② 여유로운 마음을 가져야 한다.
③ 같은 마음을 가지고 대하여야 한다.
④ 겸손한 마음으로 대하여야 한다.
⑤ 칭찬하는 마음으로 대하여야 한다.
⑥ 함께 동행하고 실천하는 마음을 가져야 한다.

지혜 10 육체적 건강과 정신적 건강

육체의 건강과 더불어 마음과 영혼의 건강을 위해 **웃음**(laughter)과 **사랑**(love)을 실행하여 행복한 삶을 누리세요!

※ 오래 사는 것이 중요한 것이 아니라 건강하게 행복한 삶을 살다가 가는 것이 의미가 있다. 이 세상에 공짜는 아무것도 없다(노력없이 아무것도 바라지 말자.)

행복한 삶

1. **육체적 건강**(hardware) - 신체 건강
   - ① **음식**은 75% 정도 소식하고, 오래 씹는다.
   - ② 아침마다 적당한 **스트레칭**을 한다.
   - ③ **걷기** 운동을 하루에 30분 이상 한다.
   - ④ **수면**은 저녁 11시 이전에 취하고, 아침 6시 전에 일어난다.
   - ⑤ 맡은 직무나 **취미** 활동을 즐겁게 수행한다.
2. **정신적 건강**(software) - 영적 건강
   - ① 개인의 행복에 **인간관계**가 99% 영향을 미친다.
   - ② 마음을 비우고 현실에 **만족**하며 산다.
   - ③ 매사에 **감사**한 마음과 긍정적인 정신으로 생활한다.
   - ④ 오늘 현재 나와 가까이 있는 사람을 **사랑**(love)하며 **웃는다**(laughter).
   - ⑤ 아침 인사를 하며 가족 간에 **대화**를 한다.
   - ⑥ 아량과 포용을 하며, 좋은 생각을 가진다.

지혜 11 성경에서 말하는 사랑이란?

사랑은 ① 언제나 오래참고, ② 온유하며,
③ 시기하지 않고, ④ 무례히 행하지 않고,
⑤ 성내지 아니하며, ⑥ 진리와 함께 기뻐하며,
⑦ 모든 것을 감싸주며, ⑧ 믿고 참아내며,
⑨ 영원토록 변함없네!

믿음과 소망, 사랑은 이 세상 끝까지 영원하며, 그 중에서 제일은 **사랑**이다.

지혜 12 젊게 사는 노인들의 특성

① 성격적으로 매사에 **긍정적**(肯定的)이다. 자신의 처지와 나이, 위치, 현실에 대하여 긍정적으로 받아들인다.

② 노욕(老慾)을 버리고 그 무엇에 **집착**하지 않는다.
자제력과 내공을 가지고 생활하고 있다.

③ 경제에 있어서 **독립적**으로 생활하고 있다.
노후를 위해 적정재산을 보유한 지혜로운 사람이다.

④ 남을 이해하고 **배려**하려는 **마음**을 가지고 있다.

⑤ 자기의 **정체성**과 **가치관**을 가지고 있다. 자기의 정체성과 분명한 가치관을 가지고 있어 몸과 마음이 건강하다.

⑥ 항상 **배우려고** 노력하는 사람들이다. 신문이나 책을 읽어서 뇌 활동을 하여 치매를 예방한다.

⑦ 계속적으로 적당한 **운동**을 한다.

가장 많이 하는 운동이 걷기로 자기에게 무리 없이 할 수 있다.

⑧ 세상을 진지하게 사는 사람은 **종교**를 가지고 있다.

신앙생활이란 자신의 한계를 알고, 더 근본적인 것에 귀의하고 의지하는 것이다. 그들은 겸손하고 오만하지 않으며 남을 편하게 하는 심성을 가지고 있다.

지혜 13 사랑하는 사람에게 격려하는 방법

① 그가 **우울**할 땐 → 머리카락이나 등을 쓰다듬어 주어라.

② 그가 **피곤**할 땐 → 어깨를 주물러 주며 목덜미를 쓰다듬어라.

③ 그가 **슬퍼**할 땐 → 가만히 얼굴을 가슴에 안아줘라.

④ 그가 **기뻐**할 땐 → 두 손을 꼭 쥐고 얼굴을 마주 보아라.

⑤ 그가 **고민**할 땐 → 팔꿈치와 팔뚝을 쓰다듬어라.

⑥ 그가 **무관심**해 보일 땐 → 허벅지를 쓰다듬으며 눈을 맞추어라.

⑦ 그가 **지쳐** 보일 땐 → 조용히 다가가 뒤에서 등을 안아주어라.

⑧ 그가 **화가** 났을 땐 → 손등을 부드럽게 어루만져 주어라.

⑨ 그가 **힘이** 없을 땐 → 어깨에 손을 올리고 강하게 힘을 주어라.

지혜 14 잠 잘 자게 하는 방법

① 근육을 느슨하게 왼쪽으로 모로 눕는다. 소화가 잘 되고, 심장 압박을 주지 않으며 혈액 순환이 잘 된다.

② 자기 전에 절대로 화나게 하지 않는다. 체온과 혈압이 떨어지면

잠을 못 든다.

③ 잠자리에 누워 근심과 걱정을 하지 않는다. 근심이 쌓여 화병이 된다.

④ 잠자기 전에 음식을 먹지 마라. 피곤이 풀리지 않고 역류된다. 물 한잔만 마시자.

⑤ 잠자리에 누워 독서, TV 시청, 말하기 등과 같은 다른 일을 하지 마라.

⑥ 머리는 시원하게 하라. 정신이 맑아지고 두통을 방지한다.

⑦ 입을 벌리고 자지 마라. 입안이 마르고 심장 부근에 수분이 부족하고 코에 문제가 생긴다.

⑧ 얼굴에 이불을 덮지 마라. 산소부족을 가져온다.

⑨ 체온 보호를 위해 이불을 꼭 덮고 자라.

⑩ 아침에 일어나서 기지개 펴기, 손바닥 비벼 얼굴 마찰하기, 감사한 마음으로 유쾌한 하루의 일정을 계획한다.

지혜 15 장수하는 비결

① 잘 웃으며 밝게 살자.

② 불평하지 말고, 긍정적 정서를 가지자.

③ 스트레스 받지 말자.

④ 과음, 과식, 과욕하지 말자.

⑤ 일을 즐겨하며 취미생활을 하자.

⑥ 담배를 끊고, 맑은 공기를 마시자.

⑦ 신앙을 가지며 마음의 여유를 가지자.

⑧ 부부, 자녀, 그리고 친구와 사랑을 하자.

⑨ 다른 사람을 미워하거나 원망하지 말자.

⑩ 일찍 자고 일찍 일어나자.

⑪ 아침에 일어나 물을 마시자.

⑫ 흙을 자주 밟고, 산책을 하자.

⑬ 항상 감사하는 마음으로 살자.

⑭ 독서를 많이 하고, 배움의 자세를 가지자.

⑮ 이웃을 돕고, 봉사활동을 하자.

⑯ 자연을 즐기고, 맑은 공기를 마시자.

⑰ 좋은 친구를 많이 사귀자.

⑱ 꿈을 가지고, 희망을 잃지 말자.

지혜 16 행복의 바램(5복)

"나도 한번 왔다 가는 인생, 너도 한번 왔다 가는 인생, 바람같이 왔다 가는 인생, 어차피 왔다 가는 인생이라면 **행복하게 살다가야지!**" 라는 노랫말이 생각난다.

인생은 **일장춘몽**(一場春夢), 연기, 안개, 바람, 이슬, 구름, 여삼추(如三秋)에 비유하기도 하고, "헛되고 헛되니 모든 것이 헛되도다." 라고 하는 성경 말씀도 있다. 한번 사는 인생 행복하게 살아야지 하면서 모두가 행복생활을 꿈꾼다. 하지만 행복한 사람이 있는가 하면, 불행한 사람도 많다. **행복이 무엇인가 이해하고, 찾고, 누리고 살았으면 좋겠다.**

1 옛날 서민이 바랐던 오복(五福)

① 치아가 좋을 것 ② 자손이 많을 것

③ 부부가 해로하는 것 ④ 일정한 재산이 있을 것

⑤ 명당에 묻힐 것

2 현재 바라는 오복(五福)

① 자신의 **건강**(가족 건강) 유지 ② **배우자**가 함께 해로하는 것

③ 일정한 **재산**이 있을 것 ④ **하는 일**(배움, 봉사)이 있을 것

⑤ 많은 **친구**를 사귈 것

3 옛날 오복(五福)

옛날부터 사람들이 살아가면서 바람직하다고 여겨 온 다섯 가지 복으로서 중국 경전 중 서경(書經)에 나오는 말이다.

① **수**(壽) - 천수를 누리는 장수의 복이다.

② **부**(富) - 살아가는 데 불편 없는 풍요로움을 의미한다.

③ **강령**(康寧) - 몸과 마음이 건강하고 편안한 것을 의미한다.

④ **유호덕**(攸好德) - 남에게 베푸는 선행과 덕을 쌓음을 의미한다.

⑤ **고종명**(考終命) - 건강하게 살다가 평안하게 생을 마감하는 죽음의 복이다.

지혜 17 행복헌장 10계명

지난 2005년 5월부터 7월까지 **영국 BBC방송**이 6명의 전문가들로 구성된 행복위원회와 함께 **슬라우시** 주민들을 대상으로 실시한 **행복실험**에서 **행복위원회**는 슬라우시 주민들에게 **행복헌장 10계명**을 제시했다. 슬라우시의 지원자들은 실험이 계속되는 3개월 내내 이 **10계명**을 실천했고, **행복감**을 느꼈다. 행복헌장 10계명은 다음과 같다.

① **운동을 하라** - 운동할 때 30분을 넘지 않도록 하고, 1주일에 세 번 이상 운동을 하라.
② **좋았던 일을 떠올려라** - 하루를 마무리할 때마다 좋았던 일 다섯 가지를 떠올려라.
③ **대화를 나누어라** - 한 주에 한 시간만이라도 누군가와 진지한 대화를 나누어라.
④ **식물을 가꾸어라** - 화초를 정성껏 가꾸면서 화초와 대화를 하라.
⑤ **TV 시청시간을 현재보다 절반으로 줄여라.**
⑥ **미소를 지어라** - 내가 늘 만나는 사람뿐만 아니라 낯선 사람, 잘 웃지 않는 사람에게도 미소를 지어라.
⑦ **하루 한번 이상 문안 전화를 하라** - 부모님과 자녀에서부터 내 안부를 기다리고 있을 사람에게 기회를 놓치지 말고 안부를 물어라.
⑧ **하루 한번쯤은 큰 소리로 웃어라** - 하루 한번쯤 빙그레 웃는 것 말고, 비웃는 것 말고, 내 몸이 알아듣고, 행복을 느낄 만큼 큰 소리로 웃어라.

⑨ **매일 자기 자신을 칭찬하라** - 칭찬할 일을 찾아 참 잘했다고 자신을 칭찬하라.

⑩ **매일 그 누군가에게 친절을 베풀라** - 배푼 친절은 결국 나에게 행복으로 돌아온다.

지혜 18 친구의 유형

1 옛날 친구의 유형

① **지란지교**(芝蘭之交) - 지초와 난과 같이 향기가 나는 맑고 고상한 만남의 친구

② **관포지교**(管鮑之交) - 서로 이해하고 신뢰하며, 정답게 지내는 우정 깊은 친구

③ **금란지교**(金蘭之交) - 쇠처럼 굳고, 난처럼 향기가 베어나는 사귐의 친구

④ **죽마고우**(竹馬故友) - 어렸을 때부터 같이 자라면서 사귄 친한 친구

⑤ **수어지교**(水魚之交) - 고기와 물의 관계처럼 뗄래야 땔 수 없는 특별한 관계의 친구

⑥ **급란지붕**(急難之朋) - 급하고 어려울 때 힘이 되어 주는 친구

2 현대 친구의 유형(불가에서 말함)

① **벌과 같은 친구** - 꽃이 피어 예쁠 때 찾아와서 만나지만 꽃이 지면 떠나버리는 친구(꽃과 같은 친구)

② **저울과 같은 친구** - 자신의 이해타산을 생각하여 이익이 큰 쪽

으로 움직이는 이기주의적 친구

③ **산과 같은 친구** - 수목은 물론 온갖 새와 짐승을 품어주는 편안하고 든든한 친구로 은혜를 베푸는 친구

④ **땅과 같은 친구** - 뭇 생명을 싹 틔우고 자라게 하듯이 내 마음을 진실로 이야기하고 상대방 마음을 이해하고 나눌 수 있는 친구로 포용하는 친구

※ 단, **한명의 친구**라도 나의 마음을 이해해주고, 언제 어디에 있든지 나를 걱정해주고, 생각해주는 진실한 마음을 가진 친구가 있다면 **행복한 사람**이다.

지혜 19 행복의 10계명

① 모든 것을 사랑하세요.	② 항상 건강을 지키세요.
③ 누구에게나 친절하세요.	④ 어떤 일에나 용감하세요.
⑤ 부모님께 효도하세요.	⑥ 사는 날까지 노력하세요.
⑦ 언제까지나 진실하세요.	⑧ 어떤 일에도 인내하세요.
⑨ 모든 일에 겸손하세요.	⑩ 슬플 때도 웃음을 가지세요.

지혜 20 100세 청년을 위한 비결

① **소식**(小食) - 식사량의 30%를 감소하고, 비타민과 미네랄 섭취가 필요하다. 실험결과 사망률의 80%, 노화의 18%가 감소하는

것으로 나타났다.

② **저체온** - 뇌, 심장 등 신체 내부 온도를 낮추면 수명이 연장된다. 그리고 노화 물질과 활성산소도 감소한다.

③ **적절한 자극** - 존스홉킨스대학의 연구에 의하면, 면역체계가 활성화되어 장수하게 된다.

④ **성공과 학력** - 영국 런던 ULC 대학 **마이클 마멋** 교수는 소득 수준이 높은 그룹과 고학력자(성공자)는 두뇌 운동과 육체적 운동 덕분에 장수한다고 했다.

⑤ **긍정적 정서** - 노화에 대해 부정적인 정서를 가진 사람보다 **긍정적인 정서**를 가진 사람이 장수한다.

⑥ **배우자** - 자녀, 친구, 이웃과 친밀한 관계를 가진 사람들이 수명이 더 연장되었으며, 미혼자는 기혼자에 비해 사망률이 6배 높은 것으로 나타났다.

⑦ **주거환경** - 부유한 환경에 사는 사람이 가난한 사람보다 사망률이 39% 낮은 것으로 나타났다.

지혜 21 홍콩 부호 이가성(李嘉诚)

세탁소 점원으로 시작하여 부를 이루어 낸 홍콩의 **이가성**은 현재 개인 재산 30조원으로 전 세계에서 열 손가락 안에 들어가는 부자이다. 해마다 장학금으로 3,000억원을 기부하고 있다. 그는 교우(交友) 관계에 있어 다음과 같은 **칠불교(七不交)**라는 유명한 말을 남기기도 하였다.

① 불효하는 사람과 사귀지 마라.

② 사람에게 각박하게 구는 사람과 사귀지 마라.

③ 시시콜콜 따지는 사람과 사귀지 마라.

④ 받기만 하고 주지 않는 사람과 사귀지 마라.

⑤ 아부를 잘 하는 사람과 사귀지 마라.

⑥ 권력자 앞에 원칙없이 주는 자와 사귀지 마라.

⑦ 동정심이 없는 사람과 사귀지 마라.

지혜 22 존경받는 노년의 7가지 수칙

① 말을 적게하고 듣기에 열중한다.

② 소통과 사랑의 표현으로 돈 내기를 잘한다.

③ 화내지 않고, 웃고 또 웃기를 잘한다.

④ 고집을 내려놓고, 양보하며 격려한다.

⑤ 젊은 세대의 사상적 관념을 비판하지 않는다.

⑥ 흘러간 과거를 자랑하지 않고, 겸손하다.

⑦ 젊은이들의 사생활에 대해 묻지도 따지지도 않는다.

지혜 23 건강 10훈(健康十訓)

① **소육다채**(小肉多菜) - 고기를 적게 먹고, 채소를 많이 먹자.

② **소당다과**(小糖多果) - 설탕을 적게 먹고, 과일을 많이 먹자.

③ **소염다초**(小鹽多醋) - 소금을 적게 먹고, 식초를 많이 먹자.

④ **소식다작**(小食多嚼) - 적게 먹되 여러 번 씹어 먹자.

⑤ **소의다욕**(小衣多浴) - 옷을 얇게 입고, 목욕을 자주 하자.

⑥ **소번다면**(小煩多眠) - 번뇌를 끊고, 잠을 깊이 자도록 하자.

⑦ **소언다행**(小言多行) - 말을 적게 하고, 행동을 많이 하자.

⑧ **소욕다시**(小慾多施) - 욕심을 버리고, 타인에게 많이 베풀자.

⑨ **소노다소**(小怒多笑) - 성냄을 적게 하고, 많이 웃자.

⑩ **소차다보**(小車多步) - 차를 적게 타고, 걷기는 많이 하자.

지혜 24 인생 후반전(10훈)

① **일만 하지 마라** - 자신의 인생을 즐겨라.

② **이일 저일 끼어들지 마라** - 한번 실패하면 골로 갈 수 있다.

③ **삼삼오오 놀러 다녀라** - 인생은 외로운 존재이니 어울려 다녀라.

④ **사생결단 하지마라** - 여유를 갖고 살아라.

⑤ **오케이(OK)를 많이 하라** - 되도록 입을 닫고 지갑을 열라

⑥ **육체적 스킨십을 즐겨라** - 스킨십 없이 홀로 지내면 빨리 죽는다.

⑦ **70%에 만족하라** - 올 인(all-in)하지 말고, 황혼의 여유를 즐기면서 살아라.

⑧ **팔팔하게 운동하라** - 인생은 짧으니 게으르지 말고, 몸과 마음을 다잡아라.

⑨ **구차한 변명을 삼가라** - 변명만 일삼으면 사람이 몹시 추해 보인다.

⑩ **10%는 동료들을 위해 투자하라** - 노년에 가장 소중한 자산은 친구이다.

지혜 25 70~80대 노인별곡

인생의 후반기는 마무리의 시간들이다. 정리하고 즐기며 마무리 하여야 한다는 마음가짐이 중요하다. 노인의 절약은 더 이상 미덕(美德)이 아니다.

① **마음의 짐을 내려놓자** - 재산, 지위 등의 경쟁 관계는 마음에서 내려놓자.

② **권위를 버리자** - 나이는 권위도 지위도 아니다. 노화일 뿐이다.

③ **용서하고 잊어야 한다** - 미움과 서운한 감정을 모두 털어버려야 한다.

④ **항상 청결하게 살아야 한다** - 추한 모습을 보이지 않는 것이 자존심이다.

⑤ **현실을 감수(甘受)해야 한다** - 돈의 부족, 불편이나 소외감 등을 감수해야한다.

⑥ **신변을 정리해야 한다** - 사후에 책임을 자식들에게 미루는 것은 무책임한 것이다.

⑦ **자식으로부터 독립해야 한다** - 금전이나 사랑의 관계부터 독립한다.

⑧ **시간을 아껴야 한다** - 노인의 시간은 생명의 일부로 금보다 귀하다.

⑨ **감사하고 봉사해야 한다** - 세상에 고마움을 표하고, 타인을 위해 봉사하여야 한다.

⑩ **참여하고 어울려야 한다** - 사회 단체 활동, 이웃간, 취미 활동에 적극 참여하고, 친구와 잘 어울려야 한다.

⑪ **혼자서 즐기는 습관을 들여야 한다** - 언젠가 고독에 적응할 수 있게 홀로서기를 하여야 한다.

⑫ **매사에 감사한 마음을 가져야 한다** - "감사합니다."라는 말을 표현할 수 있어야 한다.

⑬ **새로운 기계 사용법을 익혀라** - 핸드폰, 컴퓨터 등의 사용법을 익히자.

⑭ **출 · 퇴근 시간에 가능한 외출하지 말자** - 젊은이들에게 폐가되지 않게 하자.

⑮ **짐을 들고 다니지 말자** - 외출이나 여행 시에 무거운 짐을 들지 말자.

⑯ **입냄새, 몸냄새에 신경써라** - 향수를 소량 사용하는 것이 좋다.

⑰ **주변을 청결하게 하라** - 세탁, 목욕 등을 자주하자.

⑱ **화장실 사용시 문을 닫고 하자** - 화장실 사용시 문을 닫고 일을 보도록 하자.

⑲ **죽기 전 자신의 물건들을 정리하자** - 자식들이 남겨달라 하는 것 외에는 버리고 정리하자.

⑳ **친구가 먼저 죽더라도 태연하자** - 누구나 죽는 것은 자연의 섭리이므로 태연하게 받아드리자.

㉑ **허둥대거나 서두르지 말고 뛰지 말자** - 인생을 음미하며 신중하게 행동하여야 한다.

㉒ **여행은 많이 할수록 좋다** - 여행은 노년의 건조한 생활에 활력이 된다.

㉓ **매일 일과 중에 적당한 운동을 하라** - 운동은 신체의 노화와 정신건강을 지켜준다.

지혜 26 행복수준 결정요인

① 자신과 가족의 건강수준 ② 자신에 대한 자아존중감 정도
③ 현재 가족 관계에 대한 만족도
④ 경제적 안정수준 유지 ⑤ 자신에 대한 사회적 지위(존경도)
⑥ 자아실현 정도(성공) ⑦ 친구・동료와의 관계 만족도
⑧ 긍정적 사고와 사회봉사 ⑨ 자신의 직무에 대한 보람
⑩ 타인으로부터의 인정 정도

지혜 27 행복하게 살아가는 방법

인생 후반기에 들어서 잘 늙으면 청춘보다 아름다운 황혼을 만들 수 있다.

① **분노를 참아야 한다.** - 사람 나이 70세가 넘으면 화내는 것은 백해 무익하다. 화를 자주내고 분쟁을 많이하는 사람일수록 수명이 짧아진다. 또한 좋아할 사람도 없다. 벼가 익으면 고개를 숙이는 것과 같이 나이들수록 곱게 익어간다는 소리를 들어야 지인들로부터 대접을 받는다.

② **만족해야 한다.** – 70대가 되면 이제는 없는 것에 매달리지 말고, 현재 가진 것에 만족하며 살아야 한다. 더 많이 가진다고 행복지수가 비례적으로 올라가지 않기 때문이다.

③ **자아를 사랑해야 한다.** - 나이가 들면 게을러서 안방을 벗어나기

어렵다. 나이 들수록 방에 앉아있지 말고 산책이나 운동을 해야 한다.

④ **자신의 몸을 착각하지 마라.** - 나이가 들어서 건강을 잃으면 그것만큼 불행한 일이 없다. 흡연이나 과음 등의 나쁜 습관을 고쳐야 한다.

⑤ **좋은 친구를 많이 만들어라.** - 좋은 친구가 많을수록 행복지수도 높고 오래 산다. 친구는 인생의 즐거움과 가치를 느끼게 하고, 스트레스도 감소시켜준다.

지혜 28 노년의 인생 수칙

- **하루에 하나씩 즐거운 일을 만들어라.** 하루가 즐거우면 평생이 즐겁다.
- **마음에 들지 않더라도 웃으며 받아드려라.** 세상 모두가 내 뜻대로 되는게 아니다.
- **젊은이들과 어울려라.** 젊은 기분이 유입되면 활력이 생겨난다.
- **지혜롭게 처신하라.** 섣불리 행동하면 노망으로 오해받는다.
- **성질을 느긋하게 가져라.** 급한 사람이 언제나 망신을 당한다.
- **나이 들수록 목욕을 자주하라.** 사람들이 피하지 않는다.
- **좋은 책을 읽고 또 읽어라.** 마음이 풍요해지고 치매가 예방된다.
- **주는데 인색하지 말라.** 되로 주면 말로 돌아온다.
- **하루에 10분씩 웃어라.** 수명이 연장되고 인자한 어른으로 기억된다.
- **남의 잘못을 빈정대지 말라.** 잘하는 점만을 보며 칭찬을 하라.

- **좋던지, 나쁘던지 지난날은 무효다.** 소용없는 일에 집착하지 말라.
- **누가 욕한다고 속상해 하지 말라.** 욕은 받지 않으면 한 사람의 것이다.
- **고마웠던 기억만을 간직하라.** 괴로웠던 기억은 깨끗이 지워진다.
- **즐거운 마음으로 잠을 자라.** 잠 속에서도 행복한 꿈을 꾼다.
- **그 날에 있었던 좋은 일만 기억하라.** 그것이 행복노트이다.

지혜 29 행복한 생으로 마감하는 법

① 하고 싶은 일을 기록하고 하나씩 시도해본다.

② 시간날 때마다 몰입할 수 있는 취미를 하나 만든다.

③ 감사한 것을 하루 한 가지씩 적어본다.

④ 멋진 여행을 계획해본다.

⑤ 즐거운 상상을 많이 한다.

⑥ 편한 친구와 만나 대화를 나눈다.

⑦ 매일 꾸준히 걷기 운동을 한다.

⑧ 박수와 칭찬을 아끼지 않는다.

⑨ 상대방의 말을 경청하며 맞장구를 쳐준다.

⑩ 감사하고, 고마운 마음을 반드시 표시한다.

⑪ 소중한 사람들에게 진심어린 편지를 쓴다.

⑫ 혼자서 즐기는 습관을 길러야 한다.

⑬ 유언장 등은 편안한 마음으로 미리 준비해 둔다.

⑭ 행복한 일생도 불행한 일생도 일장춘몽이다.

3. 행복생활과 관련된 명언

행복생활에 도움되는 명언들에 대하여 깨달음을 갖자!

명언 1 건강의 중요성에 대한 명언

삼성그룹 이건희 회장의 말씀

(2020.10.25. 78세 사망)

아직 **건강**한 인생 전반기에 살아가는 사람들이여! 돈과 권력이 있다 해도 교만하지 말고, 부유하지 못해도 사소한 것에 만족을 알자! 피로하지 않아도 휴식을 알며, 아무리 바빠도 운동하세요! 사람의 가치는 **건강**이라네. 건강할 때 돈을 자산이라 하지만, 건강을 잃으면 유산일 뿐이다. 세상에 당신을 위해 운전기사와 돈을 벌어줄 사람은 있겠으나 돈이 많아도 당신의 몸을 대신해 아파줄 사람은 결코 없다. 물건을 잃어버리면 다시 찾거나 사면되지만 영원히 되찾을 수 없는 것은 하나뿐인 **생명**이다. 무한한 재물의 추구는 탐욕스러운 늙은이로 만들어버린다. 내가 죽으면 나의 호화로운 별장과 고급차는 누군가 이용하겠지만…… 돈, 권력, 지위는 이제 그저 쓰레기에 불과할 뿐…….

인생 후반기에 살고 있는 사람들아!

행복한 말년을 위해 자신을 사랑해보세요! 전반전에서 빛나는 승리를 거두었던 나는 후반전에 병마를 이기지 못하고 패배로 마무리 짓지만...... 자신을 사랑하고 돌보며 살아가기를...... 행복한 삶은 인생 후반기에 누려야 함을 알게 되었으나 이미 건강을 잃은 후에는 전반전 성공이 아무 의미가 없다네! **인생의 궁극적 삶의 목표는 행복한 생활이라네!** 아무리 권력과 돈이 있어도 대신 아파줄 사람이 없다네! 건강을 잃으면 많은 재산, 권력, 지위는 짐에 불과할 뿐 쓰레기라오! 행복한 말년을 위해 지금이라도 늦을 수 있으나 자신을 점검하며 사시라! 인생 전반전에서 빛나는 승리를 거두었던 나는 인생 후반전을 병마와 싸우는데 세월을 다 보낸 실패자로 마무리 짓지만 그대들에게 전할 수 있음에 기쁨을 느낍니다.

명언 2 행복을 깨닫게 해 주는 명언

① 행복해지기는 매우 간단하다. 나만 간단해지기가 어려울 뿐이다. (에카르트 폰 히르슈하우젠)

② 행복은 키스와 같다. 행복을 즐기기 위해서는 나눌 대상이 있어야 한다. (버날드 멜처)

③ 인생에 있어서 최고의 행복은 우리가 사랑받고 있음을 확신하는 것이다. (빅토르 위고)

④ 대부분의 사람은 마음먹은 만큼 행복해진다. (에이브러햄 링컨)

⑤ 행복은 내가 할 수 있는 선택이라는 것을 깨달았다. (안젤리나 졸리)

⑥ 행복이란 모든 인간 행위의 최고의 선(善)이자 목적(目的)이다. (아리스토텔레스)

⑦ 행복의 3가지 법칙은 일, 사랑, 희망으로 표현된다. (칸트)

⑧ 행복은 후회나 미련 없이 하루하루를 충실히 살아가는 것이다. (카네기)

⑨ 행복은 욕구와 욕망이 충족되어 만족하거나 즐거움을 느끼는 상태, 행동 과정이다. (위키피디아)

⑩ 행복은 생활에서 충분한 만족과 기쁨을 느끼어 흐뭇함을 느끼는 상태이다. (네이버 사전)

⑪ 행복이란 누가 주는 것이 아니라 스스로 찾아내는 것이다. (도스토예프스키)

⑫ 행복이란 자기의 욕심을 줄여 마음을 비우고, 현실에서 감사와 만족을 찾는 것이다. (도양)

⑬ 행복은 내 마음 속에 있다. 행복은 자기 안에서 찾아야 하는 것이다. (랄프 트라인)

⑭ 감사의 분량이 곧 행복의 분량이다. (타고르)

⑮ 가장 행복한 사람들은 가장 많이 소유한 삶이 아니라 가장 많이 감사하는 사람이다. (빌 헤름웰러)

⑯ 행복과 불행의 정령은 자신의 심령 속에 살고 있다. (데모크리스토)

⑰ 행복은 과거나 미래에 있는 것이 아니며 자기 자신 이외의 곳에 있는 것도 아니다. (톨스토이)

⑱ 행복을 자기 자신 이외의 곳에서 찾으려고 하는 것은 어리석은 짓이다.

⑲ 이 세상에 노력과 고통 없이 얻을 수 있는 것은 아무것도 없다. 성공도, 사랑도, 행복도 마찬가지이다. (도양)

⑳ 행복은 이미 만들어진 것이 아니라 자신의 행동 중에서 시작된다. (달라이라마)

명언 3 사랑의 중요성에 대한 명언

하루는 어떤 사람이 성자(聖子)에게 "**인생에 있어서 가장 중요한 때는 언제이며, 가장 중요한 사람은 누구이고, 가장 중요한 일은 무엇입니까?**"라고 질문하였다.

성자가 대답하기를 "**가장 중요한 시기는 오늘 현재이며, 중요한 사람은 지금 현재 당신 앞에 있는 사람이고, 당신 앞에 있는 사람을 사랑하는 일이 가장 중요하다.**"고 답하였다. 성서에도 "**믿음, 소망, 사랑이 기본이다. 그 중에서 제 일은 사랑이다.**"라고 하였다 그러나 먼저 자기를 아끼고 사랑해야 한다. 자기가 자신을 사랑하고 아끼는 것이 남에게 사랑받을 수 있는 출발점이자 남을 사랑할 수 있는 시작이기 때문이다.

명언 4 영국 심리학자 브레이저 박사의 교육

"내가 ~라면, 얼마나 좋을까?"하며 자신의 삶이 불행하다는 사람들은 다음과 같다. "10만 달러가 생기면 얼마나 좋을까?",

"우리 아이들도 남들처럼 공부 잘하면 얼마나 좋을까?",

"저렇게 좋은 집에서 살면 얼마나 좋을까?"하는 사람들이다.

이들에게 "나는 ~가 아니라서 다행이야!" 이것을 하루에 4개씩 만들어 보라고 하였다.

즉, "나는 두 다리로 걸을 수 있어 다행이야!",

"나는 오늘 먹을 것이 있어 다행이야!",

"나는 오늘 잠 잘 곳이 있어 다행이야!" 등과 같은 말을 하게 하였다. 이와 같이 6개월 간 실행하도록 훈련을 시킨 후, 이들에게 행복하냐고 물어보았다. "네! 살아있음 그 자체가 행복입니다."

"네! 저도 살아있어서 참 다행입니다."라고 대답하였다고 한다.

명언 5 가정의 의미에 대한 명언

① 저녁 무렵 자연스럽게 가정을 생각하는 사람은 가정의 행복을 맛보고, 인생의 햇볕을 쬐는 사람이다. 그는 볕으로 아름다운 꽃을 피운다. (베히 슈타인)

② 가정이야 말로 고달픈 인생의 안식이요, 모든 싸움이 자취를 감추고 사랑이 싹트는 곳이요, 큰 사람이 작아지고, 작은 사람이 커지는 곳이다. (H.G 웰스)

③ 이 세상에 태어나 우리가 경험하는 가장 멋진 일은 가족의 사랑을 배우는 것이다. (조지 맥도날드)

④ 가정은 누구나 "있는 그대로"의 자기를 표현할 수 있는 유일한 장소이다. (A. 모루아)

⑤ 가정이란 어떠한 형태의 것이든 인생의 커다란 목표이다. (J.G 홀랜드)

⑥ 행복한 가정은 미리 누리는 천국이다. (R. 브로우닝)

⑦ 가족들이 서로 맺어져 하나 되어 있는 것이 정말 이 세상에서 유일한 행복이다. (퀴리 부인)

⑧ 가화만사성(家和萬事成)이라는 말처럼 가정이 행복하고 화목할 때 모든 일이 잘 이루어진다. (도양)

⑨ 한국인의 가족에 대한 애정은 행복도와 밀접한 관계가 있다. 가

족의 유대감이 강할수록 삶의 행복은 커지게 된다.

⑩ 가족에게 자상하지 않으면 헤어진 뒤에 후회한다. (주희)

⑪ 모든 행복한 가족들은 서로서로 닮은 데가 많다. (톨스토이)

⑫ 어머니란 스승이자 나를 키워준 사람이며 인류해에 나가기에 앞서 거센 파도를 막아주는 방패막 같은 존재이다. (스탕달)

⑬ 가정에서 마음이 평화로우면 어느 마을에 가서도 축제처럼 즐거움을 발견한다. (인도 속담)

⑭ 아내인 동시에 친구일 수도 있는 여자가 참된 아내이다. 친구가 될 수 없는 여자는 아내로도 마땅하지가 않다. (윌리엄 펜)

⑮ 가족(family)의 뜻은 "Father And Mother I Love You"의 의미이다.

⑯ 우리의 삶의 모든 행복을 증진시키기 위해서는 특히 가족이 중요하다.

⑰ 즐거움과 성장을 느낄 수 있는 가장 큰 기회는 가정생활이다.

⑱ 형제는 가장 좋은 경쟁자이자 행복의 큰 원천에 속한다.

⑲ 중년이 되어도 어린 시절을 회상하는 형제의 말에 귀를 기울이며, 그때를 그리워한다.

⑳ 형제를 대할 때 친구들을 대할 때처럼 예의와 관심을 가지는 것이 필요하다.

㉑ 형제간에 함께 외식을 하거나 여행을 하는 등 만남의 기회를 만들자. (도양)

㉒ 부모님 산소에 함께 성묘하거나, 함께 식사를 하며 대화를 즐길 수 있도록 가족 모임을 계획하자. (도양)

㉓ 가족 구성원과 화합할 때 행복한 생활이 가능하다. 행복은 심적 가치관과 자신의 마음(mind)에 의해 영향을 받는다.

명언 6 셰익스피어의 교훈 9가지

사람은 늙어가는 것이 아니라 익어가는 것이라 하고 다음과 같이 실행함으로써 **성숙기**에 접어든다고 하였다.

① 학생으로 계속 남아 있으라. ② 과거를 자랑하지 말라.
③ 젊은 사람과 경쟁하지 마라. ④ 충고는 굳이 하려고 하지 마라.
⑤ 삶을 철학으로 대체하지 마라. ⑥ 아름다움을 발견하고 즐겨라.
⑦ 늙어가는 것을 불평하지 마라. ⑧ 딸과 아들에게 다 넘겨주지 마라.
⑨ 죽음에 대해 자주 말하지 마라.

명언 7 괴테의 인생 5훈

① **지나간 일을 쓸데없이 후회하지 말라** - 과거는 잊고 미래를 바라보며 현재를 즐겨라.

② **분노하지 말라** - 분노 속에서 한 말이나 행동은 후회만 남는다. 분노의 노예가 되지 말라.

③ **언제나 현재를 즐겨라** - 인생은 현재의 연속이다. 지금 내가 하고 있는 일을 즐기고, 그 일에 정성과 정열을 다하는 것이 가장 현명한 삶이다.

④ **남을 미워하지 말라** - 증오는 인간을 비열하게 만들고, 우리의 인격을 타락시킨다. 넓은 아량으로 남을 포용하라.

⑤ **미래는 신에게 맡겨라** - 미래는 미지의 영역이다. 미래는 하늘과 신에게 맡기고 내가 할 수 있는 일에 전력을 다하는 것이 현명하다.

명언 8 소노아야코의 계로록(戒老錄)

① 나이가 들면 자신에게 더욱 엄격해야 한다. 건강을 유지하기 위해 귀찮아도 걷기를 반드시 하여야 한다.

② 생활의 외로움은 노인에게 공통된 고통이다. 그것은 고독고이다. 목표를 설정하여 노후에 즐거움을 주는 방법을 찾아야 한다.

③ 마음에 없는 말을 거짓으로 하지 말아야 한다. 솔직히 말해라.

④ 같은 연배끼리 친구를 사귀는 것이 노후를 충실하게 사는 원동력이다.

⑤ 즐거움을 얻고 싶다면 돈을 아끼지 말아야 한다.

⑥ 혼자서 즐기는 습관을 길러야 한다. 혼자서 어디서나 산책할 수 있어야 한다.

⑦ 노후에 돈은 중요하지만 돈이면 다 된다는 생각은 천박한 생각이다.

⑧ 노인들은 어떠한 일에도 감사의 표현을 할 줄 알아야 한다. "감사합니다."라고 말하라.

⑨ 노인들은 새로운 기계, 컴퓨터 등에 대한 사용법을 알아야 한다.

⑩ 노인들은 몸가짐과 옷차림을 단정히 하여야 한다.

⑪ 노인들은 매일 적당한 운동을 하루 일과 중에 해야 한다.

⑫ 여행을 많이 하면 할수록 좋다.

⑬ 관혼상제, 병문안 등의 외출을 일정시기부터 결례해도 된다.

⑭ 재미있는 인생을 보냈으므로 언제 죽어도 여한이 없다는 결심을

한다.

⑮ 유언장 등은 편안한 마음으로 미리 준비해 둔다. 사후에 유산을 둘러싸고 가족 간에 싸우는 것처럼 비참한 일은 없다.

⑯ 죽음은 두려운 것이지만 자연의 섭리로 당연함을 인정하여야 한다.

⑰ 자연스레 오는 늙음의 모습을 수용하여야 한다.

⑱ 혈육 이외에 끝까지 돌봐 줄 사람은 아무도 없다.

⑲ 죽는 날까지 활동할 수 있는 것이 최고의 행복이다.

⑳ 행복한 일생도, 불행한 일생도 돌아보면 일장춘몽(一場春夢)이다.

명언 9 **프란치스코 교황의 10가지 행복 비법**

① 다른 사람의 삶을 인정하라.

② 관대해 져라.

③ 겸손하고 느릿한 삶을 살아라.

④ 식사 때 TV를 끄고 대화하라.

⑤ 일요일은 가족과 함께 보내라.

⑥ 청년에게 좋은 일자리를 만들어주라.

⑦ 자연을 사랑하고 존중하라.

⑧ 부정적인 태도를 버려라.

⑨ 자신의 신념과 종교를 강요하지 마라.

⑩ 평화를 위해 노력하라.

명언 10 품위있는 노인의 12가지 법도(法道)

① **언도**(言道) - 말의 수를 줄이고 소리를 낮춘다.

② **행도**(行道) - 행동을 느리게, 행보는 신중히 한다.

③ **금도**(禁道) - 탐욕을 금하고, 욕심을 줄인다.

④ **식도**(食道) - 먹는 것을 가려서 먹는다.

⑤ **법도**(法道) - 교통 규칙 지키기 등과 같이 질서 유지를 준수한다.

⑥ **예도**(禮道) - 젊은이에게 예의를 지킨다.

⑦ **낙도**(樂道) - 간결한 삶에 낙을 가진다.

⑧ **절도**(節道) - 절제하는 삶이 아름답다.

⑨ **심도**(心道) - 마음을 비우면 세상이 넓어진다.

⑩ **인도**(忍道) - 인내가 필요하므로 참아야 한다.

⑪ **학도**(學道) - 경험이 많으나 계속 배워야 한다.

⑫ **기도**(棄道) - 소유하고 있는 것을 점차 버린다.

명언 11 에피쿠로스의 행복 조건 10가지

① 자기 수준을 알아라. ② 친구를 사귀어라.
③ 묵상하라. ④ 욕망을 줄이라.
⑤ 만족감을 높여라. ⑥ 남과 비교하지 마라.
⑦ 자존감을 높여라. ⑧ 과거를 생각하지 마라.
⑨ 현재에 집중하라. ⑩ 감사한 마음을 가져라.

명언 12 괴테의 명언

황혼에도 열정적인 사랑을 나누었던 괴테는 노년에 관한 유명한 말을 남겼다. **"노인의 삶은 상실의 삶이다. 건강과 돈, 일과 친구, 꿈을 잃게 된다."**고 하였다.

괴테의 말을 음미하며 준비할 때, 황혼도 행복한 생활을 할 수 있다.

① **건강** : 몸이 건강하지 못하면 세상의 모든 것이 의미가 없다. 이제 남은 건강이라도 알뜰히 챙겨야 한다.

② **돈** : 스스로 노인이라고 생각되면 이제는 돈을 벌 때가 아니라 쓸 때이다. 돈 없는 노년은 빈고의 고통을 받는다. 그러나 돈 앞에 당당하여야 한다.

③ **일** : 노년의 기간은 결코 짧지 않다. 65세 이후를 노년이라 하더라고 25년은 된다. 정말 하고 싶은 일을 찾아서 하자. 일은 스스로 뿐만 아니라 주위 사람들에게 기쁨을 준다. 죽을 때까지 삶을 지탱해 주는 것은 사랑과 일이다.

④ **친구** : 노년의 가장 큰 적은 고독과 소외이다. 노년을 함께 보낼 친구를 많이 만들자. 친구를 사귀는 데도 시간, 정성, 관심, 돈이 들어간다.

⑤ **꿈** : 노인의 꿈은 내세(來世)에 대한 소망이다. 꿈을 잃지 않기 위해서는 신앙생활이나 명상(冥想)의 시간이 필요하다.

명언 13 김수환 추기경의 명언

① **말(인간관계)** - 말을 많이 하면 필요 없는 말이 나온다. 두 귀로 많이 들으며, 입은 세 번 생각하고 말하라(三思一言).

② **웃음** - 웃는 연습을 생활화하라. 웃음은 만병의 예방약이며, 치료약이며, 노인을 젊게 하고, 젊은이를 동자(童子)로 만든다.

③ **성냄** - 화내는 사람이 언제나 손해를 본다. 화내는 사람은 자기를 죽이고, 남을 죽이며, 아무도 가깝게 오지 않아서 늘 외롭고 쓸쓸하다.

④ **이웃** - 이웃과 절대 등지지 말라. 이웃은 나의 모습을 비추어 보는 큰 거울이다. 이웃이 나를 마주할 때, 외면하거나 미소는 보내지 않으면, 목욕하고 바르게 앉아 자신을 곰곰이 되돌아봐야 한다.

⑤ **꿈** - 푸른 꿈을 잃지 말라! 푸른 꿈은 행운의 청사진이다.

⑥ **감사** - 감사하고 또 감사하라. 감사하면 감사할 일이 생겨난다.

⑦ **말** - 좋은 말만 사용하라. 좋은 말은 자신을 위한 기도이다.

⑧ **불평** - 불평하지 말라. 불평은 자기를 파괴하는 자살폭탄이다.

⑨ **행운** - 자신을 사랑하라. 행운의 여신은 자신을 사랑하는 사람을 사랑한다.

人生指針書(남녀노소필독)

성공과 행복생활의 행로

How will I live my life?

초판1쇄 발행 2020년 11월 6일

지은이 차대운
펴낸이 이길안
펴낸곳 세종출판사

주소 부산광역시 중구 흑교로 71번길 12 (보수동2가)
전화 463 – 5898, 253 – 2213~5
팩스 248 – 4880
전자우편 sjpl5898@daum.net
출판등록 제02-01-96

ISBN 979-11-5979-389-9 03810

정가 18,000원

이 책은 저작권법에 따라 보호받는 저작물이므로 무단전재와
무단복제를 금지하며, 이 책 내용의 전부 또는 일부 내용을 재사용하려면
사전에 저작권자와 세종출판사의 동의를 받아야 합니다.

* 잘못된 책은 교환해 드립니다.